精品课程新形态教材

21 世纪应用型人才培养"十四五"规划教材

"双创"型人才培养优秀教材

U0783346

修订版

大学应用文写作案例分析与实训设计教程

主 编 徐 涛 母忠华 唐建强

DAXUE YINGYONGWEN

XIEZUO ANLI FENXI YU

SHIXUN SHEJI JIAOCHENG

湖南师范大学出版社　国家一级出版社　全国百佳图书出版单位

·长 沙·

图书在版编目（CIP）数据

大学应用文写作案例分析与实训设计教程／徐涛，母忠华，唐建强主编．—长沙：湖南师范大学出版社，2019.5（2024.1 重印）

ISBN 978-7-5648-3542-2

Ⅰ.①大…　Ⅱ.①徐…　②母…　③唐…　Ⅲ.①汉语–应用文–写作–高等学校–教材　Ⅳ.①H152.3

中国版本图书馆 CIP 数据核字（2019）第 093805 号

大学应用文写作案例分析与实训设计教程

DAXUE YINGYONGWENXIEZUO ANLIFENXI YU SHIXUN SHEJI JIAOCHENG

徐　涛　母忠华　唐建强　主编

◇全程策划：林　川
◇组稿编辑：杨海云
◇责任编辑：黄　晴　黄　林
◇责任校对：刘　伟
◇出版发行：湖南师范大学出版社
　　　　　　地址/长沙市岳麓山　　邮编/410081
　　　　　　电话/0731-88872751　　传真/0731-88872636
　　　　　　网址/https：//press.hunnu.edu.cn
◇经　　销：全国新华书店
◇印　　刷：涿州汇美亿浓印刷有限公司

◇开　　本：787mm×1092mm　1/16
◇印　　张：12
◇字　　数：277 千字
◇版　　次：2019 年 5 月第 1 版
◇印　　次：2024 年 1 月第 3 次印刷
◇书　　号：ISBN 978-7-5648-3542-2
◇定　　价：35.00 元

（教学资料包索取电话：刘老师 13269653338）

前　言

应用文已成为各级党政机关、企事业单位、社会团体以及人民群众处理政务和日常事务的重要工具，在人们日常工作、学习、交往中发挥着重要作用。近几年来，应用文写作已作为院校的必修课程之一。但在教学过程中，由于学生缺乏相关工作经历，对应用文知识的理解与掌握存在较大难度。其原因是学生的实践、实训时间较少，且教学中忽视了应用文写作技能的训练与提高。针对目前教学的不足，从培养应用实践型人才出发，我们组织编写了《大学应用文写作教程案例分析与实训设计》一书，帮助师生理解与掌握应用文写作知识，提高综合运用应用文的技能与技巧。

党的二十大报告指出，教育是国之大计、党之大计。培养什么人、怎样培养人、为谁培养人是教育的根本问题。育人的根本在于立德。全面贯彻党的教育方针，落实立德树人根本任务，培养德智体美劳全面发展的社会主义建设者和接班人。坚持以人民为中心发展教育，加快建设高质量教育体系，发展素质教育，促进教育公平。

本书具有以下特点：

1. 每章列出学习目的与内容提要，帮助学生了解及掌握相关重难点知识。

2. 每章列举相关案例及其简析，利于学生对应用文的学习与写作。

3. 每章实训设计尽量包含多种题型，便于学生对相关知识理解、巩固、应用与提高。

4. 案例资料选择较新，大多来自各级党政机关信息公开网，同时也参考了一些应用文写作教材，正反例兼顾，便于学生理解与掌握。

5. 所有公文均以 2012 年 7 月 1 日实施的《党政机关公文处理工作条例》及《党政机关公文格式》两个法规性文件为依据。

6. 本书除各章节实训设计外，还附有 5 套模拟试题，以供师生练习。

7. 本书可作为学生在校期间的学习、考试用书，也可作为社会人员考试复习参考用书。

本书编写分工如下：

唐建强负责第一章的编写，母忠华负责第二章、第三章的编写，徐涛负责第四章、第五章的编写。

由于时间仓促，编者水平有限，本书不足之处难免。敬请广大师生在使用过程中批评指正，不胜感激。

编　者

CONTENTS 目录

应用文概述

第一节　应用文的含义、特点与分类

【学习目的】

了解应用文古老的历史及其厚重的文化积淀。了解中国各个历史时期应用文的发展状况及其特点。掌握应用文写作的特点，把握应用文写作的思维特色。

【内容提要】

本章概括地介绍了应用文写作的基本知识。应用文是党政机关、社会团体、企事业单位及人民群众，在社会工作和日常生活中处理公务及个人事务所使用的具有实用价值和惯用体式的文书。

应用文的特点包括实用性、真实性、规范性和时效性四种。

根据不同的分类方法和分类标准，可以将应用文分为公务文书、事务文书、私务文书、专用文书、社交礼仪文书等。

公务文书即法定党政机关公文。我国现行通用法定公文写作的最新法规《党政机关公文处理工作条例》（2012年4月16日中共中央办公厅、国务院办公厅印发，2012年7月1日施行）规定的公文有命令（令）、议案、公告、通告、决定、意见、通知、通报、报告、请示、批复、函、纪要、决议、公报等15种。

事务文书一般包括计划、总结、规章制度、会议记录、会议讲话稿、开（闭）幕词、简报等各行业在处理日常事务时所使用的文书。

私务文书一般是指处理私人事宜时所使用的书信、日记、笔记、条据等。

专用文书一般是指在特定的行业领域所使用的专业性较强的司法文书、财经文书、科技文书、传播文书等。

社交礼仪文书有名片、介绍信、祝词等。

应用文具有管理指导作用、规范控制作用、依据凭证作用、知照联系作用、宣传教育作用。

【案例一】

简述应用文写作与文学写作的异同点。

【解答】两者的相同点：应用文写作与文学写作都是写作的内容之一，都是人类活动中用语言文字创造的精神产品。

两者的不同点：应用文写作与文学写作属于不同的写作领域，它们具有各自的性质与特点。

（1）实用性。应用文写作是为解决实际生活、处理具体事务而写的，具有明确的实用性。文学写作主要面向精神领域，作者写作时主要运用形象思维，通过虚构创造艺术形象，用以感染读者，一般没有明确具体的用途。

（2）目的性。应用文写作以直接解决工作和生活中的具体问题为目的，主要表现在：一是给谁看，二是做什么事、怎么做、达到什么要求等。文学写作以陶冶读者的道德情操为目的。

（3）规范性（模式性）。应用文必须使读者用最短的时间、最便捷的方式获取其中的信息，具有严格的格式规定，特别是法定公文必须按照《党政机关公文格式》进行写作。文学写作没有严格的格式规定，写作者可以根据主题思想安排结构。

（4）表达方式。应用文主要使用叙述、议论、说明三种表达方式，而文学写作除此之外，还包括描写与抒情等表达方式。

（5）主旨。应用文写作的主旨要求集中、单一、明确，便于统一认识，解决问题。文学写作的主旨更多地表现出多元化的特点，不同的读者阅读同一作品时可能会感受到不同的主旨。

（6）思维方式。应用文写作是以群体思维为主，但不排斥个体思维，在思维方式上更多地使用逻辑思维。文学写作主要以个体思维为主，更多地使用形象思维。

（7）语言。应用文写作的语言要求准确、平实、简洁、得体。文学写作的语言要求除此以外，还要重视语言的形象性和生动性。

【分析】学习应用文写作，首先应明确应用文写作与文学写作的区别。要弄清两者的关系，必须从两者的主旨表现、结构安排、语言特点、思维模式、表达方式、使用目的等方面去考察。

【案例二】

文学的非功利性创作和公文的功利性写作

陆机认为，文学创作过程的第一阶段是创作前的准备，即作家受到外界事物的激发和自身的知识修养的启示，会产生强烈的创作欲望。也就是说，感于物、本于学，创作动机产生后，文章自然呼之欲出。南朝沈约在《宋书·谢灵运传论》中说"夫志动于中，则歌咏外发"，钟嵘《诗品序》谈诗歌创作时也说"气之动物，物之感人，故摇荡性情，形诸舞咏"，认为诗作源于诗人内在情感的宣泄。可见，中国古代文论大都认为先于心中有感，后能诉诸笔端，创作是主动的，加之创作目的是抒情写意，因而并无功利性。试问：公文写作是否也如此？

【分析】公文写作源自公务活动，为参与社会事务管理，体现领导者的意图，需要把事情交代清楚，把问题解决妥当，把指令传达到位，其创作动机是被动的，且带有功利性。

因此，公文是否制发、如何写作，都不由撰稿者决定。公文是领导意志的载体，撰写者并不能像文学创作一样随心所欲，更不能泛泛而谈，要根据领导的意图完成。

实训设计

一、填空题

1. 应用文是党政机关、企事业单位、社会团体以及人民群众在社会工作和日常生活中处理公务及个人事务所使用的具有＿＿＿＿＿＿＿＿和＿＿＿＿＿＿＿＿的文书。

2. ＿＿＿＿＿＿＿＿是迄今所知我国有据可查的最早的应用文。

3. 商周时期出现了我国第一部应用文的作品总集＿＿＿＿＿＿＿＿，作品收集了虞、夏、商、周四代文告 22 篇，其中已有了典、谟、训、诰、誓、命等具体的文体种类。

4. 刘勰的＿＿＿＿＿＿＿＿是我第一部规模宏大的文学理论专著，也是我国第一部写作和应用文理论汇集。

5. 我国现行通用法定公文写作的两部法规是 2012 年 4 月 16 日中共中央办公厅、国务院办公厅印发、2012 年 7 月 1 日开始执行的＿＿＿＿＿＿＿＿＿＿＿＿＿＿＿＿＿＿＿＿＿和 2012 年 6 月 29 日中华人民共和国国家质量监督检验检疫总局、中国国家标准化管理委员会发布、2012 年 7 月 1 日开始实施的＿＿＿＿＿＿＿＿＿＿＿＿＿＿＿＿＿＿＿。

6. ＿＿＿＿＿＿＿＿是应用文写作的本质属性，＿＿＿＿＿＿＿＿是应用文的生命。

7. 应用文写作的时效性包括＿＿＿＿＿＿＿、＿＿＿＿＿＿＿和＿＿＿＿＿＿＿。

8. 应用文具有＿＿＿＿＿＿＿＿＿、＿＿＿＿＿＿＿＿＿、依据凭证、知照联系、＿＿＿＿＿＿＿＿＿等作用。

二、单项选择题

1. "公文"名称出现于（　　　）。
   A. 商周时期　　　B. 秦汉时期　　　C. 唐宋时期　　　D. 元明清时期

2. "应用文"名称出现于（　　　）。
   A. 商周时期　　　B. 秦汉时期　　　C. 唐宋时期　　　D. 元明清时期

3. 应用文写作的本质特点是（　　　）。
   A. 规范性　　　B. 时效性　　　C. 实用性　　　D. 真实性

4. 应用文写作的生命是（　　　）。
   A. 规范性　　　B. 时效性　　　C. 实用性　　　D. 真实性

5. 《党政机关公文处理工作条例》规定的公文种类有（　　　）。
   A. 13 种　　　B. 15 种　　　C. 18 种　　　D. 14 种

三、多项选择题

1. 应用文写作具有（　　　）特点。
   A. 实用性　　　B. 时效性　　　C. 形象性　　　D. 真实性

2. 应用文写作的时效性包括（　　　）。
   A. 延缓性　　　B. 时代性　　　C. 及时性　　　D. 时限性

3. 应用文的作用有（　　　）。

    A. 规范管理　　　　　　　　　　B. 宣传教育

    C. 凭证依据　　　　　　　　　　D. 陶冶情操

4. 魏晋南北朝时期是我国应用文理论的构建时期，其间出现了（　　　）写作理论。

    A. 曹丕《典论·论文》　　　　　　B. 陆机《文赋》

    C. 刘勰《文心雕龙》　　　　　　　D. 萧统《文选》

四、判断题（正确的打√，错误的打×）

1. 应用文写作的本质属性是实用性。　　　　　　　　　　　　　　　（　　　）

2. "公文"名称出现在商周时期。　　　　　　　　　　　　　　　　（　　　）

3. 应用文写作的生命是时效性。　　　　　　　　　　　　　　　　（　　　）

4. "应用文"名称出现于北宋中期。　　　　　　　　　　　　　　　（　　　）

5. 应用文写作最显著的外部特征是模式性。　　　　　　　　　　　　（　　　）

6. 现行公文种类是《党政机关公文处理工作条例》规定的命令（令）、决定、计划、简报、纪要等15种。　　　　　　　　　　　　　　　　　　　　　　　　（　　　）

7. 《尚书》是我国第一部应用文总集。　　　　　　　　　　　　　　（　　　）

8. 应用文写作的思维主体是群体思维。　　　　　　　　　　　　　　（　　　）

五、简答题

1. 应用文有哪些特点？

2. 应用文有哪些作用？

3. 简述应用文的产生与发展。

4. 简述应用文写作与文学写作的异同。

5. 学习应用文写作应具备哪些素质？

第二节　应用文的基本要素

【学习目的】

应用文的主旨、材料、结构、语言、表达方式等构成要素及写作规律和写作特点。材料搜集的途径与方法、应用文写作的思维方式、应用文的拟写及修改。掌握应用文主旨的基本要求和表现方法、材料选择的基本原则、语言特点与表达方式以及常用的修改符号。

【内容提要】

本章概括地介绍了应用文写作的基本要素。

应用文的主旨应做到正确、鲜明、集中。应用文可在标题中直接体现主旨，可在前言中表达观点，也可在结论中概括观点。

应用文的材料分为直接材料和间接材料。材料可通过调查研究与文献检索等途径获取。选择材料应遵循四条基本原则：第一，围绕主旨选择材料。第二，典型性原则。第三，真实性原则。第四，新颖性原则。

应用文的结构包括开头、主体、结尾三个要素。

应用文的语言要求做到准确、简洁、平实、得体。

应用文的表达方式主要是叙述、议论、说明。

【案例一】

材料的安排

"很多学者都谈到勤奋和坚持这两者的重要性，我深有同感。假如有人问：治学有没有诀窍？那么我想，勤奋和坚持就是最基本的诀窍。'勤能补拙''业精于勤'，这是中国的古话。无数事实证明，任何一个人的任何一点成就，都是从勤学、勤思、勤问中得来的。当然，勤奋和坚持是不可分的，事实上，勤字本身就包含了恒的意思，譬如我们劝人多读书，决不是希望他读一本书、读一天书，而是希望他天天读，持之以恒，把每天读书养成一种习惯。"

这段文字的材料安排采用了什么方法？其主旨及核心观点是（　　　　）。

A. 勤奋和坚持的重要性　　　　　　B. 关于治学的诀窍

C. 勤奋和坚持不能分开　　　　　　D. 勤能补拙，业精于勤

【分析】这段文字安排材料的方法是观点先行，材料后举。文字开篇，作者就提出了观点：勤奋和坚持的重要性。后面则从治学的角度和引用事实来论证上述观点的重要性。接下来又论述了勤奋和坚持之间的关系：勤奋和坚持是不可分的。可见，整个自然段都是围绕勤奋和坚持的重要性展开的。故这段文字的主旨及核心观点应该是选项 A。

【案例二】

公文如何谋篇布局？

《文赋》中，陆机认为文章创作首先进入围绕文章主题的创作构思阶段，"精骛八极，心游万仞"，广泛搜求表现主题的素材，经过深入认识明确主题，再进入"文"如何表达"意"的语言表达阶段。他提出"选义按部，考辞就班"，也就是文章结构的安排要恰当有序，形成大致的文章体系，即写作大纲。

《文心雕龙·附会》中说："何谓附会？谓总文理，统首尾，定与夺，合涯际，弥纶一篇，使杂而不越者也。……扶阳而出条，顺阴而藏迹，首尾周密，表里一体，此附会之术也。"他所谓的"附会"，实则为文学创作中的章法问题，即文章全篇条理应首尾连贯，结构层次清楚，内容丰富但不纷芜杂乱。

刘熙载在《艺文·文概》中也谈道："文有七戒，曰：旨戒杂，气戒破，局戒乱，语戒习，字戒僻，详略戒失宜，是非戒失实。……治胜乱，至治胜治。至治之气象，皞皞而已。文或秩然有条而辙迹未泯，更当跻而上之。"即是说文章布局不能乱，条理应当清晰。

《党政机关公文处理工作条例》（中办发〔2012〕14号）中规定公文的起草应做到"主题突出，观点鲜明，结构严谨"。

【分析】无论是文学创作还是公文写作，都要求行文布局"至治""戒乱"。若将文比人，则主旨为神，材料为肉身，结构为骨骼。此三者都是作文之要素。好的文章是作者有其思，读者会其意，文意顺畅、文气贯通，如行云流水，达此境界需要在构思阶段处理好对结构的安排。结构的安排应根据内容、主旨的需要，采取不同形式，达到形式与内容的统一。

【案例三】

标题语句不合语法规范

例1：《××部、××部、××部、××部优先提高有突出贡献的中青年科学技术管理专家生活待遇的通知》

例2：《××高校关于进一步搞活校产办集体企业有关政策的试行办法》

例3：《××高校关于认真做好 2018 年表彰优秀教师和教育工作者的通知》

【分析】

例1，缺介词"关于"。由标题可见，该例是四个机关联合发文，办文意图应是面向全国各单位的，但也可理解为只是面向本系统，产生歧义的原因是发文机关与事由之间缺少介词"关于"，应补上。正确标题应为：《××部、××部、××部、××部关于优先提高有突出贡献的中青年科学技术管理专家生活待遇的通知》。

例2，动宾搭配不当。此标题中心词为"试行办法"，其限定部分为由"关于"引导的介词词组"进一步搞活校产办集体企业有关政策"，"搞活"的宾语应是"企业"而不能是"有关政策"，"有关政策"紧接宾语"企业"之后，则需要另一个动词与之搭配，因为"政策"只能贯彻执行，而不能"试行"，"试行"的只能是"办法"，而不能是"政策"。

例3，缺宾语。此标题动词是"做好"，后面缺少的宾语"工作"，应补上。正确标题应为：《××高校关于认真做好 2018 年表彰优秀教师和教育工作者工作的通知》。

实训设计

一、填空题

1. 完全式标题由_____、_____、_____几部分组成。

2. 应用文的主旨应做到_____、_____、_____。

3. 应用文的主旨可以在_____、_____、_____中得以体现。

4. 应用文选择材料应遵循的原则是_____、_____、_____、_____。

5. 公文的标题应当准确、简要地概括公文的_____。

6. 用"为了……""为……"开头的公文通常属于_____。

7. 应用文的语言要求做到_____、_____、_____、_____。

8. 应用文主要运用_____、_____、_____表达方式。文学写作除此之外，还常常运用_____、_____。

9. 商品说明书以_____为主要表达方式。学术论文以_____为主要表达方式。通知以_____为主要表达方式。

10. 议论文的三要素主要是_____、_____、_____。

二、单项选择题

1. 用数词表示文件层次时，数词表示层次的顺序是（　　）。

   A. 第一层为"一、"，第二层为"（一）"，第三层为"1."，第四层为"（1）"。

   B. 第一层为"一、"，第二层为"（1）"，第三层为"（一）"，第四层为"①"。

   C. 第一层为"（一）"，第二层为"一、"，第三层为"（1）"，第四层为"1."。

   D. 第一层为"一、"，第二层为"1."，第三层为"（1）"，第四层为"Ⅰ"。

2. 应用文的主旨要求（　　）。

   A. 正确、集中、鲜明　　　　　　B. 集中、鲜明、多元

   C. 鲜明、多元、深刻　　　　　　D. 多元、新颖、深刻

3. 完全式公文标题由（　　）组成。

   A. 发文机关、目的、文种　　　　B. 发文机关、事由、文种

   C. 发文机关、事由、目的、文种　D. 发文机关、关于、文种

4. 应用文的语言要求（　　）。

   A. 生动　　　　　B. 形象　　　　　C. 准确　　　　　D. 华丽

5. 应用文语言的简洁性主要表现在（　　）。

   A. 言约意丰　　　　　　　　　　B. 不使用有歧义的词语

   C. 不使用生僻晦涩的词语　　　　D. 符合写作主体的身份

6. 应用文写作主要运用（　　）的表达方式。

   A. 叙述、描写、议论　　　　　　B. 抒情、议论、说明

   C. 叙述、议论、说明　　　　　　D. 议论、说明、描写

7. 应用文写作的思维模式主要是（　　）。

   A. 形象思维　　　　　　　　　　B. 逻辑思维

   C. 联想思维　　　　　　　　　　D. 个体思维

8. "现将有关情况通知如下"属于（　　）。

   A. 照应句　　　　　　　　　　　B. 过渡句

   C. 结语句　　　　　　　　　　　D. 总结句

9. 作者为完成文章的写作，体现自己的写作意图，从现实生活和文献资料中选取、使用的一系列事实根据和理论根据是应用文的（　　）。

   A. 主旨　　　　　　　　　　　　B. 准备

   C. 拟写　　　　　　　　　　　　D. 材料

10. 对某一问题、某一事物进行分析、评论，以表明自己的观点和态度的这种表达方式是（　　）。

    A. 说明　　　　　　　　　　　　B. 解释

    C. 议论　　　　　　　　　　　　D. 叙述

11. 提出问题的依据，并能对主旨加以说明和支撑的是（　　　）。
    A. 分析　　　　　　　　　　　　B. 推理
    C. 材料　　　　　　　　　　　　D. 归纳

12. 应用文的主旨与当前的政治、经济、文化等密不可分，与人民群众所关心的问题也分不开。因此立意具有（　　　）。
    A. 客观性　　　　　　　　　　　B. 主观性
    C. 观念性　　　　　　　　　　　D. 时代性

13. 决定应用文写作方向、构成文章内容核心的是（　　　）。
    A. 谋篇　　　　　　　　　　　　B. 语言
    C. 材料　　　　　　　　　　　　D. 主旨

14. 按照事物发展的时间顺序安排的结构是（　　　）。
    A. 横式结构　　　　　　　　　　B. 插叙结构
    C. 纵式结构　　　　　　　　　　D. 倒叙结构

15. 应用文语言要求用词造句规范，符合现代语法规律，是要求语言（　　　）。
    A. 精确　　　　　　　　　　　　B. 真实
    C. 正确　　　　　　　　　　　　D. 完整

三、多项选择题

1. 应用文主旨可（　　　）。
    A. 在标题中直接体现　　　　　　B. 在前言中表达
    C. 在结论中概括　　　　　　　　D. 在典型人物形象上表现

2. 应用文在材料选择时应遵循（　　　）。
    A. 围绕主旨选择材料　　　　　　B. 选择典型、新颖的材料
    C. 选择准确、真实的材料　　　　D. 选择符合写作者思想意图的材料

3. 应用文语言的准确性主要表现在（　　　）。
    A. 句子结构完整　　　　　　　　B. 没有歧义
    C. 逻辑合理　　　　　　　　　　D. 巧用模糊语

4. 应用文的语言要求（　　　）。
    A. 准确、简洁　　　　　　　　　B. 准确、形象
    C. 简洁、生动　　　　　　　　　D. 平实、得体

5. 应用文写作主要运用（　　　）的表达方式。
    A. 叙述、描写　　　　　　　　　B. 抒情、议论
    C. 叙述、议论　　　　　　　　　D. 议论、说明

6. 应用文写作的思维模式主要是（　　　）。
    A. 换位思维　　　　　　　　　　B. 逻辑思维
    C. 联想思维　　　　　　　　　　D. 模式思维

7. 完整的叙述应包括（　　　）。
    A. 时间、地点　　　　　　　　　B. 原因、结果

C. 人物、事件　　　　　　　　D. 过程、引言

8. 写作材料的作用主要是（　　）。

　　A. 提出问题的依据　　　　　　B. 充实文章内容

　　C. 表现、深化主旨　　　　　　D. 提炼主旨

9. 修改文章从形式方面入手，可以包括（　　）几个方面。

　　A. 材料　　　　　B. 结构　　　　　C. 语言

　　D. 标点　　　　　E. 标题

10. 在选择材料时，应注意（　　）。

　　A. 鉴别真伪、选取真实准确的材料

　　B. 以主旨为中心

　　C. 选择能反映事物本质与特点的材料

　　D. 选择新颖的材料

　　E. 为了使材料生动典型，可将几个单位的材料写到一个单位

四、判断题（正确的打√，错误的打×）

1. "四川省人民政府办公厅关于进一步加强煤矿安全生产工作的实施意见"属于完全式公文标题。　　　　　　　　　　　　　　　　　　　　　　　　（　　）

2. 巧用模糊语言是语言准确性的体现。　　　　　　　　　　　　　　（　　）

3. 应用文语言的准确性主要是不使用晦涩、生僻的词语。　　　　　　（　　）

4. 应用文语言得体是要符合写作主体的身份。　　　　　　　　　　　（　　）

5. 应用文的主要表达方式是叙述。　　　　　　　　　　　　　　　　（　　）

6. 省略式公文标题中，常常可以省略事由和文种。　　　　　　　　　（　　）

7. "特作如下通告"属于过渡句。　　　　　　　　　　　　　　　　　（　　）

8. 应用文的语言要求做到平实、准确、生动、得体。　　　　　　　　（　　）

9. 列数字是应用文常用的说明方法之一。　　　　　　　　　　　　　（　　）

10. 应用文常用的叙述方式是顺叙。　　　　　　　　　　　　　　　　（　　）

五、修改病句

1. 我们要为构建和谐社会打下物质基础和精神准备。

2. 在党的培养教育下，使我提高了思想觉悟。

3. 机器质量的好坏是保证生产安全的重要条件之一。

4. 从上述事实中，证明了他们的行动是正确的。

5. 为了尽快地发展教育事业，应该大力提高教育的业务水平和培养新生力量。

六、简答题

1. 应用文的语言有哪些要求？

2. 应用文的主旨有哪些要求？

3. 应用文的材料选择应遵循哪些原则？

4. 应用文体现主旨的方法有哪些?

七、材料分析题

1. 指出下列材料中的模糊语、缩略语和雅语。

"近几年来,广东省、广州市人大、政协、民革,黄埔军校同学会中的不少代表、委员、成员,各界有关专家、学者、人民群众,以及港澳台同胞、海外华侨、华人,纷纷向广州政府来电来函,希望广州市政府主动与贵省联系,一起尽快组织打捞'中山舰',并进行修复和陈列。"(见《广州市人民政府关于鄂穗两地携手联合打捞"中山舰"的函》)

2. 指出下列应用文正文的开头采用了什么方式。

(1) "为深入开展创建全国文明城市活动,全面提升我市文明,按照市委、市政府'创建文明城市,构建和谐成都'的部署要求,现对推进创建全国文明城市的重点工作提出如下意见。"

(2) "根据《国务院办公厅转发国家计委灾后重建整治江湖兴修水利现场办公会议纪要的通知》(国办发〔2013〕2 号)的有关要求,我署组织省审计机关进行了审计调查。"

(3) "党的十一届三中全会以来,农民的物质生活水平有了很大提高,但由于多方面的原因,近年来农民看电影难的问题十分突出。遵照中央关于认真解决农村和老、少、边地区人民群众看电影难的精神,经省政府同意……"

3. 指出下列应用文正文的结尾采用了什么方式。

(1) "希望长沙市人民政府加强对实施城市规划的领导,充分发挥城市规划的龙头作用,搞好城市各项建设,把长沙市逐步建设成为我国中南地区发达、经济繁荣、生活方便、环境优美的现代化文明城市。"

(2) "各级领导要深刻领会党中央、国务院关于实施退耕还林还草,加强西部生态环境保护和建设的重大意义,进一步提高认识,加强领导,切实把退耕还林还草试点工作列入重要议事日程,及时研究解决实施中的重大问题,保证这项工作健康有序地开展。"

(3) "以上意见如无不妥,请批转各地区、各部门执行。"

4. 请指出下列公文初稿存在哪些问题。

南宁市关于大学生创业方面的意见

南宁市人事局:

大学生创业工作,市委、市政府一直以来都高度关注,并出台了一系列政策措施给予引导、鼓励、资助和扶持,现对大学生创业方面提出意见如下:

1. 2009 年以来,市政府及相关部门出台了《关于实施南宁市万名大学生实训工程的指导意见》《关于建立大学生创业导师制的实施意见》《关于建立南宁大学生创业企事业联系制度的通知》《关于南宁市大学生创业园建设和管理的若干意见》《南宁市创业投资引导基金管理办法(试行)》《关于鼓励和扶持大学生在南宁市自主创业的若干意见》《关于免除大学生在南宁创办企业相关费用的通知》《关于做好 2014 年普通高校毕业生就业工作的通知》《南宁市大学生创业资助资金实施办法(试行)》等一系列政策文件,通过实施创业实训、注册资本"零首付"、创办企业"零费用"、创业园内场地"零房租"、创业导师"传帮带"、创业投资引导跟进等举措，在大学生创业之前、之初和发展之中进行有效引导和鼓励，大大提升了大学生的创业能力，降低了大学生的创业门槛，缩减了大学生的创业成本，最终目的就是提高大学生创业的"成功率"。

2. 给予项目无偿资助、商业贷款、贴息会展补贴、免除企业创办时的相关费用。大学生创业企业参加市政府（或经市政府批准）举办或组织参加的各类国内外会展，经企业纳税地政府部门认可之后，由纳税地按展位费的 50% 给予补贴。对单家企业每年最多补贴 3 万元，可连续补贴三年。最高资助额度由 2013 年的 10 万元增加为 2014 年的 20 万元。最高贴息额度由 2013 年的 1 万元增加为 2014 年的 2 万元。大学生在创办企业的过程中，凭创办企业证明可以免除工商注册、会计师事务所验资和银行开户等费用。以上经济扶持，对创业初期缺乏资金的大学生企业可谓"雪中送炭"，得到了广大创业大学生的好评和赞许。

今后，我们将在进一步落实扶持政策的基础之上，继续深入调研，不断完善政策，促进大学生创业工作再上新台阶。

2014 年 8 月 3 日

第三节 党政机关公文概述

【学习目的】

了解党政机关公文的含义与作用、特点与分类、拟制与办理。掌握党政机关公文的格式，并能熟练运用。理解并掌握公文的行文规则。

【内容提要】

本章概括地介绍了党政机关公文的基本知识及公文格式要素。

《党政机关公文处理工作条例》（以下简称《条例》）规定的公文是决议、决定、命令（令）、公报、公告、通告、意见、通知、通报、报告、请示、批复、议案、函、纪要等 15 种。

党政机关公文具有知照联系、指挥组织、宣传教育、依据凭证和规范约束作用。具有法定性、权威性、程式性、特定性和时效性等特点。

根据行文方向可将党政机关公文分为上行文、平行文、下行文，根据密级程度不同可分为绝密、机密、秘密文件，根据紧急程度不同可分为特急、加急、一般文件。

党政机关公文的规范用纸是 A4 型（210 mm×297 mm），上页边距为（37±1）mm，下页边距为（35±1）mm，左页边距为（28±1）mm，右页边距为（26±1）mm。公文版心尺寸为 156 mm×210 mm。一般每面排 22 行，每行排 28 个字，撑满版心。

党政机关公文由版头（眉首、首部）、主体、版记（尾部）三部分构成。版头由份号、密级程度、保密期限、紧急程度、发文机关标识、发文字号、签发人、分隔线等要素组成。发文机关标识与发文字号是必备要素。

主体由公文标题、主送机关、正文、附件说明、署名及成文日期、印章、附注、附件等要素组成。公文标题、正文、署名及成文日期是必备要素。

版记由分隔线、抄送机关、印发机关和印发日期等要素构成。印发机关和印发日期是必备要素，且在同一行内。

党政机关公文的行文规则分为上行文、下行文与联合行文规则。

党政机关公文的拟制包括起草与审核，办理包括收文办理与发文办理。

【案例一】

越级行文，是否违规？

2012年11月24日10时55分，A省B市C县境内的D煤矿河西采区1135掘进工作面发生了一起煤与瓦斯突出事故。事故发生时突出煤量为450立方米，瓦斯涌出量为4万立方米左右，矿内伤亡情况十分严重。当时矿内作业人员有68人，22人当场死亡，5人受伤获救，39人下落不明，情况十分危急。

事件发生后，C县特区政府值班人员立即向A省人民政府报告了此次重大安全事故，由于情况紧急，且A省知B市C县煤矿事故专家稀缺，无法组成救援小组，A省救援指挥部特安排专家救援小组到事故发生地进行紧急救援工作。

A省政府办公厅及时对该情况报告进行了办理，迅速派专家小组到矿区展开全力搜救工作，被困人员全部获救，伤亡情况降到最低。虽然越过B市政府一级直接向省政府行文违反了行文规则，有损害正常上下级关系之嫌，但救援指挥小组快速果断的举动仍受到了B市政府的称赞。

【分析】为了防止政务混乱，一般情况下都应该按照各机关领导与被领导的关系以及各自的职权范围逐级行文，不允许越级行文（尤其是请示）。但在某些必要或特殊的情况下，越级行文也是可行的。如2007年4月9日国务院第493号令发布的《生产安全事故报告和调查处理条例》在第二章第十条结尾写道："必要时，安全生产监督管理部门和负有安全生产监督管理职责的有关部门可以越级上报事故情况。"

此外，各地、各单位甚至各部门和各组织都对本系统有越级行文的相关具体规定，这不仅有利于解决工作问题，还体现了现代化的公文管理理念和方式。

《党政机关公文处理工作条例》对两类越级行文的特殊情况作了说明：一是遇有重大突发事件，包括重大自然灾害、重大事故灾难、重大公共卫生事件和社会治安事件等，主要是为了抢时间、不误事；二是直接的上级机关不作为或乱作为，或者违法违纪的，对处分决定不服，可以越级行文。

【案例二】下行公文格式及说明

000001

机　密★5年
特　急

份号、密级程度与保密期限、紧急程度三项靠顶格分布在版心第一、二、三行，3号黑体字。

发文机关标志由"机关+文件"构成。红色居中排布，字边缘距版心顶端35 mm，字最大不超过22 mm高×15 mm宽，小标宋体字。

×××××大学文件

发文字号由机关代字、年份、文件顺序号组成。3号仿宋体字。居中排布在标志下空二行位置。

×××〔2018〕8号

标题：居中排布在分隔线下空二行位置，2号小标宋体字。

×××××大学

关于庆祝第34个教师节暨优秀教师表彰大会的通知

各学院（系）、各部门：

主送机关：在标题下空一行位置顶格排布，3号仿宋体字。

　　经学校研究，定于2018年9月9日下午5:00在多功能教室召开庆祝第34个教师节暨优秀教师表彰大会。现将有关事项通知如下：

　　……

正文：3号仿宋体字。

　　特此通知

附件说明：正文下空一行，左空二字标"附件："，3号仿宋体字。

落款：正文（或附件）下空二行，盖章公文以日期为标准右空四个字，署名位于日期之上，居日期长度之中排列。

　　附件：×××××大学2018年度优秀教师名单

附注：位于日期下一行空二格处，用圆括号括入，3号仿宋体字。

×××××大学（印）

2018年9月5日

（此件公开）

（另页编排附件）

附件

附件另页编排。顶格标明"附件"，3号黑体字。

×××××大学2018年度优秀教师名单

首尾两条分隔线高度为0.35 mm，中间分隔线为0.25 mm

××××××××

印发机关、印发日期：左右各空一格，位于同一行。4号仿宋体字。

×××××大学办公室

2018年9月5日印发

【案例三】

根据材料内容，按标准格式制作一份公文。

2018 年 11 月 7 日，学院下发第 8 号文件，重庆工商大学派斯学院于 2018 年 11 月 8 日至 9 日举行第十四届田径运动会，开幕式时间为 2018 年 11 月 8 日上午 8：20，闭幕式预定时间为 11 月 9 日下午 14：30。11 月 8 日 7：40—9：00 校前广场至后校门实行交通管制。如遇特殊天气，运动会将延迟，由组委会通知。学院全体职工和学生都必须到体育场参赛和观赛，由干部人事处和各二级学院做好教职工的考勤工作，因特殊情况不能到场者需履行请假手续。各单位按组委会要求，做好准备，积极参赛。现就运动会相关事宜通知学院各单位。请以此为内容拟制一份通知。

重庆工商大学派斯学院文件

重工商大派院〔2018〕8 号

关于举行第十四届运动会的通知

校内各单位：

按照学校教学计划安排，定于 2018 年 11 月 8 日（星期四）、9 日（星期五）在田径运动场举行重庆工商大学派斯学院第十四届田径运动会。现将有关事项通知如下：

一、运动会时间安排：

1.开幕式时间：2018 年 11 月 8 日上午 8：20。

2.闭幕式预定时间：2018 年 11 月 9 日下午 14：30。

3.2018 年 11 月 8 日 7：40—9：00 校前广场至后校门实行交通管制。

4.如遇天气原因，运动会顺延，组委会将及时通知。

二、运动会期间，学校要求全体教职工和学生都必须到体育场参赛和观赛。请干部人事处做好教职工的考勤工作，各二级学院做好学生的考勤工作。如有特殊情况，需履行请假手续。

三、请各单位按照运动会组委会的要求及安排，做好各项准备工作，积极参赛。

特此通知。

重庆工商大学派斯学院（印）
2018 年 11 月 7 日

重庆工商大学派斯学院党政办   2018 年 11 月 7 日印发

【分析】为给定材料写作公文时，首先应根据事由确定文种，然后确定发文机关，再

根据行文方向选择格式，确定公文的基本构架。本文是一则格式规范的通知，包括版头、主体与版记三大部分。标题采用省略发文机关的"事由＋文种"形式。主送对象明确。正文内容使用分条列项式。第一段先写明制发通知的依据，紧接着写明通知的主题，首句直陈其事，最后用"现将有关事项通知如下："过渡，引起下文。

正文从三个方面写明通知的时间及要求。以"特此通知"作结。最后写明制发通知的机关及成文日期。全文首尾照应，结构完整，格式规范。

在具体的公文写作中，版头的发文机关标志及发文字号，包括分隔线，主体中的标题、正文、署名、日期，以及版记中的分隔线、印发机关及印发日期，是公文的必备要素，其他要素视具体情况而定。

实训设计

一、填空题

1. 公文文字从左至右横写、横排；一般每面排_____行，每行排_____个字。

2. 党政机关公文的版头由份号、密级程度、保密期限、_____、_____、签发人等部分组成。

3. 发文字号由_____、_____和_____构成。

4. 发文字号中，年份用阿拉伯数字标注全称，并用_____括入。

5. 发文字号中，文件顺序号用阿拉伯数字标注，发文顺序号前不加_____，不编_____。

6. 2018 年重庆市人民政府办公厅发布的第 8 号文件的发文字号标注方法是_____
_____。

7. 份号一般用____位_____号阿拉伯数字，顶格编排在版心上角_____。

8. 密级程度、保密期限、紧急程度一般用_____号_____体字标注在版心顶端。

9. 发文机关标识由_____或_____加"文件"二字组成，居中排布。

10. 联合行文时，如需要同时标注联署发文机关名称，一般应当将_____名称排在前。

11. 如有签发人，"签发人"三字用_____号_____字。签发人姓名用_____号_____字。

12. 版头中的分隔线位于_____之下_____ mm 处。

13. 公文标题一般用_____号_____字，编排于红色分隔线下空_____行位置。

14. 主送机关编排于标题下_____位置，居左顶格。

15. 成文日期中的数字用_____将年、月、日标全。

16. 公文的页码一般用_____半角宋体阿拉伯数字，编排在公文版心下边缘之下，数字左右各放一条一字线；一字线上距版心下边缘_____ mm。

17. _____指公文附件的顺序号和名称。_____应当另页编排，并在版记之前，与公文正文一起装订。

18. 受双重领导的机关向一个上级机关行文，必要时抄送另一个_____。

19. 党委、政府的_____根据本级党委、政府授权，可以向下级党委、政府行文。

20. 《条例》第十条规定："公文的版式按照_____国家标准执行。"

二、单项选择题

1. 公文的发文字号由三部分组成，放在第一位置的是（   ）。
   A. 年号　　　　　　　　　　B. 顺序号
   C. 机关名称　　　　　　　　D. 发文机关代字

2. 同一组织系统中的上级业务主管部门与下级业务主管部门之间的关系为（   ）。
   A. 隶属关系　　　　　　　　B. 指导关系
   C. 平行关系　　　　　　　　D. 没有关系

3. 对所收公文负有实际办理或有答复责任的主要受文机关，称为（   ）。
   A. 主送机关　　　　　　　　B. 抄送机关
   C. 承办机关　　　　　　　　D. 印发机关

4. 依法成立并能以自己的名义行使职权和承担义务的国家机关、社会团体、企事业单位才是党政机关公文的（   ）。
   A. 撰稿人　　　　　　　　　B. 法定作者
   C. 审稿人　　　　　　　　　D. 签发人

5. 在有平行关系和不相隶属机关之间制发公文，采用的行文方式是（   ）。
   A. 间接行文　　　　　　　　B. 多级行文
   C. 直接行文　　　　　　　　D. 联合行文

6. 《国务院关于加强安全生产工作的通知》的作者是（   ）。
   A. 国务院总理　　　　　　　B. 国务院秘书长
   C. 国务院　　　　　　　　　D. 文件拟稿人

7. 为检索和引用该文件提供专指性较强的代号，为统计和管理公文提供方便的依据，是（   ）。
   A. 公文份号　　　　　　　　B. 发文字号
   C. 公文主题　　　　　　　　D. 公文标题

8. 公文的成文日期除有特别规定外，均为公文的（   ）。
   A. 拟稿人的写定日期　　　　B. 办公室的审核日期
   C. 印发日期　　　　　　　　D. 生效日期

9. 产品说明书是（   ）向消费者说明、介绍产品的书面材料。
   A. 权威部门　　　　　　　　B. 决策部门
   C. 生产部门　　　　　　　　D. 主管部门

10. 适应不同文体的要求是谋篇的（   ）。

A. 内容
B. 原则
C. 含义
D. 类型

11. 应用文语言的特点之一是（   ）。
    A. 平实庄重
    B. 通俗形象
    C. 间接性
    D. 修饰性

12. 写作者组织材料、设计安排结构的过程是应用文的（   ）。
    A. 构思
    B. 谋篇
    C. 立意
    D. 准备

13. 应用文采用哪种文体、格式以及材料的选配、文章结构、篇幅长短、遣词造句等都决定于文章的（   ）。
    A. 谋篇
    B. 主旨
    C. 主观性
    D. 客观性

14. 抄送机关是指（   ）。
    A. 收文机关
    B. 办理或答复收文的机关
    C. 需要了解收文内容的机关
    D. 必须送达的机关

15. 成文日期通常是指（   ）。
    A. 草拟公文文稿的日期
    B. 公文印制完毕的日期
    C. 领导人在公文正本上签署的日期
    D. 领导人签发文稿的日期

16. 下列公文中，属于下行文的是（   ）。
    A. 请示
    B. 函
    C. 决定
    D. 报告

17. 附件具有（   ）。
    A. 与正件相同的法定效用
    B. 法定效用的看法是错误的
    C. 法定效用仅是某些特定的材料
    D. 对正件的补充说明作用，因而不具有法定效用

18. 公文用纸采用（   ）型。
    A. A3
    B. A4
    C. B5
    D. 16 开

19. 发文机关应当使用（   ）。
    A. 发文机关的简称或缩写
    B. 发文机关的全称或规范化简称
    C. 发文机关的全称或别称
    D. 发文机关的全称或简称

20. 应标识签发负责人姓名的文件一般是 （　　　）。
    A. 上行文　　　　　　　　　　B. 平行文
    C. 下行文　　　　　　　　　　D. 越级行文

三、多项选择题

1. 发文字号应当包括机关代字和 （　　　）。
    A. 年份　　　　　　B. 序号　　　　　　C. 简称
    D. 全称　　　　　　E. 份号

2. 签发人标识用于 （　　　） 文种。
    A. 请示　　　　　　B. 报告　　　　　　C. 意见
    D. 通报　　　　　　E. 决定

3. 写主送机关时，应当标明 （　　　）。
    A. 主送机关的全称　　　　　　B. 主送机关的规范化简称
    C. 同类机关的统称　　　　　　D. 约定俗成的称谓
    E. 本单位言谈中的简称

4. 公文标题中，除 （　　　） 要加书名号之外，其他一般不加标点符号。
    A. 法规名称　　　　B. 规章名称　　　　C. 被转发的文件名称
    D. 被印发的文件名称　　　　　　E. 被批复的文件名称

5. 公文版头的所有要素中，属于必备要素的是 （　　　）。
    A. 份号　　　　　　B. 发文机关标识　　C. 签发人
    D. 发文字号　　　　E. 分隔线

6. 根据《党政机关公文处理工作条例》的规定，成文日期必须 （　　　）。
    A. 写明年月日全称　　　　　　B. 用小写汉字书写
    C. 用阿拉伯数字书写　　　　　D. 可灵活使用

7. 联合行文时，应当遵循 （　　　） 的原则。
    A. 机关级别相同　　　　　　　B. 主办机关放在首位
    C. 标注主办机关发文字号　　　D. 隶属关系

8. 上行文应当遵循的原则是 （　　　）。
    A. 不得在报告中夹带请示事项　　B. 不能抄送下级
    C. 原则上主送一个上级机关　　　D. 一般不能越级行文
    E. 一般不得以个人名义报送部门，或以单位名义报送个人

9. 越级行文必须是 （　　　）。
    A. 遇有重大突发事件，主要是为了抢时间
    B. 直接上级机关乱作为或者违法违纪的
    C. 同时抄送被越过的机关
    D. 对处分决定不服的

10. 下列叙述中，正确的是 （　　　）。
    A. 合川区公安局与云门镇人民政府可以联合发文

B. 合川区人事局与重庆市人事局是行政隶属关系

C. 重庆市人民政府与四川省人民政府可以联合行文

D. 经市政府授权，市政府办公厅和各部门可以对外发布指令性公文

四、判断题（正确的打√，错误的打×）

1. 公文标题中除法规、规章名称加书名号外，一般不用标点符号。　　　　（　　）

2. 发文机关标识就是公文的标题。　　　　　　　　　　　　　　　　　（　　）

3. 应用文结构层次的序数，第一层用"一、"，第二层用"（一）"，第三层用"1."，第四层用"（1）"。　　　　　　　　　　　　　　　　　　　　　　　　　（　　）

4. 各级行政机关一般不得越级请示，但特殊情况必须越级请示时，可不抄送被越过的机关。　　　　　　　　　　　　　　　　　　　　　　　　　　　　　　　（　　）

5. 政府各部门可以根据本级政府授权和有关规定，对下一级人民政府直接行文。

（　　）

6. 公文的成文时间是指公文付印的时间。　　　　　　　　　　　　　　（　　）

7. 上一级政府部门与下一级政府可以联合行文。　　　　　　　　　　　（　　）

8. 联合行文的发文字号应该并排写在一起。　　　　　　　　　　　　　（　　）

9. 成文时间属于版记部分。　　　　　　　　　　　　　　　　　　　　（　　）

10. 附件属于主体部分，附注属于版记部分。　　　　　　　　　　　　（　　）

11. 经过批准在报刊发表的党政机关公文，应视为正式公文依照执行。　（　　）

12. 在任何情况下，公文标题都不可省略文种。　　　　　　　　　　　（　　）

13. 部门内设机构除办公厅（室）外，不得对外正式行文。　　　　　　（　　）

14. 可以在报告等非请示性公文中夹带请示事项。　　　　　　　　　　（　　）

15. 公文的页码的标注方法是单页码居左空　·字，双页码居右空一字。（　　）

五、简答题

1.《党政机关公文处理工作条例》规定的公文种类有哪些？

2. 党政机关公文的作用和特点是什么？

3. 公文格式的主体部分有哪些要素？

4. 上行公文应遵循哪些原则？

5. 公文格式的版头部分有哪些要素？

六、写作题

根据下列内容，制作一份规范的公文。

为了认真总结过去一年的宣传工作，部署 2014 年全院宣传思想工作，学院决定于 2014 年 4 月 8 日上午 9：00 在院第一会议室召开会议。学院领导及各院（系）、部门负责人参加。

七、材料分析题

国务院办公厅关于印发完善促进消费体制机制
实施方案（2018—2020年）的通知

国办发〔2018〕93号

各省、自治区、直辖市人民政府，国务院各部委、各直属机构：

　　《完善促进消费体制机制实施方案（2018—2020年）》已经国务院同意，现印发给你们，请认真贯彻执行。

国务院办公厅（印）
2018年9月24日

（此件公开发布）

　　问题1：公文的标题采用了哪种形式？
　　问题2：公文的发文字号由哪几个部分构成？
　　问题3：主送机关是泛称还是专称？
　　问题4：公文正文开头采用了什么方式？结尾采用了什么方式？
　　问题5："（此件公开发布）"属于公文格式的什么要素？该要素应注意些什么？

第二章 >>>

党政机关公文写作

【学习目的】

了解常见党政公文的特点及分类，理解掌握各类公文的适用范围。理解相近文种的区别，熟练掌握决定、通告、通知、通报、报告、请示、批复、函、纪要等几种常用党政公文的写法。

【内容提要】

本章主要介绍 15 种党政公文的适用范围、特点、分类和写作方法。一般公文的主体部分都由前言（首部）、正文、结尾（尾部）、落款几部分构成。

第一节　决议　议案　决定

【案例一】

关于给予冯喆同志追记一等功的决定

冯喆，男，重庆垫江人，1989 年 3 月出生，2012 年 7 月参加工作，生前为重庆市交通行政执法总队高速公路第二支队一大队垫江勤务中队副主任科员。2018 年 5 月 13 日，G42 沪蓉高速公路周嘉至垫江段一辆货车发生故障，阻碍道路通行并造成交通安全险情。为及时消除安全隐患，保障故障车辆驾驶员和后方来车驾驶员生命财产安全，冯喆同志在故障车辆后方进行监护，护送故障车辆前往高速公路出口下道，途中被一辆高速行驶大货车撞击，经医院抢救无效，不幸因公殉职，年仅 29 岁。

冯喆同志长期奋战在交通行政执法工作第一线，在人生最美好的年华，用生命和鲜血谱写了"把安全留给群众、把危险留给自己"的英雄篇章。他政治坚定、听党指挥，始终在思想上、政治上、行动上同以习近平同志为核心的党中央保持高度一致。他勇于担当、不惧危险，为保护人民群众生命财产安全，在突发事件应急处置、恶劣天气维安保畅、春运及节假日秩序维护等急难险重任务中总是冲锋在前，出色地完成各项工作任务。他爱岗敬业、恪尽职守，在平凡的岗位上始终保持着高度责任感，巡逻道路近 4 万公里，纠正违法行为 670 余件，走访社区 150 余人次，处理交通事故近百起。他一心为民、无私奉献，始终保持公仆情怀，带头为村民修路捐款，护送误入高速公路的精神失常老人回家，倾力解救轻生乘客。他秉公执法、清正廉洁，始终保持清廉本色，不谋私利，严词拒绝违法违章驾驶员行贿，自觉抵制各种诱惑，清白做人、干净做事。

冯垚同志是我市公务员队伍中的优秀代表。为表彰先进、树立典型，市政府决定，给予冯垚同志追记个人一等功。全市广大干部要以习近平新时代中国特色社会主义思想为指引，深入贯彻党的十九大精神，以冯垚同志为榜样，坚定理想信念，始终把人民放在心中的最高位置，始终全心全意为人民服务，始终为人民利益和幸福而努力工作，不忘初心、牢记使命，忠诚履职、敢于担当，为决胜全面建成小康社会，开启社会主义现代化建设新征程做出新的更大的贡献。

重庆市人民政府（印）

2018 年 7 月 27 日

【分析】这是一则表彰性决定，是对一位为保护人民群众生命财产安全、爱岗敬业、恪尽职守的基层公务员的表彰。标题采用省略发文机关的"事由＋文种"形式。正文采用三段式结构，第一段概述冯垚的个人信息与基本事实（表彰的事实依据），第二段对冯垚的工作及其行为进行评价；第三段首先明确组织决定："给予冯垚同志追记个人一等功"，然后提出希望与要求。全文内容完整，结构规范，事实清楚，评价恰当，语言简练。

【案例二】

国务院关于提请审议国务院机构改革方案的议案

全国人民代表大会：

中国共产党第十九次全国代表大会明确要求深化机构和行政体制改革。党的十九届三中全会审议通过了《深化党和国家机构改革方案》，同意将其中涉及国务院机构改革的内容提交第十三届全国人民代表大会第一次会议审议。现将根据《深化党和国家机构改革方案》形成的《国务院机构改革方案》提请第十三届全国人民代表大会第一次会议审议。

国务院总理 李克强

2018 年 3 月 9 日

【分析】这是一则议案，一则由国务院向全国人大提出的有关提请审议国务院机构改革方案的议案。标题由"机关＋事由＋文种"的完全式要素组成。主送机关是全国人民代表大会。正文首先写议案提出的理由，然后写议案提出的依据，最后提出审议事项。落款由发文机关＋行政首长（签名），以及成文日期组成。主题单一、明确而集中。遵循"一事一议"的写作原则。

【案例三】

根据下列材料，写一份法定公文，包括文头、主体、文尾。

蒋某某，男，1964 年 4 月生，汉族，上海青浦人，大学文化，1984 年 6 月参加工作，1993 年 7 月加入中国共产党。蒋某某身为党员干部，其行为严重违反了党的纪律，依照《中国共产党纪律处分条例》第一百二十六条的规定，经区农委纪委会讨论，并经 2015 年 10 月 21 日区农委党委会批准，决定给予蒋某某党内严重警告处分。

蒋某某在任区农技中心副主任期间，未按规定使用 27600 元财政预算经费，而是将该经费用于单位接待，且有超标准接待的行为，违反了中央八项规定精神，已构成违反财经纪律行为。

　　蒋某某于 2007 年 11 月任区农技中心副主任，2015 年 1 月任区农技中心党总支委员、第一支部书记。

　　2014 年，区农技中心在项目支出预算中以水稻、麦子苗情考察和机插秧、杂交稻现场观摩会名义列支了 27600 元预算经费。实际使用中，上述 27600 元却用于区农技中心 2013 年 12 月起至 2014 年 8 月的 11 次挂账招待消费，且均为圆桌餐饮消费（包括酒水）。相关招待消费均由蒋某某事先预定，事后由有关人员签字确认。

　　案发后，在组织的帮助下，蒋某某如实交代了自己的问题，对所犯错误作了较深刻的检讨。

中共上海市青浦区农委纪律检查委员会文件

青农纪〔2015〕4 号

中共上海市青浦区农委纪律检查委员会关于给予
蒋某某同志严重警告处分的决定

　　蒋某某，男，1964 年 4 月生，汉族，上海青浦人，大学文化，1984 年 6 月参加工作，1993 年 7 月加入中国共产党，2007 年 11 月任上海市青浦区农技中心副主任，2015 年 1 月任区农技中心党总支委员、第一支部书记。

　　2014 年，区农技中心在项目支出预算中以水稻、麦子苗情考察和机插秧、杂交稻现场观摩会名义列支了 27600 元预算经费。实际使用中，上述 27600 元却用于区农技中心 2013 年 12 月起至 2014 年 8 月的 11 次挂账招待消费，且均为圆桌餐饮消费（包括酒水）。相关招待消费均由蒋某某事先预定，事后由有关人员签字确认。案发后，在组织的帮助下，蒋某某如实交代了自己的问题，对所犯错误作了较深刻的检讨。

　　蒋某某在任区农技中心副主任期间，未按规定使用 27600 元财政预算经费，而是将其用于单位接待，且有超标准接待的行为，违反了中央八项规定精神，已构成违反财经纪律行为。

　　蒋某某身为党员干部，其行为严重违犯了党的纪律，依照《中国共产党纪律处分条例》第一百二十六条的规定，经青浦区农委纪委会讨论，并经 2015 年 10 月 21 日区农委党委会批准，决定给予蒋某某党内严重警告处分。

　　本决定自 2015 年 10 月 21 日起生效。

　　如不服本处分决定，可依照规定向本委或上级党组织提出申诉。

中共上海市青浦区农委纪律检查委员会（印）
2015 年 10 月 22 日

【分析】从内容上看，这是一篇撰写处分决定的实践操作题。根据材料"青浦区农委纪委讨论"可确定发文机关为"中共上海市青浦区农委纪律检查委员会"，事由为"给予蒋某某同志严重警告处分"，文种是"决定"，这样整个标题即可确定为"中共上海市青浦区农委纪律检查委员会关于给予蒋某某同志严重警告处分的决定"。正文第一、二、三段叙述被处分者的基本事实，这是作出处分决定的事实依据，应该明确、清楚；第四段指出其行为性质及处分依据，并作出处分决定；第五段写本处分的生效日期；第六段写受处分者对处分结果的态度。

实训设计

一、填空题

1.《条例》规定，＿＿＿＿＿＿＿＿适用于会议讨论通过的重大事项。

2. 决议的形成必须经过＿＿＿＿＿＿＿。

3.《条例》规定，＿＿＿＿＿＿适用于各级人民政府按照法律程序向同级人民代表大会或者人民代表大会常务委员会提请审议事项。

4.《条例》规定，＿＿＿＿＿＿适用于对重要事项作出决策和部署、奖惩有关单位和人员、变更或撤销下级机关不适当的决定事项。

5. 某同学考试作弊，该校教务处行文＿＿＿＿＿（文种）给予处分。

6. 议案的发文字号通常在机关代字后面加＿＿＿＿＿字。

二、单项选择题

1. 议案的主送机关为（　　　）。

    A. 同级人民代表大会或常务委员会　　B. 同级人民政府

    C. 上级人民代表大会或常务委员会　　D. 上级政府部门

2. 决议与决定最根本的区别是（　　　）。

    A. 形成程序不同　　　　　　　　　　B. 内容不同

    C. 写法不同　　　　　　　　　　　　D. 作用不同

3. 决定属于（　　　）。

    A. 上行文　　　　　B. 下行文　　　　　C. 平行文

4. 议案属于（　　　）。

    A. 上行文　　　　　B. 下行文　　　　　C. 平行文

5. 变更或撤销下级机关不适当的决定事项用（　　　）。

    A. 通知　　　　　B. 意见　　　　　C. 命令（令）　　　　D. 决定

6. 对重大事项和行动作出决策、安排，用（　　　）。

    A. 通知　　　　　B. 通告　　　　　C. 命令（令）　　　　D. 决定

7. 关于表彰××先进集体和先进个人的（　　　）。

    A. 通知　　　　　B. 通报　　　　　C. 决定　　　　　D. 通告

三、多项选择题

1. 决议正文常使用（　　）等术语。
   A. 大会认为　　　　B. 大会要求　　　　C. 大会指出　　　　D. 大会强调

2. 奖惩性决定的正文内容包括（　　）。
   A. 叙述事实　　　　　　　　　　B. 评价事实
   C. 提出具体意见　　　　　　　　D. 提出希望与要求

3. 可用于表彰的文种有（　　）。
   A. 决定　　　　　B. 命令（令）　　　C. 报告　　　　D. 通报

4. 决定的标题中，不能省略的组成部分是（　　）。
   A. 发文机关　　　　B. 事由　　　　C. 文种

5. 决定主要用于（　　）。
   A. 决定特定事项或重大问题　　　　B. 对重大行动作出安排
   C. 表彰先进　　　　　　　　　　　D. 授予称号

四、判断题（正确的打√，错误的打×）

1. ××县国家税务局关于××税务所火灾事故的决定。　　　　　　　　（　　）

2.《××市地方税务局关于2014年度立功嘉奖人员的表彰决定》属于指挥性决定。
　　　　　　　　　　　　　　　　　　　　　　　　　　　　　　　　（　　）

3. ××市国家税务局沈××、高××、张××等人受贿案已由检察机关作出处理，为告知所属各单位，拟制订一份决定下发。　　　　　　　　　　　　　　（　　）

4. 公文决定主要用于决定特定事项或重大问题，对重大行动作出安排、表彰先进、授予称号等。　　　　　　　　　　　　　　　　　　　　　　　　　　（　　）

5. 决定是极为严肃的公文，要坚决贯彻执行，为了不使下级机关被动，或在措辞方面稍微灵活一点，给下级一些自主的空间。　　　　　　　　　　　　　　（　　）

6. 议案的文号一般在机关代字后面用"函"标注。　　　　　　　　　　（　　）

7. 决议的形成必须经过特定的程序。　　　　　　　　　　　　　　　　（　　）

五、简答题

1. 简述决议与决定的异同。
2. 奖惩性决定的内容包括哪些方面？

六、写作题

1. 根据下面所给的材料，以市政府的名义，拟写一份公文。要求具备版头、主体、版记，字数在200字左右。

重百商场在被授予"文明单位"称号后，放松了对员工的思想政治教育，有的员工擅自离岗，有的员工服务质量较差，对待顾客蛮横无理。商场内的用电设备年久失修，火灾隐患多。有的新租柜台的厂家，装修时缺乏安全意识，所用装修材料不符合防火要求。商场管理部门视而不见，未能严格把关。对于该商场以上种种现象，合川区商委会决定撤销其"文明单位"称号。

2. 王宇，就读于××大学，在校期间曾多次获得校级三好学生，并于2013年加入中国共产党。2014年，积极参加各项社团活动，曾获校园"感念师恩"征文比赛一等奖、校级"优秀学生干部"、校级"三好学生"。在校担任青年志愿者协会会长期间，随校领导和学生代表慰问过敬老院，发起了一次为身患再生障碍性贫血的贫困同学募捐的活动，多次组织社员参加看望特殊学校儿童的爱心活动。其课余生活较为多彩，多次参加学校社团文化节，办过爱心义卖，征集过学生捐赠，关于爱心志愿方面的经验较为丰富。平时性格开朗，爱结交朋友，能与他人和谐相处。

请以学院团委的名义起草一份表彰性决定，要求使用公文规范格式。

第二节 命令（令） 公报

【案例】

中华人民共和国国务院令

第 705 号

现公布《中华人民共和国消防救援衔标志式样和佩带办法》，自公布之日起施行。

国务院总理 李克强
2018 年 11 月 6 日

【分析】本文属公布令。标题形式为"发令机关＋文种"，标题下面居中位置是令号，用"第×号"形式标注。正文内容包括两方面：

1. 公布对象。即被公布的规章名称《中华人民共和国消防救援衔标志式样和佩带办法》。

2. 施行时间。即自公布之日起施行。

这篇公文的正文在结构上是篇段合一式，即一篇公文一个自然段，依次写出公布对象及施行日期。内容简洁。

实训设计

一、填空题

1. 2018 年 11 月 6 日，李克强总理签署_____，公布《中华人民共和国消防救援衔标志式样和佩带办法》。

2.《条例》规定，_____适用于公布行政法规和规章、宣布施行重大强制性措施、批准授予和晋升衔级、嘉奖有关单位和人员。

3. 《条例》规定，_____适用于公布重要决定或者重大事项。

二、单项选择题

1. 企、事业单位，人民团体不宜使用的文种是（　　）。

　　A. 命令（令）　　　　　　　　B. 公告

　　C. 决定　　　　　　　　　　　D. 函

2. 适用于依照有关法律公布行政法规和规章、宣布施行重大强制性措施、嘉奖有关单位和人员的公文叫（　　）。

　　A. 命令（令）　　　　　　　　B. 决定

　　C. 公告　　　　　　　　　　　D. 通告

3. 命令（令）是政府和行政机关行使重要职权的公文，一经发出，受文单位必须无条件执行。因此制发命令（令）必须要有依据。其中，最根本的依据是（　　）。

　　A. 受文单位的实际情况　　　　B. 受文机关的请求

　　C. 法律和行政法规　　　　　　D. 领导的指示

4. 补全公文标题：浙江省人民政府关于授予杨洋等6名同志浙江省劳动模范荣誉称号的（　　）。

　　A. 命令（令）　　　　　　　　B. 决定

　　C. 通知　　　　　　　　　　　D. 通报

三、多项选择题

1. 命令（令）的标题（　　）。

　　A. 由发令机关名称和文种"令"组成

　　B. 由领导人职务名称和文种"令"组成

　　C. 由发文机关、事由、文种组成

　　D. 直接用"令"作标题

2. 不必写主送机关的文种有（　　）。

　　A. 命令　　　　B. 意见　　　　C. 公告　　　　D. 通告

3. 命令（令）根据其作用，可分为（　　）。

　　A. 发布令　　　　　　　　　　B. 行政令

　　C. 嘉奖令　　　　　　　　　　D. 任免令

4. 命令（令）适用于（　　）。

　　A. 公布行政法规和规章　　　　B. 宣布施行重大强制性措施

　　C. 批准授予和晋升衔级　　　　D. 嘉奖有关单位和人员

　　E. 公布重要决定或重大事项

5. 公报适用于（　　）。

　　A. 对重要事项作出决策和部署　　B. 宣布施行重大强制性措施

　　C. 公布重要决定　　　　　　　　D. 公布重大事项

四、判断题（正确的打√，错误的打×）

1. 根据我国《宪法》及其他有关法律规定，县人民代表大会和县人民政府可以发布命令（令）。　　　　　　　　　　　　　　　　　　　　　（　）

2. ××乡人民政府制定了有关执行《保密法》的规定，可用命令（令）的形式发布。　　　　　　　　　　　　　　　　　　　　　　　　　　　　（　）

3. 命令（令）一经发出，受文单位和受文人员必须无条件执行。　（　）

4. 命令（令）和决定都可用于嘉奖有关单位和人员。　　　　　（　）

5. 命令（令）和公报所适用的事项都非常重大，重要事项或一般事项都不能用命令（令）和公报行文。　　　　　　　　　　　　　　　　　　（　）

五、简答题

1. 命令（令）的写作格式包括哪些内容？
2. 简述命令（令）的适用范围。
3. 简述公报与命令（令）的异同。

六、写作题

请根据以下材料写一份规范的法定公文。要求具备版头、主体和版记。

李坚，14岁，西昌铁路中学学生。2018年5月2日，星期天，李坚和另外四名小朋友在河边玩耍，张昆同学忽然不慎落入水中，李坚立即跳下水去营救，张昆得救了，而李坚却献出了年轻的生命。

共青团全国铁路委员会和共青团四川省委决定授予李坚"优秀少先队员"称号，号召全国铁路系统和省内各地的小朋友向李坚同学学习，做一个有理想、有道德、无私无畏的好孩子。

七、材料分析题

嘉 奖 令

2015年，宁陵县工业信息化和科技局贯彻落实科技创新支撑驱动发展战略，围绕全县酥梨产业发展，积极与大中专院校加强产学研合作，大力开展技术培训，不断引进、推广酥梨产业新品种、新技术，取得了较好的工作成绩。以宁陵县为核心区的商丘国家农业科技园被国家科技部正式批准建立，为宁陵的快速发展提供了强有力的科技支撑。经研究，决定对县工业信息化和科技局予以通令嘉奖。

希望县工业信息化和科技局发扬成绩，戒骄戒躁，扎实工作，再创佳绩，为促进全县经济社会持续快速健康发展做出新的更大的贡献。

2016年9月18日

第三节 公告 通告

【案例一】

国务院关税税则委员会关于降低部分商品进口关税的公告

为适应产业升级、降低企业成本和满足群众多层次的消费需求，自 2018 年 11 月 1 日起，降低部分商品的最惠国税率，涉及 1585 个税目。因最惠国税率调整，自 2018 年 11 月 1 日起，取消 39 项进口商品最惠国暂定税率，其余商品最惠国暂定税率继续实施。具体税目及税率调整情况见附件。

特此公告。

附件：1. 进口商品最惠国税率调整表
2. 进口商品最惠国暂定税率调整表

国务院关税税则委员会（印）
2018 年 9 月 30 日

邮政局 公安部 安全部关于发布《禁止寄递物品管理规定》的通告

为加强邮政行业安全管理，防止、禁止寄递物品进入寄递渠道，妥善处置进入寄递渠道的违禁物品，维护寄递渠道安全畅通，依据《中华人民共和国邮政法》《中华人民共和国反恐怖主义法》以及《邮政行业安全监督管理办法》等法律、行政法规和相关规定，制定《禁止寄递物品管理规定》，现予发布。

特此通告。

邮政局（印） 公安部（印） 安全部（印）
2016 年 11 月 7 日

【分析】公告发文机关级别更高（多为省、部级机关），宣布的事更重大，或告知的范围更广，有时包括国外；发布的方式一般不张贴，而是通过通讯、电台、电视台、报刊等媒体予以发布。通告使用机关范围最大，各种机关单位都可以发布；内容具有专门性，而事项则是一般化；发布方式多种多样，可张贴，也可以通过报刊、电台发布。

第一则是关于降低部分商品进口关税的公告。标题"国务院关税税则委员会关于降低部分商品进口关税的公告"为"发文机关＋事由＋文种"的完全式标题。正文第一句写发布公告的目的，紧接着写降低部分商品的最惠国税率开始的时间以及所涉的税目数，同时取消进口商品最惠国暂定税率的项目数，最后写具体的项目（见附件），并在正文下方以附件说明的方式列出附件名称。主体最后写明发文单位与发文日期。

第二则是发布性通告。它是由邮政局、公安部、安全部联合发布的《禁止寄递物品管理规定》通告。首先写制定《禁止寄递物品管理规定》通告的目的和依据，接着直接予以发布，最后以"特此通告"作结。

（以上两则均采用独段式结构，语言简洁、明确。）

【案例二】

指出下列公文的不足之处并改正。

<h3 style="text-align:center">重庆市××区公安局交通巡逻警察支队关于固定式
交通技术监控设备设置点的公告</h3>

依据《中华人民共和国道路交通安全法》和《道路交通安全违法行为处理程序规定》等相关规定，现将××区内所有固定式交通技术监控设备设置点公告如下。

请广大交通参与者自觉遵守道路交通法律法规，做到文明驾驶、安全驾驶，确保交通安全。对违反《中华人民共和国道路交通安全法》的交通违法行为，公安机关交通管理部门将依法予以处罚。

特此公告。

××区公安局交通巡逻警察支队（印）
2018 年 5 月 7 日

【分析】

1. 根据规定，省（区、市）级以下机关，除法律规定外，不能使用公告，只能使用通告。因此，该标题应改为《重庆市××区公安局交通巡逻警察支队关于固定式交通技术监控设备设置点的通告》。

2. 过渡句"现将××区内所有固定式交通技术监控设备设置点公告如下"有误，应将"公告"改为"通告"。

3. 结尾"特此公告"有误，应将"特此公告"改为"特此通告"。

正确的公文如下：

<h3 style="text-align:center">重庆市××区公安局交通巡逻警察支队关于固定式交通
技术监控设备设置点的通告</h3>

依据《中华人民共和国道路交通安全法》和《道路交通安全违法行为处理程序规定》等相关规定，现将××区内所有固定式交通技术监控设备设置点通告如下。

请广大交通参与者自觉遵守道路交通法律法规，做到文明驾驶、安全驾驶，确保交通安全。对违反《中华人民共和国道路交通安全法》的交通违法行为，公安机关交通管理部门将依法予以处罚。

特此通告。

××区公安局交通巡逻警察支队（印）
2018 年 5 月 7 日

本则公文标题采用"机关＋事由＋文种"的完全式形式。正文第一段先写通告发布的依据，然后以"现将××区内所有固定式交通技术监控设备设置点通告如下"过渡。第二段先提出对交通参与者的要求，然后写对交通违法行为的处罚。第三段以"特此通告"作结。最后是落款及成文日期、印章。

【案例三】

根据下列材料，写一份规范的通告，要求包括版头、主体、版记。

1. 不得非法持有、制造、买卖、运输、邮寄、出租、出借、储存、私藏、携带、走私、使用枪支弹药和爆炸物品。

2. 严禁通过互联网非法买卖枪支弹药和爆炸物品，严禁发布有关枪支弹药和爆炸物品的制造、买卖信息。

3. 为了彻底收缴流散于社会的各类非法枪支弹药、爆炸物品，大力动员社会各界和广大人民群众积极举报涉及枪爆物品违法犯罪线索，依法严厉打击违反枪爆物品管理的违法犯罪活动，切实保障人民群众生命财产安全，维护社会治安稳定。

4. 凡非法持有、私藏军用枪、猎枪、射击运动枪、麻醉注射枪、气枪、彩弹枪、火药枪，利用射钉器改制射钉枪等各类枪支及其零部件、子弹，非法持有炸药、雷管、导火索、导爆索、震源弹、黑火药、烟火药、手榴弹、地雷、炸弹、"二氧化碳气爆装置"等各类物品的任何单位或个人，应主动到当地公安机关登记报告，说明情况，交出非法物品。

5. 根据《中华人民共和国刑法》《中华人民共和国治安管理处罚法》规定，凡在2018年5月至9月期间，主动交出上述非法枪爆物品的，可依法从轻、减轻或者免除处罚；逾期拒不交出非法枪爆物品的，依法收缴并从严惩处。

6. 凡枪支弹药、爆炸物品被盗、被抢或者丢失的，应当及时报告当地公安机关；不及时报告的，依法处罚有关责任单位和人员。

7. 公民发现被遗弃的枪支弹药及疑似枪支零部件、爆炸物品的，应当立即报告当地公安机关。

8. 违法犯罪人员有揭发他人涉及枪爆物品违法犯罪行为，经查证属实的，或者提供重要线索，从而得以侦破涉及枪爆物品案件等立功表现的，可依法从轻或者减轻处罚；有重大立功表现的，可依法减轻或者免除处罚。

9. 鼓励、保护广大人民群众积极举报涉及枪爆物品违法犯罪活动，提供违法犯罪活动线索，动员、规劝涉及枪爆物品案件犯罪人员投案自首，凡举报有功的，按××省公安机关《群众举报涉枪涉爆违法犯罪奖励标准》予以奖励。

10. 窝藏、包庇涉及枪爆物品违法犯罪分子，帮助违法犯罪分子毁灭、伪造证据的，依法追究法律责任。对打击、报复举报人、控告人的，依法从严惩处。

11. ××省高级人民法院、××省人民检察院、××省公安厅于2018年4月2日联合发布第38号文件。

××省高级人民法院
××省人民检察院 文件
××省公安厅

×高院〔2018〕38号

××省高级人民法院　××省人民检察院　××省公安厅
关于收缴非法枪爆物品严厉打击枪爆物品违法犯罪活动的通告

为了彻底收缴流散于社会的各类非法枪支弹药、爆炸物品，大力动员社会各界和广大人民群众积极举报涉及枪爆物品违法犯罪线索，依法严厉打击违反枪爆物品管理的违法犯罪活动，切实保障人民群众生命财产安全，维护社会治安稳定，根据《中华人民共和国刑法》《中华人民共和国治安管理处罚法》等有关规定，特通告如下：

一、严禁非法持有、制造、买卖、运输、邮寄、出租、出借、储存、私藏、携带、走私、使用枪支弹药和爆炸物品，严禁通过互联网非法买卖枪支弹药和爆炸物品、发布有关枪支弹药和爆炸物品的制造、买卖信息。

二、凡非法持有、私藏军用枪、猎枪、射击运动枪、麻醉注射枪、气枪、彩弹枪、火药枪，利用射钉器改制射钉枪等各类枪支及其零部件、子弹，非法持有炸药、雷管、导火索、导爆索、震源弹、黑火药、烟火药、手榴弹、地雷、炸弹、"二氧化碳气爆装置"等各类物品的任何单位或个人，必须自本通告发布之日起主动到当地公安机关登记报告，说明情况，交出非法物品。

三、凡在2018年5月至9月期间，主动交出上述非法枪爆物品的，可依法从轻、减轻或者免除处罚；逾期拒不交出非法枪爆物品的，依法收缴并从严惩处。

四、凡枪支弹药、爆炸物品被盗、被抢或者丢失的，应当及时报告当地公安机关；不及时报告的，依法处罚有关责任单位和人员。公民发现被遗弃的枪支弹药及疑似枪支零部件、爆炸物品的，应当立即报告当地公安机关。

五、违法犯罪人员有揭发他人涉及枪爆物品违法犯罪行为，经查证属实的，或者提供重要线索，从而得以侦破涉及枪爆物品案件等立功表现的，可依法从轻或者减轻处罚；有重大立功表现的，可依法减轻或者免除处罚。

六、鼓励、保护广大人民群众积极举报涉及枪爆物品违法犯罪活动、提供违法犯罪活动线索，动员、规劝涉及枪爆物品案件犯罪人员投案自首，凡举报有功的，按××省公安机关《群众举报涉枪涉爆违法犯罪奖励标准》予以奖励；窝藏、包庇涉及枪爆物品违法犯罪分子，帮助违法犯罪分子毁灭、伪造证据的，依法追究法律责任。对打击、报复举报人、控告人的，依法从严惩处。

七、本通告自发布之日起实施。

特此通告

　　　　　　××省人民法院（印）　　××省人民检察院（印）　　××省公安厅（印）
　　　　　　　　　　　　　　　　　　　　　××省高级人民法院办公厅
　　　　　　　　　　　　　　　　　　　　　2018年4月2日印发

【分析】这是撰写通告的实践题。本案例由三个机关联合发文。联合发文时，应明确主办机关。该题的主办机关是"××省高级人民法院"，从版头的排布就可以看出。在联合发文中，主办机关应排在首行。联合发文时，机关之间要分散对齐。标题采用"机关＋事由＋文种"的完全式形式。正文首段写发布通告的目的和依据，然后用"特通告如下"过渡。主体部分从七个方面分条列项写通告的主要内容及实施时间。结尾用"特此通告"作结。在署名时，同样应该将主办机关写在最前面。版记写通告的印发单位与印发日期。印发单位一般为发文机关的办公厅（室）或秘书部门。

实训设计

一、填空题

1. 《条例》规定，_____适用于向国内外宣布重要事项或者法定事项。

2. 公告发布的方式一般以电视、报纸等大众传媒为主，也可以张贴，但一般不用_____方式予以传达。

3. 《条例》规定，_____适用于在一定范围内公布应当遵守或者周知的事项。

4. 通告告知的范围具有一定的_____。

5. 公告与通告都属于普发性公文，受文对象不明确，因此不必写_____。

二、单项选择题

1. 公布国家领导人的出访情况时应用（　　）。
   A. 命令（令）　　　B. 决定　　　　　C. 公告　　　　　D. 通告

2. 某省国税局要开展年度税务登记验证和一般纳税人年审工作，需将此事告知社会，宜用（　　）。
   A. 通报　　　　　B. 通知　　　　　C. 通告　　　　　D. 公告

3. 标题《国家税务总局公告》省去了（　　）。
   A. 发文事由　　　B. 发文缘由　　　C. 发文单位　　　D. 发文时间

4. 公告在告知对象方面的特点是具有（　　）。
   A. 针对性　　　　B. 特定性　　　　C. 广泛性　　　　D. 地域性

5. 公告不写主送机关和抄送机关，多由新闻媒体发布，这种性质和特点说明公告是（　　）。
   A. 普发性公文　　　　　　　　　B. 特殊性公文
   C. 保密性公文　　　　　　　　　D. 专项性公文

6. 适用于在一定范围内公布社会各方面应当遵守或者周知的事项的公文叫（　　）。
   A. 公告　　　　　B. 通报　　　　　C. 决定　　　　　D. 通告

三、多项选择题

1. 公告具有广泛性，其含义包括（　　）。

    A. 发布的范围广泛　　　　　　　B. 发布的方式广泛

    C. 发布的内容广泛　　　　　　　D. 发布的作者广泛

  2. 下列标题有误的有（　　　）。

    A. 湖南省交通厅公告

    B. 国家税务总局公告

    C. 新华社授权通告

    D. 国家税务总局关于调整城乡个体工商业个人所得税税率的公告

  3. 下列公文中，属于普发性公文的有（　　　）。

    A. 通告　　　　　　B. 通知　　　　　　C. 公告　　　　　　D. 函

  4. 下列哪些事项适用于公告？（　　　）

    A. 宣布全国人民代表大会的召开日期

    B. 公布宪法

    C. 宣布国家领导人的选举结果

    D. 宣布发行国库券

  5. 不必写主送机关的文种有（　　　）。

    A. 命令（令）　　B. 意见　　　　　C. 公告　　　　　D. 通告

  6. 公告与通告的区别在于（　　　）。

    A. 发布的范围不同　　　　　　　B. 发布的重要程度不同

    C. 行文的语气不同　　　　　　　D. 发布的单位不同

  7. 公告适用于向国内外宣布（　　　）。

    A. 重要事项　　　　　　　　　　B. 法定事项

    C. 最后通牒　　　　　　　　　　D. 一般事项

四、判断题（正确的打√，错误的打×）

  1. 公告适用于公布社会各方面应当遵守或者周知的事项。　　　　　　（　　　）

  2. 公告具有较强的严肃性，因此一般不适宜在新闻媒体上发布。　　　（　　　）

  3. 公告不能由两个以上的部门联合发布。　　　　　　　　　　　　　（　　　）

  4. 公告由重要领导机关制发，通告由一般机关或基层单位制发。　　　（　　　）

  5. 广州市越秀区大塘街社区行文公告宣布新当选的领导班子成员名单。（　　　）

五、简答题

  1. 简述公告与通告的异同。

  2. 使用公告时应注意哪些问题？

六、写作题

  根据下列材料，撰写一份通告。

  1. 文化管理学院经常受到社会上某些单位和个人的侵扰：有的人随意在校内打架、聚众斗殴、酗酒、赌博，进行流氓活动，还蓄意侮辱、欺凌和殴打师生员工；有的商贩任意出入校园，高声叫卖；有些单位和个人随意到校内放牧牛羊、取土、种植粮菜；有些单位长期侵占学校校舍和操场、校办工厂、农场等，还有人甚至将易燃易爆物品带入学校。

以上种种，不但侵犯了学校的权益，而且影响了正常的教学秩序，威胁着广大师生员工的人身安全。市教委、市公安局为此联合制发了一份通知，规定了一些禁止事项，并声明凡违反规定者，要根据我国《刑法》和《治安管理处罚法》等有关法律予以处罚。

2. 某市人民政府为了巩固城市绿化的工作成果，拟制发一份公布性文件，将保护城市绿地应遵守的有关事项告知该市各界。

城市绿地是指用以栽植树木花草和布置配套设施，基本上由绿色植物所覆盖，并赋以一定功能与用途的场地。城市绿化能够提高城市自然生态质量，有利于环境保护；提高城市生活质量，调适环境心理；增加城市地景的美学效果；增加城市经济效益；有利于城市防灾；净化空气污染。

市政府希望社会各界积极行动起来，加大力度保护城市绿地，维护城市绿化、美化成果，创造更好的生态和生活环境。

城市绿地属于全市公民。任何单位和个人不得侵占、买卖和破坏城市绿地。城市绿地面积只能增加，不能减少。任何单位和个人都有保护城市绿地的义务，有权制止和举报损害城市绿地的行为。举报有功者，由城市绿地行政主管部门予以奖励。

城市绿地管理有关执法部门，在监督检查中发现有非法占用、使用城市绿地的，应立即责令其停止违法行为，恢复绿地，并按法律法规的相关规定予以处罚和追究经济责任。

城市绿地管理有关执法部门一旦发现国家机关及其工作人员有违法审批占用绿地的行为，应移交有关部门或行政监察机关予以处理；情节严重构成犯罪的，交由司法机关依法追究刑事责任。

七、材料分析题

指出下面通告的不足之处，并重新撰写。要求：拟出完整标题；正文的条款和内容可作适当调整；字数不超过原文。

通　告

本渡口是涪江上最大的渡口，过往的车辆和行人很多，等候时间往往较长。为了减少等船时间，加强渡口管理，特作如下规定：

一、凡需要渡船过河者必须购票。机动车每辆 5 元；非机动车每辆 3 元；行人每人 2 元（儿童免票）。不买票者，不能乘船。

二、乘客必须听从工作人员指挥，按顺序上下船。各种车辆须按指定位置摆放，以保障渡船安全。

三、不准携带易燃、易爆、腐蚀性强的物品上船。违反规定擅自携带上船被查出者，没收所带物品，并酌情予以 15～25 元的罚款。

四、凡牵引牲畜过渡者，到指定舱位购票，每头（只、匹）3 元。放在筐篮等容器内的家禽、仔猪免票，但数量不能过多。

五、渡船开动后，乘船者不要来回走动；机动车必须熄火，牲畜必须有人看守。

六、乘船者必须爱护渡船及其设备，损坏应赔偿。

七、对于违反规定或者在船上无理取闹、不听指挥，妨碍渡船正常航行者，予以重罚。情节严重的，扭送公安机关，依法惩处。

涪江渡口管理处（印）

2018 年 5 月 20 日

第四节　意见　通知

【案例一】

国务院办公厅关于加强电梯质量安全工作的意见

各省、自治区、直辖市人民政府，国务院各部委、各直属机构：

我国是电梯生产和使用大国。电梯质量安全事关人民群众生命财产安全和经济社会发展稳定。近年来，我国电梯安全事故起数和死亡人数持续下降，安全形势稳定向好。但随着电梯保有量持续增长，老旧电梯逐年增多，电梯困人故障和安全事故时有发生，社会影响较大。为进一步加强电梯质量安全工作，保障人民群众乘用安全和出行便利，经国务院同意，现提出以下意见。

一、总体要求

（一）指导思想

全面贯彻党的十九大精神，以习近平新时代中国特色社会主义思想为指导，坚持以人民为中心的发展思想，牢固树立和贯彻落实新发展理念，按照高质量发展的要求，进一步强化质量安全意识，以改革创新为动力，以落实生产使用单位主体责任为重点，以科学监管为手段，预防和减少事故，降低故障率，不断提升电梯质量安全水平，让人民群众安全乘梯、放心乘梯，满足人民日益增长的美好生活需要。

（二）基本原则

——坚持为民服务。把保障人民群众乘用安全和出行便利作为工作出发点和落脚点，强化电梯质量安全工作的公益属性，优化服务，保障和改善民生。

——坚持依法监管。健全完善法律法规和标准体系，充分运用法治思维和法治方式开展电梯安全监管工作，坚持权责一致，落实相关方主体责任。

——坚持改革创新。深化"放管服"改革，创新监管模式，充分发挥市场机制的作用，强化事中事后监管，推动电梯生产、使用、监管和检验工作科学发展。

——坚持多元共治。发挥电梯质量安全各相关方作用，形成相关方主体责任落实、政府统一领导、监管部门依法履职、检验机构技术支撑、企业诚信自律、社会参与监督的多元共治新格局。

（三）主要目标

到 2020 年，努力形成法规标准健全、安全责任明晰、工作措施有效、监管机制完善、社会共同参与的电梯质量安全工作体系，电梯质量安全水平全面提升，安全形势持续稳定向好，电梯安全事故起数和死亡人数等指标接近发达国家水平。

二、重点任务

（一）提升电梯质量安全水平

开展电梯质量提升行动，加强产品试验和一致性核查，强化安装监督检验，提升电梯产业集聚区整体质量发展水平和新装电梯质量安全水平。（质检总局牵头，工业和信息化部等负责）整合优化安全技术规范和国家标准，在借鉴国际先进标准的基础上，对电梯本体安全和配置标准提出更高要求，打造适合我国国情的更为严格的标准规范体系，鼓励电梯企业提供高于国家标准的优质产品和服务。加强既有住宅加装电梯相关技术标准制修订，促进既有住宅加装电梯工作。（质检总局牵头，住房城乡建设部等负责）

（二）加强隐患治理与更新改造

地方各级人民政府要将没有物业管理、维护保养和维修资金的"三无电梯"以及存在重大事故隐患的电梯作为重点挂牌督办，落实整改责任和资金安排，多措并举综合整治，消除事故隐患和风险。要制订老旧住宅电梯更新改造大修有关政策，建立安全评估机制，畅通住房维修资金提取渠道，明确紧急动用维修资金程序和维修资金缺失情况下资金筹措机制，推进老旧住宅电梯更新改造大修工作。（各省级人民政府负责）

（三）改进使用管理与维护保养模式

推广"全生命周期安全最大化和成本最优化"理念，推行"电梯设备＋维保服务"一体化采购模式，探索专业化、规模化的电梯使用管理方式。推动维护保养模式转变，依法推进按需维保，推广"全包维保""物联网＋维保"等新模式。加强维保质量监督抽查，全面提升维保质量。（质检总局牵头，住房城乡建设部等负责）

（四）科学调整检验、检测方式

根据风险水平和安全管理状况，优化配置检验、检测资源。科学调整监督检验、定期检验内容和定期检验周期，由特种设备技术检查机构或经核准的其他检验机构在授权范围内开展监督检验和定期检验工作。加强和规范自行检测，允许符合条件的维保单位自行检测，或由使用单位委托经核准的检验检测机构提供检测服务，鼓励符合条件的社会机构开展电梯检测工作。加强对检验、检测工作的监督检查，提升检验、检测质量。（质检总局负责）

（五）建立追溯体系和应急救援平台

运用大数据、物联网等信息技术，构建电梯安全公共信息服务平台，建立以故障率、使用寿命为主要指标的电梯质量安全评价体系，逐步建立电梯全生命周期质量安全追溯体系，实现问题可查、责任可追，发挥社会监督作用。（质检总局负责）推进电梯轿厢内移动通信信号覆盖，研究推进智能电梯信息安全工作。（工业和信息化部、质检总局按职责分工负责）地方各级人民政府要将电梯应急救援纳入本地区应急救援体系，建立电梯应急救援公共服务平台，统一协调指挥电梯应急救援工作。（各省级人民政府负责）

（六）完善安全监管工作机制

进一步完善电梯安全监管工作机制，加强电梯安全监督管理，依法查处违法违规行为。（质检总局负责）按照"管行业必须管安全、管业务必须管安全、管生产经营必须管安全"的要求，认真履行安全管理职责，指导和督促有关单位加强电梯安全管理。（教育部、住房城乡建设部、交通运输部、商务部、国家卫生计生委、国家旅游局按职责分工负

责）发挥国务院安全生产委员会办公室作用，指导协调行业主管部门做好电梯安全行业管理工作。（安全监管总局负责）

（七）落实质量安全主体责任

落实电梯生产企业责任，督促其对电梯制造、安装质量负责，做好在用电梯跟踪监测和技术服务。（质检总局负责）落实房屋建设有关单位责任，督促其对电梯依附设施的设置和土建质量负责，保证电梯选型和配置符合相关标准规范要求。（住房城乡建设部牵头，质检总局等负责）落实电梯所有权人或其委托管理人责任，督促其对电梯使用与管理负责，加强电梯安全管理，做好日常检查、维保监督、应急处置，保障电梯使用安全。（质检总局牵头，住房城乡建设部等负责）落实电梯维保单位责任，督促其对电梯的安全性能负责，做好日常维护保养、应急救援。（质检总局负责）

（八）加强企业自律与诚信建设

加强企业诚信自律机制建设，推行"自我声明＋信用管理"模式，推动电梯企业开展标准自我声明和服务质量公开承诺，鼓励开展以团体标准为基础的自愿性符合性评价。建立电梯制造安装、使用管理、维修保养等相关信息公示制度。营造诚信、公正、公平、透明的市场氛围，对严重违法失信企业依法予以联合惩戒。（质检总局牵头，工商总局等负责）

（九）积极发展电梯责任保险

推动发展电梯责任保险，探索有效保障模式，及时做好理赔服务，化解矛盾纠纷。创新保险机制，优化发展"保险＋服务"新模式，发挥保险的事故赔偿和风险预防作用，促进电梯使用管理和维保水平提升。（保监会、质检总局等负责）

（十）促进产业创新发展

支持鼓励电梯生产企业自主创新和科技进步，促进企业科技研发和维保服务能力提升，推动电梯生产企业由制造型企业向创新型、服务型企业转型，引导电梯维保企业向连锁化、规模化发展。开展电梯品牌创建活动，支持电梯产品出口，鼓励电梯企业"走出去"，全面提高中国电梯品牌知名度和竞争力。（质检总局牵头，工业和信息化部、商务部按职责分工负责）

三、保障措施

（一）加强组织领导

地方各级人民政府要加强对本地区电梯安全的监督管理，建立电梯质量安全工作协调机制，将电梯质量安全工作情况纳入政府质量和安全责任考核体系，监督指导所属部门及派出机构依法履行监管职责，及时协调解决电梯质量安全工作中的重大问题。（各省级人民政府负责）

（二）完善政策保障

推动制订电梯相关法规，制订电梯安全监管能力建设规划，明确监管人员和车辆等装备配备标准。（质检总局负责）制订安全监管权责清单，明确工作职责，实现依照清单尽职免责、失职追责。（质检总局牵头，安全监管总局等负责）地方各级人民政府要加强电梯安全监察、技术检查和行政执法队伍建设，加强人员、装备和经费保障，确保安全监管岗位工作人员忠于职守、履职尽责。（各省级人民政府负责）

（三）加强宣传教育

加强中小学电梯安全教育，普及电梯安全知识。发挥新闻媒体的宣传引导和舆论监督作用，加大电梯安全知识宣传力度，倡导安全文明乘梯，提升全民安全意识。（教育部、新闻出版广电总局、质检总局按职责分工负责）强化维保人员职业教育，推进电梯企业开展维保人员培训考核，提高维保人员专业素质和技术能力。（质检总局牵头，人力资源社会保障部等负责）

国务院办公厅（印）

2018 年 2 月 1 日

（此件公开发布）

【分析】该例文是国务院办公厅关于加强电梯质量安全工作的意见，属于下行文。标题是"发文机关＋事由＋文种"的完全式标题。该意见面向全国发布，主送机关采用统称方式。前言部分先写电梯的重要性，接着写近年来电梯的运行状况，然后写发布意见的目的，最后以"现提出以下意见"过渡。主体部分从"总体要求、重点任务、保障措施"三大方面十六个要点展开。最后是发文机关署名（印章）及成文日期，并在成文日期下行以附注的形式写明该文件的注意事项"此件公开发布"。

【案例二】

市政府办公室关于做好雨雪冰冻天气应对工作的通知

昆山开发区、昆山高新区、花桥经济开发区、旅游度假区管委会，各镇人民政府，各城市管理办事处，市各委办局、各直属单位：

根据气象部门预报，我市近日将出现雨雪冰冻天气，其中，今天下午到明天早晨我市累积降雪量（含雨夹雪）6～8 毫米，新增积雪 3～4 厘米；明天白天阴有小雪或小雨夹雪并渐止，明天夜里阴转多云；29 日起天气逐渐转好。气温方面：预计 28 日最低气温为 0℃至零下 1℃，有薄冰，最高气温在 2℃左右；29 日最低气温零下 2℃至零下 4℃，有冰冻；1 月 30 日和 2 月 1—4 日，最低气温预计降至零下 4℃至零下 6℃，有严重冰冻，对全市正常生产生活秩序将产生一定影响。为保证城市正常运转，请各区镇、各城市管理办事处、各有关部门和单位根据《关于认真做好雨雪冰冻天气防范应对工作的紧急通知》（昆委办电〔2018〕4 号）文件精神，落实有关措施，并做好以下工作：一是加强应急值守。严格落实 24 小时值班和领导带班制度，及时协调处理雨雪冰冻天气条件下发生的各类突发事件，确保通信联络畅通和政令畅通。二是保障道路畅通。全市公路交通部门要加大养护力度，启动雨雪冰冻应急预案，做好应急准备，努力降低雨雪冰冻恶劣天气对公路交通通行的影响，全力做好保安全、保畅通工作。三是强化水电气保供。全市供水、供电、供气部门要密切关注雨雪天气发展变化情况，加大对供水、供电和供气等基础设施的巡查和维护，做好物资储备和抢修队伍不离岗，确保能及时调度、及时开展应急救援工作，满足人民群众生活需要。四是加强信息报送。值班人员要坚守岗位，遇有突发灾情险情时，要按规定及时向市应急办报告，并立即启动应急预案，采取相应处理措施。

昆山市人民政府办公室（印）

2018 年 1 月 27 日

【分析】该通知属于知照指挥性通知，是用来"传达要求下级机关执行和有关单位周知或者执行的事项"的，主要用来告知事宜或者用来布置安排工作任务，这类通知标题中的事由部分常由"做好、加强、抓紧、进一步落实……工作"的动宾词组组成。本通知的标题使用的是完全式公文标题，事由部分是"做好雨雪冰冻天气应对工作"，体现了本公文的主旨。主送机关是规范化简称与统称相结合。正文首先写发布通知的依据"根据气象部门预报……"，然后写发布通知的目的"为保证城市正常运转"，再写对各单位提出的相关要求，最后落款。该通知采用独段式，将发布通知的依据、目的、要求依次写出，条理清楚，事项明确，主旨单一。

实训设计

一、填空题

1.《条例》规定，_____适用于对重要问题提出见解和处理办法。

2. 青岛市人民政府办公厅关于继续做好房地产市场调控工作，持续推进房地产市场平稳健康发展的_____。

3.《条例》规定，_____适用于发布、传达要求下级机关执行和有关单位周知或者执行的事项，批转、转发公文。

4.《条例》规定的15种公文中，应用最广泛、使用频率最高的是_____。

5. 在批转型通知中，"批转"和"转发"前不能加_____，批转和转发的文件除_____外，不能加书名号，多层转发时必须省掉_____。

二、单项选择题

1. 关于印发《××市国家税务局局长办公会议纪要》的通知，其作者是（   ）。

   A. ××市国家税务局　　　　　　　B. 局长

   C. 局长秘书　　　　　　　　　　　D. 会议记录者

2. 适用于对重要问题提出见解和处理办法的公文叫（   ）。

   A. 议案　　　　　　　　　　　　　B. 批复

   C. 意见　　　　　　　　　　　　　D. 函

3. "现将有关事项通知如下"属于应用文结构用语中的（   ）。

   A. 开头用语　　　　　　　　　　　B. 结尾用语

   C. 过渡用语　　　　　　　　　　　D. 综合用语

4. 写通知要写明制发本通知的原因、依据和目的，也就是为什么要制发本通知。这一段文字属于正文的（   ）。

   A. 通知事项　　　　　　　　　　　B. 通知对象

   C. 通知前言　　　　　　　　　　　D. 通知结语

5. 某市国税局要将《××市国家税务局金税工程考核办法》印发下去，应采用的文种是（　　　）。

    A. 批复　　　　　　B. 通知　　　　　　C. 通报　　　　　　D. 通告

6. 通知的语言表达以（　　　）为主。

    A. 说明　　　　　　B. 叙述　　　　　　C. 描写　　　　　　D. 议论

三、多项选择题

1. 某市国税局要开展年度税收执法检查，在发布通知时，主送单位应包括（　　　）。

    A. 各县（市、区）国税局　　　　　　B. 各县（市、区）地税局

    C. 市区各分局　　　　　　D. 机关各科室

2. 在撰写意见时，它的语言表达应做到（　　　）。

    A. 用词准确　　　　　　B. 行文简洁

    C. 富有感情　　　　　　D. 措辞得体

3. 转发性通知可以转发（　　　）机关的公文。

    A. 上级　　　　　　B. 下级

    C. 同级　　　　　　D. 不相隶属

4. 公文按行文方向，可以分为上行文、平行文、下行文。意见属于（　　　）。

    A. 上行文　　　　　　B. 平行文

    C. 下行文　　　　　　D. 指令性文件

5. 关于通知的主送机关的写作，正确的有（　　　）。

    A. 一般应写全称或规范化简称

    B. 主送机关多时，要注意排列顺序

    C. 同级机关用顿号间隔

    D. 不同级别的机关用逗号间隔

6. 《条例》规定："意见适用于对重要问题提出见解和处理办法。"所谓"重要问题"是指（　　　）。

    A. 事关全局的大问题　　　　　　B. 与时俱来的新问题

    C. 涉及政策法规的关键问题　　　　　　D. 具有普遍意义的突出问题

7. 意见的"缘由"部分主要由（　　　）构成。

    A. 背景　　　　　　B. 根据

    C. 目的　　　　　　D. 意义或指导思想

四、判断题（正确的打√，错误的打×）

1. 通知的语言表达以叙述为主，措辞要准确得体。　　　　　　　　　　　（　　　）

2. 常州市人民政府关于转发《旺城县人民政府××××办法》的通知。　　　（　　　）

3. 意见的行文方向比较灵活，可以上行，可以平行，可以下行。　　　　　（　　　）

4. ××省税务局采用制发通知的形式表彰"全国'五一'劳动奖章"单位和省劳动模范。　　　　　　　　　　　　　　　　　　　　　　　　　　　　　　　　（　　　）

5. 意见在上行时，要体现出决断的作风；在下行时，要体现出毫不含糊的气度；在

平行时，要体现出谦逊平和的态度。　　　　　　　　　　　　　　　　　　　（　　）

五、简答题

1. 简述通知与通告的异同。
2. 简述通知的适用范围。

六、写作题

1. 某学校认真贯彻落实《中华人民共和国兵役法》和国家有关政策，积极开展征兵工作。2018 年征兵工作马上又要展开了，请以学院的名义向全校制发一份关于冬季征兵工作的通知。

要求：具备公文格式；材料可作补充；字数在 200 字左右。

2. 根据材料，写一篇关于促进中小企业发展的意见。

中小企业是我国国民经济和社会发展的重要力量，去年下半年以来，我国中小企业生产经营困难。中央及时出台相关政策措施，加大财税、信贷等方面的扶持力度，改善中小企业经营环境，中小企业生产经营出现了积极变化，但发展形势依然严峻。主要表现在：融资难、担保难问题依然突出，部分扶持政策尚未落实到位，企业、市场需求不足，产能过剩，经济效益大幅下降，亏损加大，等等。促进中小企业发展，是保持国民经济平稳较快发展的重要基础，是关系民生和社会稳定的重大战略任务。受国际金融危机冲击，必须采取更加积极有效的政策措施，帮助中小企业克服困难，转变发展方式，实现经济又好又快发展。

3. 针对学院目前存在的用电浪费问题，请写一份合理的用电意见，提出可行性建议。

七、材料分析题

会议通知有时具有布置工作的性质，有关事项、具体要求应讲得清楚明白。下面这份通知有什么问题？请作修改。

合川区人民政府关于召开经济工作会议的通知

各镇（乡）局（行）厂矿：

为了总结经验，加速振兴我区经济的步伐，区政府决定在本月中旬召开经济工作会议，现将有关情况通知如下：

（1）参加会议人员为各单位主管经济工作的主要负责人。

（2）参加会议人员应认真准备有关经济情况及今后工作打算的材料，以便在会议上汇报或交流。

（3）参会人员应带齐日常生活用品及伙食费，并于 15 日 5 时前到区政府报到；

（4）会议结束后，将布置今年下半年的工作安排，请及时转达。

以上通知，希遵守执行。

第五节 通报 报告

【案例一】

关于近期两起较大生产安全事故的通报

各市州安全生产委员会、省安委会相关成员单位：

2017年6月28日，青海盐湖工业股份有限公司化工分公司乙炔车间碳黑水贮槽装置（环保设施）管线作业过程中发生一起闪爆事故，死亡4人。7月8日，西部矿业锡铁山分公司铅锌矿2642中段1117采场工作面发生一起疑似一氧化碳中毒窒息事故，死亡3人。

上述事故发生，暴露出事故企业在安全生产管理方面还存在不少问题和薄弱环节：

一是主体责任不落实。企业安全生产责任意识淡薄，安全生产管理制度和操作规程不健全，安全生产责任没有落实到具体岗位和人员，安全保障投入不足，重生产、重效益、轻安全的现象较为严重。

二是安全教育不扎实。安全教育培训针对性不强，部分从事高危和检维修作业岗位人员素质不高，安全防护意识差，个人防护装备配备不到位，冒险作业、违章指挥现象突出。

三是风险管控不到位。隐患排查治理不彻底，风险辨识能力弱，作业现场组织管理不严密，规章制度落实不到位，检维修作业人员未持证上岗，给安全生产埋下隐患。

当前，正值全省上下深入学习贯彻省第十三次党代会精神，扎实做好国务院安委会巡查组在青巡查中发现问题整改，全面推进省委省政府"会战黄金季"专项行动的关键阶段，海西州和省管企业连续发生两起较大生产安全事故，性质恶劣，教训深刻，损失惨痛，社会影响面大。事故发生后，省政府主要领导和分管领导立即作出批示指示，对事故查处和近期安全生产工作提出要求，省安委办及时进行安排部署和挂牌督办。为汲取教训，举一反三，堵塞漏洞，消除隐患，切实达到"一厂出事故、万厂受教育，一地有隐患、全国受警示"的目的，有效杜绝类似事故发生，现就当前安全生产工作提出如下要求。

一、深刻汲取事故教训，牢树安全生产红线意识

各地区、各部门和单位要认真学习贯彻省政府领导关于安全生产重要批示指示精神（见附件），把遏制较大及以上事故作为当前最紧迫最重要的任务，摆上议事日程，分析研判形势，深入查找问题，研究制订有效措施，切实筑牢安全生产基线，守住安全生产底线，画好安全生产红线。要针对企业存在的突出问题和事故暴露出的薄弱环节，动员各级安全监管部门和其他负有安全监管职责的部门及生产经营单位，立即行动，扎实开展安全隐患排查治理和专项整治行动，层层落实责任，逐级传导压力，严密防范，分兵把守，扎实工作，坚决消除监管盲区，堵塞管理漏洞。

二、深入排查治理隐患，有效防范事故发生

按照省安委办《关于做好汛期安全生产工作的通知》（青安办明电〔2017〕3号）、《关于扎实做好防范自然灾害引发生产安全事故的紧急通知》（青安办明电〔2017〕5号）、《关于切实做好当前安全生产工作的紧急通知》（青安办明电〔2017〕6号）等文件要求，各地区、各部门和各单位要结合当前即将部署开展的安全生产大检查工作，切实加强安全生产工作领导，主要负责同志亲自抓、抓重点，分管领导具体抓、抓具体，切实把各项工作部署要求落实到基层单位和企业生产一线，推进各项工作措施落地见效。要聚焦重点行业、重点领域、重点地区、重点企业，持续深化道路交通、建筑施工、矿山、危险化学品、烟花爆竹、消防、特种设备、旅游、工贸等重点行业领域及人员密集场所安全专项整治，全面排查各类安全风险和隐患，强化风险管控，制订防范措施，加强源头治理，确保生产安全，维护全省安全生产形势稳定。

三、严厉整治违法违规行为，强化作业现场管理

要严厉整治违法违规行为，严肃查处安全生产"三非"（非法建设、非法生产、非法经营）和"三违"（违章指挥、违规作业、违反劳动纪律）行为，落实停产整顿、从重处罚、关闭取缔、严格问责的"四个一律"打击措施。要全面推进企业安全生产标准化建设，引导企业在生产经营的各个环节、各个岗位开展安全生产达标活动。要督促企业强化作业现场安全管理，严格落实安全生产责任制、规章制度和操作规程，加强作业人员尤其是易发事故岗位人员的安全培训教育，提高安全意识和操作技能。要紧紧抓住高危作业环节和重大危险源，突出重点部位和薄弱环节，加强日常巡查、检查和执法监管，对检查发现的安全隐患，要督促企业制订整改清单，做到整改措施、责任、资金、时限和预案"五落实"。对存在重大隐患的，要依法停产整顿并进行挂牌督办。对拒不整改或整改不落实的，要依法严格落实查封、扣押、停电、停供民用爆炸物品、吊销证照等执法措施；对涉及多部门或跨地区重大问题的，要加强联合执法。

四、严格责任追究，依法依规严肃查处事故

按照"科学严谨、依法依规、实事求是、注重实效"和"四不放过"的原则，严肃查处各类生产安全事故，严格追究责任，依法及时向社会公布，并监督落实防范整改措施。严格执行事故查处挂牌督办制度，对性质恶劣、影响严重的典型事故，要切实加大督办力度，认真分析事故原因，针对事故暴露出的突出问题，研究制订和落实针对性整改措施，通过汲取事故教训，推动和改进安全生产监管工作。

五、加强安全宣传教育，落实应急值守工作

各地区、各部门和单位要结合当前高温、雷雨等极端天气频发的季节特点，强化夏季防雷、防汛、防坍塌、防泄漏爆炸等安全常识的宣传教育力度，普及生产作业中初起险情应急处置、自救互救、紧急避险、应急逃生等防范知识，提高全员安全意识和事故防控能力。强化重点时段值班值守工作，认真落实关键岗位24小时值班、领导干部到岗带班和事故信息报告制度，完善应急预案，加强应急演练，储备应急物资，落实救援力量，确保各项工作衔接顺畅、应对及时、有效处置。

各市州安委会要立即将本通报传达到所辖县（市、区、行委）和工业园区，省安委会相关成员单位要将本通报及时传达到本行业领域相关企业。

青海省安全生产委员会办公室（印）

2017 年 7 月 12 日

【分析】 该通报属于事故情况通报。标题采用省略发文机关的"事由＋文种"省略式标题。主送机关使用同类单位统称方式。正文首先概述两起事故的基本情况，以倒叙的形式写出事故发生的时间、地点、事故以及结果。其次，从主体责任不落实、安全教育不扎实、风险管控不到位三个方面指出两起事故暴露出的问题。再次，根据当前形势，从"深刻汲取事故教训，牢树安全生产红线意识""深入排查治理隐患，有效防范事故发生""严厉整治违法违规行为，强化作业现场管理""严格责任追究，依法依规严肃查处事故""加强安全宣传教育，落实应急值守工作"五个方面对相关单位提出要求。最后，明确执行要求。

事故情况通报的基本写法：第一部分用倒叙的方式概述事故发生的时间、地点、具体事故、伤亡人数以及事故原因。第二部分写从事故中暴露出的问题。第三部分写对相关单位提出的要求。

【案例二】

关于河池至百色高速公路"9·6"事故报告

2016年9月6日下午15点30分左右，在武篆镇红里村红山屯南约450米处，广西南宁航诚劳务分包有限公司路基施工段，路基桩号约K79+400处，发生一起滚石滑落意外伤亡事件。事故造成1人死亡，直接经济损失约80万元。

一、事故发生经过和事故救援情况

2016年9月6日上午12点多，广西南宁航诚劳务分包有限责任公司路基一队施工员杨书海（男，1967年2月20日生，49岁，家庭住址为湖北省沙洋县回桥镇大新村三组8号）下班吃饭时告诉工友，自己身体不舒服下午要请半天假上街买药，并向路基一队现场主管李卫忠递交了请假条。下午15点30分左右，李卫忠去工地安排各岗位工作回到事发地附近时遇到杨书海往工地方向走，简单询问得知杨书海要去工地取上午遗忘在工地的衣服后，李卫忠就到主线边上运渣车停放的地方安排倒渣位置和顺序等工作，当时路基一队廖金东、刘隆锋两名工人在出事地点北面100米左右的地方施工。过了大约5～6分钟，李卫忠看到杨书海上去的方向有灰尘升起来，觉得情况不对，就急急忙忙跑上去，发现杨书海被石头压住了腿，于是赶紧叫廖金东、刘隆锋两名工友拿来撬杠，救出杨书海并把他抬下山，安排皮卡车将他送往武篆医院进行救治，并拨打了120急救车，同时安排人员将出事地点的道路进行封闭，一则保护现场，二则禁止人员通行，防止再有落石发生引起其他不测，然后向武篆政府、总公司、项目部安质部等报告。把杨书海送到医院，经医生确诊已经死亡后，为尽量减少对附近村民的影响和干扰，又因为天气炎热，不宜久放，立即决定先将死者遗体送往河池殡仪馆，等待后续处理。经项目部、广西南宁航诚劳务分包有限责任公司及县政府事故调查处理小组与死者家属沟通协调，死者遗体已经火化，家属情绪稳定。

二、事故原因及性质

（一）直接原因

杨书海作为正常行为能力人，且为事故发生地施工员，安全意识淡薄，明知事故发生地刚进行完爆破作业，爆破坡面山体不稳定，存在重大安全隐患，却为取回遗忘在工地的衣服而冒险进入工地，是造成本起事故的直接原因。

（二）间接原因

广西南宁航诚劳务分包有限责任公司安全生产主体责任落实不到位，现场安全管理不到位，施工现场负责人、施工员安全意识淡薄。施工现场负责人未能教育和督促从业人员严格执行本单位的安全生产规章制度，明知事故发生地刚进行完爆破作业，爆破坡面山体不稳定，存在重大安全隐患，却无视职工违规行为，对职工违规擅自进入危险区域不予制止纠正，存在执行爆破作业操作规程不彻底，执行"非施工人员，不得进入施工现场"的规定不够严格的问题，这是造成本起事故的间接原因。

三、事故责任的认定以及处理建议

（一）对事故责任人的责任认定和处理建议

1. 杨书海，男，1967年生，49岁，广西南宁航诚劳务分包有限责任公司路基一队施工员，安全意识淡薄，明知事故发生地刚进行完爆破作业，爆破坡面山体不稳定，存在重大安全隐患，却为取回遗忘在工地的衣服而冒险进入工地，对事故发生负直接责任，鉴于其在事故中死亡，建议不予追究责任。

2. 周国深，男，39岁，广西南宁航诚劳务分包有限责任公司总经理。履行生产经营单位主要负责人安全生产管理职责不到位，未能有效督促、检查本单位的安全生产工作；未能及时发现并消除本单位施工人员违规行为的生产安全事故隐患，对事故发生负有管理责任，建议东兰县安全生产监督管理局按照《中华人民共和国安全生产法》《生产安全事故报告和调查处理条例》（国务院令第493号）等有关规定对其进行相应的行政处罚。

3. 王伟，男，48岁，中交第四公路工程局有限公司广西河池至百色高速公路No6合同段项目部安质部部长，虽然按照工作职责及时组织或督促企业对从业人员进行了岗前三级安全教育培训和考核，但履行现场监理职责不到位，未能及时发现并制止广西南宁航诚劳务分包有限责任公司路基一队施工员杨书海的违规行为，对事故发生负有监管责任，建议交由中交第四公路工程局有限公司广西河池至百色高速公路No6合同段项目部按有关规定处理。

（二）对事故责任单位的责任认定和处理建议

1. 广西南宁航诚劳务分包有限责任公司安全生产主体责任落实不到位，现场安全管理不到位，施工现场负责人、施工员安全意识淡薄。施工现场负责人未能教育和督促从业人员严格执行本单位的安全生产规章制度，明知事故发生地刚进行完爆破作业，爆破坡面山体不稳定，存在重大安全隐患，却无视职工违规行为，对职工违规擅自进入危险区域不予制止纠正，存在执行爆破作业操作规程不彻底，执行"非施工人员，不得进入施工现场"的规定不够严格的问题，对事故的发生负有主要管理责任，建议由东兰县安全生产监督管理局按照《中华人民共和国安全生产法》《生产安全事故报告和调查处理条例》（国务院令第493号）等有关规定对其进行行政处罚。

2. 中交第四公路工程局有限公司广西河池至百色高速公路No6合同段项目部对广西南宁航诚劳务分包有限责任公司承接施工项目安全监管不力，未能及时发现并制止广西南宁航诚劳务分包有限责任公司路基一队施工员杨书海的违规行为，对事故发生负有监管责任，建议对No6合同段项目部相关责任人员进行警示约谈。

四、事故防范和整改措施

这起事故反映出在武篆红里村红山屯施工工地上的安全生产管理方面存在不足，施工现场安全管理落实不到位，工人的安全培训教育还有待加强。为吸取这起事故教训，防止同类事故的发生，应当采取如下防范措施：

（一）广西南宁航诚劳务分包有限责任公司要认真落实《中华人民共和国安全生产法》《建设工程安全生产管理条例》等法律法规。进一步完善并落实企业安全生产主体责任，加强对施工现场的管理，加强对从业人员的安全教育培训，强调安全操作规程，认真做好安全隐患排查整治工作，防范责任事故的发生。

（二）施工企业的主要负责人、现场管理员要对高风险、重点地段的施工方案、安全措施亲自组织研究论证。要加强现场安全管理，做好工前交底，规范作业流程，落实安全制度，严格过程监控，严肃作业纪律。要强化现场安全技术培训，提高一线作业人员安全意识，现场安全员、领工员、班组长必须由有经验的骨干人员担任。

（三）中交第四公路工程局有限公司广西河池至百色高速公路 No6 合同段项目部要认真履行安全监理职责。要严格执行监理规范，健全安全监理制度，落实安全监理责任，严把施工方案审查、安全措施落实、施工过程监控，及时发现和纠正现场安全风险问题，防范此类事故再次发生。

（四）进一步开展全县建筑施工领域安全大检查，对检查出来的事故隐患要采取措施进行整改，对高边坡开挖工程、地质条件复杂的坑道工程、桥梁施工工程必须进行重点检查，确保各项安全措施落实到位。

东兰县安全生产监督管理局（印）
2016 年 12 月 22 日

【分析】该报告属于事故情况报告。标题采用省略发文机关的"事由＋文种"形式。前言部分用倒叙的方式概述事故发生的时间、地点、具体事故及造成的结果。主体部分首先具体写明事故的基本情况，再写造成事故的原因，然后写事故责任认定以及提出处理建议，最后写事故的防范与整改措施。

事故情况报告的写法一般分为四层：第一层倒叙事故发生的时间、地点、事件及其结果；第二层叙述事故的基本情况；第三层分析事故原因、对相关责任人的处理情况或处理建议；第四层提出对事故的防范及整改措施。

实训设计

一、填空题

1.《条例》规定，通报适用于_____、_____、_____和告知重要情况。

2. 根据通报的适用范围，可以分为_____、_____、_____。

3.《条例》规定，报告适用于向上级机关_____、_____回复上级机关的询问。

4. 从适用范围看，报告可分为_____、_____、_____三种。

5.《条例》规定的 15 种公文中，可用于表彰的文种有_____、_____、_____。

二、单项选择题

1. 报告是向上级机关汇报工作、反映情况、答复上级机关的询问时使用的上行文，在这种公文中，行文机关（　　）。

   A. 可以要求上级对报告的质量表明态度

   B. 可以借此机会要求上级对某个问题作出答复

   C. 不得夹带请示事项

   D. 可以向上级提出解决某个亟待办理的问题的申请

2. 《××市国家税务局关于对沈××、高××、张××等人受贿案件的通报》的正文有三个小标题：一、简要案情；二、案件发生的主要原因；三、吸取深刻教训，强化监督管理，规范执法行为。全文严密周全，分析中肯，用语准确，使人阅后感到处理得当，要求可行，很有说服力和教育意义，起到了有力的惩戒和警示作用。这篇通报可归类于（　　）。

   A. 表扬性通报　　　　　　　　　　B. 批评性通报

   C. 知照性通报　　　　　　　　　　D. 情况通报

3. 下列情况中（　　）不可以采用越级行文的方式。

   A. 情况特殊紧急

   B. 需要检举、控告直接上级机关

   C. 某市国家税务局为适应市场经济发展的需要，拟在办公大楼原址建一座具有一定规模的办税大厅，为此，决定向上级机关致文请求批准

   D. 财政部致文某地区财政局要求调查该区某特殊事件的情况，该区财政局调查清楚后向财政部行文报告

4. 根据上级主管机关和当地政府检查工作所发现的问题，某市国税局向所辖某县国税局询问征税情况。某县国税局立即写报告作出答复。该报告的主送机关是（　　）。

   A. 某市国税局　　　　　　　　　　B. 某省国税局、某市国税局

   C. 某省国税局　　　　　　　　　　D. 某市国税局、某县人民政府

5. 某专项工作报告的开头有"现将全年个人所得税工作情况报告如下"一语，它的作用是（　　）。

   A. 公文套话　　　　　　　　　　　B. 开启下文

   C. 归纳前文　　　　　　　　　　　D. 划分层次

6. 某通报的第一部分概括总结和高度评价了全省地税系统近几年所取得的成绩，指明×年受表彰的先进单位和劳动模范，第二部分对获奖单位和个人提出希望，发出号召。这篇通报属于（　　）。

   A. 表扬性通报　　　　　　　　　　B. 批评性通报

   C. 知照性通报　　　　　　　　　　D. 情况通报

7. 将公文标题补充完整：《苍溪县人民政府关于表彰 2017 年度先进集体和先进个人的（　　）》。

   A. 通知　　　　　B. 通报　　　　　C. 决定　　　　　D. 通告

三、多项选择题

1. 拟写报告时，应做到（   ）。
   A. 实事求是
   B. 重视选材，突出主题
   C. 报告及时，讲求时效
   D. 慎用数据，确保准确

2. 写作通报时，其选用的材料一定要符合（   ）要求。
   A. 说明情况
   B. 支持观点
   C. 主观思路
   D. 印证结论

3. 通报的主体是通报的主要内容。构成这个主要内容的部分有（   ）。
   A. 缘由
   B. 结语
   C. 情况
   D. 分析
   E. 有关要求和号召

4. 在以汇报成绩和经验为主的报告中，介绍工作经验时，要求具体写清（   ）。
   A. 取得成绩的原因
   B. 创造的经济价值
   C. 介绍行之有效的办法
   D. 总结带有规律性的体会

5. 报告是下级机关向上级机关汇报工作、反映情况、回复询问时使用的公文。这说明这种公文具有（   ）。
   A. 陈述性
   B. 单向性
   C. 双向性
   D. 请示性
   E. 阅读性

6. 答复询问的报告与其他类型的报告相比较，其特点在于（   ）。
   A. 其内容主要围绕所询问的问题组织
   B. 篇幅短小
   C. 正文开头处要写明来文的日期及有关其他情况
   D. 被动制发

7. 根据公文主旨的作用和地位，通报主旨的表达必须力求做到（   ）。
   A. 正确
   B. 鲜明
   C. 集中
   D. 完整

8. 报告是上行文，按其内容可以分为（   ）。
   A. 工作报告
   B. 情况报告
   C. 调查报告
   D. 审计报告
   E. 答复报告

9. 通报的标题一般由（   ）组成。
   A. 发文机关名称
   B. 事由
   C. 文种
   D. 发文字号

四、判断题（正确的打√，错误的打×）

1. 某单位完成了某项工作任务，并取得了经验，应该及时向主管领导机关通报情况，以使经验得以推广。（   ）

2. 通报和通知一样，一般都属于下行文，但通报有时也可上行和平行。（   ）

3. 报告或反映情况、汇报工作，可以同时主送几个上级机关和上级的上级机关。
（   ）

4. 通报始终贯穿着宣传教育的目的性，因此它在写作时一定要多发议论，多作分析，充分发挥说理的作用。 （   ）

5. 向上级领导机关写报告汇报工作时，可在其中顺便将自己难以解决的问题请求领导帮助解决。 （   ）

6. 通报的主送对象往往不是针对特定的组织和人员，而只是让一定范围的组织和人员知晓即可，因此，在文中不一定标明主送机关。 （   ）

7. 报告是单方向的上行文，供领导审阅，不需要上级给予回复。 （   ）

8. 适用于表彰先进、批评错误、传达重要精神或情况的公文文种被称为通报。 （   ）

9. 某单位对某一问题无权决定，也无力解决，要办理必须向上级机关请示报告。 （   ）

10. 报告可以在工作开展前，也可以在工作进行中，还可以在工作完成后，向上级作出汇报。 （   ）

11. 公文行文一般不得越级报告，但在紧急情况下可以越级报告。 （   ）

12. 通报的制发应尽量把握有效时机，在事情发生后，应立即予以通报，否则时过境迁，就无法起到教育推动作用。 （   ）

13. 报告适用于向上级机关汇报工作、反映情况、提出意见和建议、答复上级机关的询问。 （   ）

14. 报告是下级机关给上级机关的单方向的上行文，不需要上级机关给予回复，因此在报告中不得夹带请示事项或要求上级机关答复的事项。 （   ）

15. 报告在汇报工作、反映情况时，所表达的内容和使用的语言一般都是陈述性的，但有时也带有祈请性。 （   ）

五、简答题

1. 简述通报与报告的异同。

2. 事故情况通报与事故情况报告在内容上有什么不同？

3. 简述通知和通报的异同。

六、写作题

根据材料写一份公文，要求：具备公文格式，字数为 200 字左右。

2018 年 8 月 9 日，杨怀安和妻子从解放碑乘 435 路公交车。当车行至朝天门时，杨怀安突然晕倒，其妻子看到丈夫头冒虚汗，身体僵直，立即喊救命。售票员李小红跑到杨怀安面前，掐他的人中和虎口展开抢救，见没有好转，立即让司机停车。李小红和司机叫来出租车，李小红陪同其妻把杨怀安送到了附近医院，为他挂号、取化验单，忙前忙后，安顿好后才返回车队继续工作。市公共交通总公司行文对李小红进行表彰。

七、材料分析题

指出下列公文中的错误并改正。

表彰通报

××市×××化工厂采取有力措施，切实贯彻《安全生产条例》，建立安全生产岗位

责任制，实现全年生产无事故，成为本市第一个安全生产年企业。为此，市政府决定对××
××化工厂通报表彰。

××市政府

2019 年 1 月 20 日

第六节　请示　批复

【案例一】

关于给予蒋某某同志严重警告处分的请示

农委党委：

根据区巡察组在对区农委进行巡察中发现，区农业技术推广服务中心（以下简称农技中心）在培训费报支中存在不规范行为的线索，2015 年 7 月 1 日，经区纪委分管领导批准，区纪委第三监察室对蒋某某有关问题进行初步核实。2015 年 8 月 10 日，区农委党委班子会议讨论，同意对蒋某某涉嫌违纪问题予以党纪立案调查。现对蒋某某的处理意见请示如下：

一、蒋某某基本情况

蒋某某，男，1964 年 4 月生，汉族，上海青浦人，大学文化，1993 年 7 月入党，1984 年 6 月参加工作，2007 年 11 月任区农技中心副主任，2015 年 1 月兼任区农技中心党总支委员、第一支部书记。

二、主要违纪事实

2014 年，区农技中心在项目支出预算中以水稻、麦子苗情考察和机插秧、杂交稻现场观摩会名义列支了 27600 元预算经费。2014 年 2 月，农技中心与上海田梦农家乐专业合作社（以下简称梦幻田园）签订了《农作物培训、现场观摩业务协议书》，约定水稻、二麦苗情考察会各七次，机插秧、杂交稻现场观摩会各二次，合计金额 27600 元。

实际使用中，上述 27600 元用于区农技中心 2013 年 12 月起至 2014 年 8 月的 11 次挂账招待消费，金额 27563 元，均为圆桌餐饮消费（包括酒水）。相关接待中均由区农技中心副主任蒋某某事先预定，事后由有关人员签字确认，蒋某某出席数次宴请。2014 年 9 月 16 日，梦幻田园以会务费名义开出 27600 元发票，区农技中心收到后，副主任蒋某某作为经手人签字，并经钱益芳审核同意报销。

三、定性及处理意见

蒋某某身为党员领导干部，在任区农业技术推广服务中心主任期间，未按规定使用 27600 元财政预算经费，而将其用于单位接待，且有超标准接待的行为，违反了中央八项规定精神，严重违反了党的纪律。依照《中国共产党纪律处分条例》第一百二十六条规定，建议给予蒋某某党内严重警告处分。

当否，请批示。

中共上海市青浦区农委纪律检查委员会（印）

2015 年 10 月 19 日

【分析】请示是本部门无权解决或无力解决的事项向上级部门提出请求指示或批准的公文。该例文属于请求批准性请示。标题采用省略发文机关的"事由＋文种"形式。主送机关采用规范化简称（请示必须有主送机关，而且只有一个主送机关，不能多头请示）形式。正文第一部分先写请示的依据"区巡视组巡察发现的问题以及区农委党委的讨论决定"，然后以"现对蒋某某的处理意见请示如下"过渡。主体部分主要写请示的理由：先介绍蒋某某的基本情况，然后写蒋某某的主要违纪事实，这部分是请示的重点，请示理由要充分、详细、具体。第三部分写对蒋某某的行为定性及提出处理意见。最后以"当否，请批示"作结，并落款。本文理由充分，目的明确，事项具体，语言得体。

【案例二】

关于给予蒋某某同志严重警告处分的批复

区农委纪委：

你委 2015 年 10 月 19 日《关于给予蒋某某同志严重警告处分的请示》收悉。经 2015 年 10 月 21 日农委党委班子会议讨论，同意给予蒋某某同志党内严重警告的处分。

特此批复。

中共上海市青浦区农业委员会（印）

2015 年 10 月 21 日

【分析】该文是关于对蒋某某同志严重警告处分的批复。标题采用省略发文机关的"事由＋文种"形式。主送机关即上呈请示的机关。首句引述来文，依据明确。接着针对请求事项表明态度，内容具有针对性。最后以"特此批复"作结，并落款。行文简洁，态度明确。

实训设计

一、填空题

1. 《条例》规定，_____适用于向上级机关请求指示、批准。
2. 《条例》规定，_____适用于答复下级机关请求事项。
3. 请示可分为_____、_____、_____三类。
4. 答复下级机关的请求事项，一般要用_____行文。
5. 批复具有_____、_____、_____等特点。

二、单项选择题

1. 批复是上级机关为答复下级机关请示事项而制作的公文，由此可见，这种公文在答复问题时具有（　　）。

   A. 多面性　　　　B. 针对性　　　　C. 灵活性　　　　D. 商讨性

2. 批复是上级机关用来答复下级机关请示事项的公文。下级有请示，上级才会有批复。因此，批复的主送机关应该是（　　　）。

A. 要求答复问题的各下级机关

B. 出现了相关问题的某几个下级机关

C. 发出请示的下级机关

D. 发出请示单位的职工代表大会

3. 请示的正文要明确请示的内容，解决"请示什么"的问题。为了便于领导审批，也为了达到请示的良好效果，请示时应该（　　　）。

A. 按重轻顺序排列几件事

B. 按急缓顺序排列几件事

C. 列举几件事后，询问可以办理一些什么事情

D. 一文一事一请示

4. 批复是答复下级机关请示事项的被动行文，行文要有依据。为了说明批复行文有依据，在正文开头要写明（　　　）。

A. 请示的标题和发文字号

B. 领导对请示事项的重视情况

C. 领导对请示事项调查的意见

D. 请示事项解决的现实可能性

5. 批复应针对请示的事项给予具体、明确的答复，不仅要表明态度，阐明办事原则，提出具体要求，有时还要说明理由。也就是说，在（　　　）的时候要说明理由。

A. 同意　　　　　　　　　　B. 正在考虑研究

C. 不同意　　　　　　　　　D. 向上级报告

6. 下列请示的结束语中，得体的是（　　　）。

A. 以上事项，请尽快批准

B. 以上所请，如有不同意，请来函商量

C. 所请事关重大，不可延误，务必于本月 10 日前答复

D. 以上所请，妥否？请批复

7. 请示是以机关名义向上级机关请求指示、批准的公文，应主送上级机关。若以机关名义向上级机关负责人请示，一定要有前提条件。这个前提条件就是（　　　）。

A. 请示事项是上级机关负责人直接交办的

B. 请示事项非常紧急

C. 请示事项保密程度很高

D. 请示事项非常重要

8. 下面的批复开头最不恰当的是（　　　）。

A. 你单位×年×月×日《关于××问题的请示》已收悉，经研究，批复如下

B. 你单位《关于××问题的请示》（×发〔2013〕×号）已收悉，经研究，批复如下

C. 你单位《关于××问题的请示》已收悉，经研究，批复如下

D. 你单位的请示已收悉，经研究，批复如下

三、多项选择题

1. "请示事项"是请示正文的核心，它应该（　　）。
   A. 实事求是
   B. 具体清楚
   C. 提出一种解决问题的意见
   D. 语气坚决

2. 撰写请示应坚持（　　）。
   A. 一文一事的原则
   B. 报告其他需要上报的事项
   C. 主送领导人个人
   D. 不抄送下级机关

3. 下面说法错误的有（　　）。
   A. 公文的标题由作者、事由、文种组成
   B. 拟写标题时，为了简练，可以不标明文种
   C. 所有的规范性公文的标题，都可以省略作者及事由部分
   D. 为了语意确切，不产生歧义，公文标题字数可达 60 字以上

4. 某国税分局向市局报送一份"请示"，请求解决购买交通工具的问题，那么在"请示事项"中应该写清交通工具的（　　）。
   A. 数量
   B. 种类
   C. 质量
   D. 单价

5. 标题《撤销××县地方税务局直属第二征收管理分局的批复》存在（　　）等问题。
   A. 标题缺作者
   B. 标题缺文种
   C. 标题结构不规范
   D. 标题事由不清

6. 有双重领导的机关在制作"请示"时，它的受文对象可以分为（　　）。
   A. 主送机关
   B. 主管机关
   C. 抄送机关
   D. 主管业务机关

7. 请示公文的结语虽是惯用语，但不能生造，要符合逻辑。下列各句适合作请示结语的有（　　）。
   A. 以上妥否，请予批复
   B. 以上如无不妥，请予批准
   C. 以上事项紧急，请速批准
   D. 特此请示，请批复
   E. 以上请示报告，请批示

8. 在公文格式中，应当在眉首部分注明签发人的文种是（　　）。
   A. 命令（令）　　B. 决定　　C. 请示　　D. 报告

9. 请示的正文包括（　　）。
   A. 请示缘由
   B. 请示事项
   C. 请示日期
   D. 请示结语

10. 报告和请示都是上行文，其主送机关可以是（　　）。
   A. 一个上级主管机关的全称
   B. 几个上级机关的全称
   C. 一个上级主管机关的规范化简称
   D. 几个上级机关的简称
   E. 一个越级上级和一个直接上级主管机关的全称或规范化简称

四、判断题（正确的打√，错误的打×）

1. 某单位请示 A 问题，但上级机关发现 B 问题更为严重，更需要及时解决，于是在行文时搁置了 A 问题，而给 B 问题做了明确的批复。　　　　　　（　　）

2. 批复如果不同意下级机关的请示事项，应说明理由，但要避免空发议论。　（　　）

3. 请示必须事前行文，否则就是"先斩后奏"，不符合规定。　　　　　（　　）

4. 某上级机关在审阅下级机关的请示公文时，发现还有某个亟待解决的事项未作请示。为了及时而有效地帮助下级解决问题，在撰文时，将其与请求事项一起予以批复。　（　　）

5. 向上级领导机关写报告汇报工作时，不得夹带请示事项或要求上级机关答复的事项。　　　　　　　　　　　　　　　　　　　　　　　（　　）

6. 某单位对某一问题无权决定，也无力解决，要办理必须向上级机关请示报告。　　　　　　　　　　　　　　　　　　　　　　　　　（　　）

7. 批复是被动行文，下级有请示，上级才能作批复。　　　　　　　（　　）

8. 在公文的写作中，文尾的结束语可以根据具体情况来确定，也即可有可无，因此请示的结束语也是如此。　　　　　　　　　　　　　　　　（　　）

9. ××税务局批复正文的批复依据写道："你局《关于××有限公司减征企业所得税的请示》（×国税发〔2000〕150 号）收悉。现批复如下……"　（　　）

10. 在请示的写作中，"多送部门好办事，多用请示才尊重"的做法能提高工作效率。　　　　　　　　　　　　　　　　　　　　　　　（　　）

11. 请示是一种对上级机关提出意见或建议并请求上级机关给予指示、批准的祈请性公文。　　　　　　　　　　　　　　　　　　　　　　　（　　）

12. 报告和请示的行文时间都没有固定，都可以事前、事中或事后行文。　（　　）

13. 对于请示的事项，不管同意与否，都应予以批复。　　　　　　　（　　）

14. 请示的行文语气要谦恭，要用商请的口气说话。　　　　　　　（　　）

15. 批复与请示是对应的，先有请示，后有批复；没有请示，就没有批复。　（　　）

16. 意见作为上行文时，应按请示性公文的程序和要求办理。上级机关应当对下级机关报送的"意见"作出处理或给予答复。　　　　　　　　　　　（　　）

五、简答题

1. 简述请示与报告的异同。
2. 简述请示的行文原则。

六、写作题

1. 根据下列材料，向市贸易促进委员会写一份请示。

为了进一步扩大高洲酒的知名度，向全国推广，繁荣市场，满足消费者需求，高洲酒厂拟于今年 11 月 15 日至 11 月 25 日在成都市会展中心举办"高洲酒商品洽谈会"。洽谈会摊位共 1000 平方米，经费自理。

2. 就上则请示写一则批复。

七、材料分析题

指出下列这份请示的不足之处，并重新撰写。

关于请求购置照相机的请示

桂州市人民政府、市领导：

办公室目前所用照相机购置于 2013 年 7 月，因使用频繁、工作量大，已维修两次（目前因镜头光圈故障正在维修）。

随着全市工作的又好又快发展，上级单位和领导来考察调研、召开各类会议、举办各种活动、新闻媒体各类图片约稿越来越多，留存高质量的照片资料和档案也显得更加重要。为保证日常工作拍摄照片需要，经过三番五次讨论，决定购置单反照相机一部，约需经费 7 万元左右。另还需购置相应三角架一副，约 300 元。务必尽快解决为盼。

特此请示。

附件：照相机参考型号

桂州市人民政府办公室

二〇一八年六月二十八日

第七节　函　纪要

【案例一】

关于公司名称变更的函

各业务单位：

因公司发展需要，"安徽惊天液压智控股份有限公司"从 2014 年 7 月 9 日起变更登记为"惊天智能装备股份有限公司"。原"安徽惊天液压智控股份有限公司"的业务由"惊天智能装备股份有限公司"继续经营，原公司签订的合同继续有效。即日起，公司所有对内及对外的文件、资料、开据的发票、账号、税号等全部使用新公司名称。

公司名称变更后，业务主体和法律关系不变，原有的业务关系和服务承诺保持不变。

由公司名称变更给您带来的不便，我们深表歉意。衷心感谢您一贯的支持和关怀，我们将一如既往地与您保持愉快的合作关系。

特此函告。

惊天智能装备股份有限公司（印）

2014 年 8 月 25 日

【分析】该文是一份告知函，向各业务单位告知公司名称的变更情况。标题采用省略式形式，主送机关为与该公司有业务关系的各单位。正文第一段先写原因，然后写公司的变更时间起点及名称，并说明公司名称变更后，原公司的业务有效，最后写从公司变更之日起，公司对内对外的各种资料、票据使用新公司名称。第二段写公司名称变更后的业务主体和法律关系以及服务承诺不变。第三段表达歉意，并感谢各单位的支持，以及愿意继续合作。最后以"特此函告"作结并落款。

【案例二】

昆山市人民政府第 17 次常务会议纪要

4 月 26 日，市委书记、市长杜小刚主持召开市政府第 17 次常务会议，现纪要如下。

一、审议《昆山市政府投资项目代建管理办法》

会议听取了市住建局局长石建刚关于《昆山市政府投资项目代建管理办法》起草情况的汇报。

会议明确：

1. 严格规范区镇政府投资项目代建行为，切实加强事前、事中、事后监管，确保代建工程质量过硬。

2. 市代建办要优化工作流程，整合专业力量；规划、建设部门要提前介入教育、医疗等领域政府投资项目规划建设，全程做好监督指导工作，合力提高政府投资项目建设管理效率和水平。

3. 围绕"工业建设项目施工许可证 50 个工作日内完成"的要求，建设部门要进一步优化建设项目审批流程，积极探索创新项目许可至竣工验收阶段的管理服务机制，最大限度地压缩办理时限，不断提高行政服务效率，形成具有昆山特色的行政审批服务模式。

会议原则通过上述文件，要求相关部门完善后抓好组织实施。

二、审议《关于进一步加强全市乡村公路管理养护工作的实施意见》《昆山市乡村公路管理养护考核办法》

会议听取了市交通运输局局长景惠中关于《进一步加强全市乡村公路管理养护工作的实施意见》和《昆山市乡村公路管理养护考核办法》起草情况的汇报。

会议明确：

1. 要优先做好重要门户、关键节点的道路建设、管理、养护工作，充分展示良好城市形象。

2. 要推行道路分级分类管理，既要重视框架道路建管养运协调发展，也要加强一批事关城市形象、交通流量较大的公路管理。

3. 公安、交通运输部门要研究制订乡村公路交通标识规范和标准，提档升级一批旅游景观交通标志标牌，进一步提升乡村公路层次和形象。

4. 各区镇要因地制宜、综合施策，着力优化长江路张浦周巷段、东城大道石浦段等重点道路两侧和交通节点周边景观环境。

5. 市交通运输局及相关区镇要抓紧推进长江南路和同周公路交界处、震川西路正仪段、古城路、机场路、昆太路等道路建设和周边环境整治工作。

会议原则通过上述文件，要求相关部门完善后抓好组织实施。

三、《关于对出租住房领域失信行为开展联合惩戒的工作方案（试行）》

会议听取了市公共信用信息中心主任朱明《关于对出租住房领域失信行为开展联合惩

戒的工作方案（试行）》起草情况的汇报。

会议明确：

1. 要高度重视社会信用体系建设工作，突出抓好安全生产、环境保护、城市管理等重点行业领域信用监管，综合运用消防、水、电、气等多种手段，加大对失信者的信用惩戒力度，推动各方面责任得到有效落实。

2. 要加快从"门槛管理"向"信用管理"转变，市信用办要进一步完善信用信息采集、推送、运用等工作机制，加快建立健全考核办法，强化与市监委、市委组织部信息互通，积极探索具有昆山特色的信用联合惩戒机制。

3. 要宣传引导到位，普及社会信用知识，提高群众信用意识，积极营造出租住房领域"守信为荣、失信可耻"的社会氛围。

会议要求相关部门认真修改完善后再次提交市政府常务会议审议。

四、审议《关于对市区农贸市场开办方失信行为开展联合惩戒管理办法（试行）》《关于对市区农贸市场经营户失信行为开展联合惩戒管理办法（试行）》

会议听取了市公共信用信息中心主任朱明《关于对市区农贸市场开办方失信行为开展联合惩戒管理办法（试行）》《关于对市区农贸市场经营户失信行为开展联合惩戒管理办法（试行）》起草情况的汇报。

会议原则通过上述文件，要求相关部门完善后抓好组织实施。

五、审议《昆山市农村房屋规划建设管理办法》

会议听取了市规划局局长何剑鸣关于《昆山市农村房屋规划建设管理办法》起草情况的汇报。会议强调，要深入贯彻落实中央、省、苏州市关于农村房屋规划建设相关工作部署，按照"百年大计、永续传承"的工作要求，突出规划引领，注重品位质量，坚持把每一个乡村都作为作品来精心打造，持续推进宜居宜业的美丽乡村建设。

会议明确：

1. 各区镇、相关部门要固化农村房屋设计方案，按照最严格的标准和要求，强化责任落实，严格审核验收，切实规范农村房屋规划建设管理工作。

2. 要紧扣"强化新建农房规划管控"工作要求，严肃查处违法违规建设行为，重点加大施工和颁证两个环节监管处罚力度，确保农房翻建工作有序推进。

3. 要辩证把握好市级、区镇之间的关系，工作中既要统筹推进，也要重点突破。各区镇要集中力量先推出1～2个可借鉴、可复制、可推广的示范村，以点带面，推进农房翻建工作。

4. 各区镇的细化工作方案、创新举措等均要报市农房办备案，经审核同意后方可执行。

5. 积极学习借鉴常熟等地区经验，加强对腾出土地的开发利用方式研究，不断提高土地资源综合利用效率。

会议原则通过上述文件，要求相关部门完善后提交市委常委会审议。

六、审议《昆山市被撤并乡镇综合提升工作实施方案》

会议听取了市住建局局长石建刚关于《昆山市被撤并乡镇综合提升工作实施方案》起草情况的汇报。

会议明确：

1. 集中布置管理力量，推进公安、交通、城管等领域管理力量下沉，进一步提高被撤并乡镇社会治理水平。市委办、市政府办督查室要会同市住建局做好督查督办工作，确保落实到位。

2. 集中提升水环境治理、垃圾处理、公共设施建设等一批群众获得感强的项目，切实改善区域环境面貌，提升人居环境质量，加快补齐城乡一体化发展短板。

3. 集中攻坚石浦、正仪等重点区域，树立典型样板。

4. 请宋德强副市长牵头研究，积极运用优化财政资金奖补机制等方式，调动必要资源支持相关区镇开展被撤并乡镇综合提升工作。

会议原则通过上述文件，要求相关部门完善后提交市委常委会审议。

七、听取关于昆山杜克大学二期校园专业扩初设计邀请招标的情况汇报、审议《昆山杜克大学二期工程场地和昆山杜克大学二期工程校舍建设协议》

会议听取了市杜克办副主任时永刚关于昆山杜克大学二期校园专业扩初设计邀请招标的情况汇报、审议了关于《昆山杜克大学二期工程场地和昆山杜克大学二期工程校舍建设协议》起草情况的汇报。

会议明确：

1. 尽快推进昆山杜克大学二期工程建设。明确杜克花园开发主体为创控集团，抓紧开展规划方案编制及相关前期工作。

2. 积极在杜克花园等相关建筑规划设计中融入苏式园林元素，彰显新时代文化自信。

3. 严格抓好工程质量和建设成本控制。

会议原则同意上述汇报和文件，要求相关部门将《昆山杜克大学二期工程场地和昆山杜克大学二期工程校舍建设协议》完善后提交市委常委会审议。

八、听取关于调整淀湖花园项目方案的情况汇报

会议听取了千灯镇镇长陈金龙关于调整淀湖花园项目方案的情况汇报。

会议原则同意上述汇报，要求相关部门抓好组织实施。

会议还学习了《江苏省行政应诉办法》。

出席： 杜小刚　徐敏中　李　文　宋德强　李　晖　皇甫党新
　　　　陶林生　蔡元峰

列席： 丁成明　庞文红　费文隽　王卫东　秦微晰　钱景霞
　　　　陆圣奇　武　军　高喜冬　朱　明　蒋　星　……

记录： 王　贤

昆山市人民政府办公室整理
2018 年 5 月 3 日

【分析】 该文属于常务会议纪要。会议纪要突出中心，围绕会议主题而展开。开头概述了此次会议的时间、会议内容和会议主持者，并用"现纪要如下"过渡。主体部分从八个大方面纪要了本次会议情况。每个方面又具体概括了会议讨论的成果，均使用"会议听取""会议明确""会议通过""会议要求"等纪要的常用语，条理清楚，忠于会议内容。

尾部列出出席人员、列席人员以及记录人名单。最后写明纪要整理单位及整理时间。

撰写纪要应当注意：一是概括要全面，要如实反映会议精神。二是要具备一定的分析能力、综合能力和表达能力，做到重点突击，条理清晰，文字简练。

实训设计

一、填空题

1. 《条例》规定，函适用于_____商洽工作、询问和答复问题、请求批准和答复审批事项。

2. 向不相隶属机关请求批准和答复审批事项时应使用_____。

3. 函的发文字号要表明文种，即在机关代字后写明_____字。其发文字号另编"函"字序列，不按机关发文序号排列。

4. 《条例》规定，_____适用于记载会议主要情况和议定事项。

5. 纪要的核心内容主要记载会议情况和会议结果。写作时应注意紧紧围绕中心议题，把会议的_____准确地表达清楚。

6. 按内容及用途，函可分为_____、_____、_____三种。

7. 各级机关的行文关系应该根据各自的_____和_____来确定。

二、单项选择题

1. 向不相隶属单位请求答复、批准，应使用（　　　）。
   A. 请示　　　　　B. 意见　　　　　C. 函　　　　　D. 报告

2. 向与本机关级别相同的有关主管部门请求批准某事项时，应使用（　　　）。
   A. 请示报告　　　B. 请示　　　　　C. 报告　　　　D. 函

3. 向有关单位请求协助、商洽解决办理有关事项，应使用（　　　）。
   A. 请示　　　　　B. 意见　　　　　C. 函　　　　　D. 报告

4. 标题《××县国家税务局关于向××县国土局申请建设办公大楼用地的请示》的主要错误是（　　　）。
   A. 违反报告不得夹带请示的规定
   B. 违反应协商同意后再发文的规定
   C. 错误使用文种，应使用函
   D. 错误使用文种，应使用报告

5. 向有关单位提出问题或咨询有关情况，应使用（　　　）。
   A. 请示　　　　　B. 报告　　　　　C. 意见　　　　　D. 函

6. 某百货公司要求某厂履行合同，所发公文应为（　　　）。
   A. 通知　　　　　B. 函　　　　　　C. 通告　　　　　D. 通报

7. 某机关回答对方来函所提问题的函叫（　　　）。
   A. 商洽函　　　　B. 复函　　　　　C. 发函　　　　　D. 询问函

8. 答复不相隶属单位提出的有关问题或事项，应使用（　　）。

　　A. 批复　　　　　B. 批示　　　　　C. 意见　　　　　D. 函

9. 函属于（　　）。

　　A. 上行文　　　　B. 下行文　　　　C. 平行文　　　　D. 事务文书

10. 传达会议情况，应使用（　　）。

　　A. 通知　　　　　B. 通报　　　　　C. 会议记录　　　D. 纪要

三、多项选择题

1. 关于函的结语，表述正确的是（　　）。

　　A. 妥否，请批复　　　　　　　　B. 以上意见如无不妥，请函复

　　C. 专此函达　　　　　　　　　　D. 即请函复

2. 函适用于不相隶属机关之间（　　）。

　　A. 商洽工作　　　　　　　　　　B. 询问和答复问题

　　C. 请求批准和答复审批事项　　　D. 报告事项

3. 下列事项中，可以用函来处理的有（　　）。

　　A. ×县人事局拟撰文请求县财政局拨给补干考试办公费

　　B. ×县监察委员会拟向市委汇报重大案件查处情况

　　C. ×市教委拟向所属学校公布初中毕业统考时间及要求

　　D. A 县工商局委托 B 县工商局协助调查 A 县个体户张×在 B 县营业状况

4. ×××交通局向有关主管部门请求批准建筑用地事项，应该使用（　　）。

　　A. 请示　　　　　B. 通知　　　　　C. 函　　　　　　D. 纪要

5. 函的行文讲究（　　）。

　　A. 直陈其事　　　B. 委婉其辞　　　C. 语气平和　　　D. 用语坚定

四、判断题（正确的打√，错误的打×）

1. 函的正文一般由缘由、事项、结语几部分组成。　　　　　　　　　（　　）

2. 凡是向不相隶属的机关（无论是高级别、低级别还是同级别）行文，一律使用函。　　　　　　　　　　　　　　　　　　　　　　　　　　　　　（　　）

3. 适用于不相隶属机关之间商洽工作、询问和答复问题、请求批准和答复审批事项的公文为函。　　　　　　　　　　　　　　　　　　　　　　　　（　　）

4. 在所有公文中，函的行文方向最灵活。　　　　　　　　　　　　　（　　）

5. 复函是针对来函的问题向来函单位回答相应的商讨、询问或请求事项。　（　　）

6. ××厅致函所属某下级机关，以严肃的语言指出其所办某事项不符合国家政策，并强令其立即改正，不得延误。结语为"特此函告，限三日内将改正情况向××厅办公室报告"。　　　　　　　　　　　　　　　　　　　　　　　　　　　（　　）

7. 纪要是对会议全程情况，包括发言情况、讨论问题情况，以及决议的事项等作全程的如实记录。　　　　　　　　　　　　　　　　　　　　　　　　（　　）

8. 批转性通知具有严格的等级性，对于上级的文件要用批转形式，对于下级、平级、不相隶属单位的文件要用转发的形式。　　　　　　　　　　　　　　（　　）

五、简答题

1. 简述函与请示的异同。
2. 简述复函与批复的异同。
3. 简述函的使用范围。
4. 简述通知与意见的区别。
5. 简述会议记录与纪要的区别。

六、写作题

1. 合川区旅游文化局于 2018 年 9 月 15 日举办第四届钓鱼城旅游文化节系列活动，需要向区财政局申请拨款 150 万元，作为举办活动的经费。

2. 合川定林寺坐落于重庆工商大学派斯学院内，为合川风景区，历史悠久。其既是合川千多年来文物圣地，又是百多年来合川教育的殿堂，现已成为合川爱国主义教育基地。寺内树木葱郁，有房舍 8 间，因合川区修建围城马路，房屋受到震动，落石砸坏房顶，亟待修缮、保护。为此，学院向区文物管理局行文，请求拨给 30 万元文物修缮费，用于修缮损坏的屋顶，还原文物的本来面目。

3. 为了培养应用型人才，锻炼学生的实践操作能力，更好更快地适应社会，学院希望在合川日报社建立学生实习基地。每学期派 10 名大四同学到报社参加实践学习，并请××编辑为学生举办"新闻工作者面临的机遇和挑战"的专题讲座。为此，学院行文合川日报社联系具体事宜。

4. 派斯职业学院（市属）经过一年多的努力，已基本具备了"广播电视学专业"招生条件，决定向重庆市教委申报"广播电视学专业"，并拟于 2019 学年开始招生。

要求：1. 根据上面的材料，自行选定文种撰写公文。

2. 严格按照公文的写作格式进行写作。

3. 字数不少于 300 字。

七、材料分析题

请指出下列公文中存在哪些问题并改正。

公 函

山西师大外国语学院：

首先，我们以山西管理职业学院的名义，向贵院致以亲切的问候。我们以崇敬和迫切的心情，冒昧地请求贵院帮助解决我院当前面临的一个难题。事情是这样的：最近，我们经与某某学院磋商，决定派三位老师到该院进修学习，只因该院正处于基建建设时期，基建工程尚未完毕，以致本院职工的住房和学生的宿舍拥挤不堪。我院几位进修教师的住房问题，虽几经协商，却仍得不到解决。然而信息时代，知识更新，培养人才，时不我待，我院几位老师出省进修学习机会实属难得，时间紧迫，任务繁重，要使他们有效地学习，则住宿问题是必须解决的。

为此，我们在进退维谷的情况下，情急生智，深晓贵校府高庭阔，物实人齐，且具有助人为乐、救人之危的美德。于是，我们抱着一线希望，与贵院商洽，能否为我院教师进修学习提供方便，并同时解决住宿问题，如贵院对于住宿一事能够解决，我们将不胜感激。

以上区区小事，不值得惊搅贵院，实为无奈，望谅解。希望尽快得到贵院的答复。

此致

敬礼

南翔职业学院（公章）

二〇一八年十月

关于拨款举办大学生科技文化节的请示

院财务处：

经学院党委、行政同意，2018 年 9 月 15 日至 12 月 30 日在我院将举办新一届大学生科技文化节，初步匡算，科技文化节共需经费 50 万元，请予核拨。

特此请示。

××职业学院团委

二〇一八年七月十五日

党政机关公文写作综合练习题

本试卷满分为 100 分

总　分		题号	一	二	三	四	五
核分人		题分	20	10	15	20	35
复查人		得分					

一、单项选择题（本大题共 20 小题，每小题 1 分，共 20 分）

在每小题列出的四个备选项中，只有一个是最符合题目要求的，请将其代码填写在题后的括号内。错选、多选或未选均不能得分。

1. 按现行规定，公文标题一般使用的字号字体是（　　）。

　　A. 2 号黑体字　　　　　　　　　　B. 2 号小标宋体字

　　C. 3 号仿宋体字　　　　　　　　　D. 3 号楷体字

2. 市人民政府对设立自贸区的重要事项作出决策和部署，行文应选（　　）。

　　A. 意见　　　　　　　　　　　　　B. 命令（令）

　　C. 决定　　　　　　　　　　　　　D. 公告

3. 公文的标题，在任何情况下都不能省略的是（　　）。

　　A. 发文机关　　　　　　　　　　　B. 事由

　　C. 文种　　　　　　　　　　　　　D. 关于

4. 江南小学向区公安分局请求整治校园周边治安环境，行文应选（　　）。

　　A. 请示　　　　　　　　　　　　　B. 通知

　　C. 报告　　　　　　　　　　　　　D. 函

5. 必须标明份号的公文是（　　）。

　　A. 涉密公文　　　　　　　　　　　B. 紧急公文

　　C. 下行公文　　　　　　　　　　　D. 上行公文

6. 市文化局就开发文化市场向市政府提出见解和办法，行文应选（　　）。

　　A. 报告　　　　　　　　　　　　　B. 请示

　　C. 意见　　　　　　　　　　　　　D. 函

7. 市交通管理局向社会公布公交线路调整情况，行文应选（　　）。

　　A. 决定　　　　　　　　　　　　　B. 通告

　　C. 公告　　　　　　　　　　　　　D. 通报

8. 下列格式要素中，属于公文"主体"部分的是（　　）。

　　A. 发文机关标志　　　　　　　　　B. 发文机关署名

　　C. 印发机关和印发日期　　　　　　D. 抄送机关

9. 建设中学书面回复市教委询问的事项，行文应选（　　）。

    A. 通知   B. 通报

    C. 报告   D. 函

10. 加盖印章的公文，其成文日期的编排一般应当（　　）。

    A. 右空四字   B. 右空二字

    C. 右齐边线   D. 在该行居中位置

11. 渝信学院对违纪学生分别给予批评和处分，行文应选（　　）。

    A. 通告   B. 通报

    C. 公告   D. 公示

12. 中共重庆市委发布四届九次全会通过的重大决策，行文应选（　　）。

    A. 命令（令）   B. 公告

    C. 通知   D. 决议

13. 下列各项中，符合公文成文日期标注要求的是（　　）。

    A. 2016 年 8 月 6 日   B. 二○一六年八月六日

    C. 20160806   D. 2016－8－6

14. 重庆司法局向社会宣布有关法律规定的事项，行文应选（　　）。

    A. 条例   B. 公报

    C. 公告   D. 通知

15. 下列文种中，不属于党政公文主要文种的是（　　）。

    A. 纪要   B. 批复

    C. 意见   D. 公示

16. 可以用党政公文中"议案"行文的单位是（　　）。

    A. 大有乡人民政府   B. 中共新宇县委

    C. 南方航空公司   D. 国家教育部

17. 重庆某大学拟将市教委《关于开展大学生公文写作技能竞赛活动的通知》转发给各个院系，行文应选（　　）。

    A. 通告   B. 通知

    C. 通报   D. 意见

18. 当主送机关过多导致公文首页不能显示正文时，正确的处理办法是（　　）。

    A. 省略全部主送机关

    B. 将主送机关移至版记部分

    C. 将主送机关移至成文日期之下

    D. 第一个主送机关名称后加"等"字

19. 南华学院答复庆林公司同意租借运动场，行文应选（　　）。

    A. 函   B. 批复

    C. 通知   D. 通报

20. 公文如有"附注"，应外加圆括号标注在（　　）。

    A. 公文正文的下一行

B. 公文版记中抄送机关的下一行

C. 公文成文日期的下一行

D. 公文附件名称的下一行

二、多项选择题（本大题共 5 小题，每小题 2 分，共 10 分）

在每小题列出的四个备选项中，至少有两个是符合题目要求的，请将其代码填写在题后的括号内。错选、多选、少选或未选均不能得分。

21. 公文"版头"部分的格式要素中，必备的要素有（　　）。

    A. 秘密等级　　　　B. 公文份号　　　　C. 发文机关标志

    D. 签发人姓名　　　E. 发文字号

22. 写作公文时，对主旨的基本要求有（　　）。

    A. 正确　　　　　　B. 丰富　　　　　　C. 集中

    D. 鲜明　　　　　　E. 新颖

23. 下列各项中，说法正确的有（　　）。

    A. 党政公文都必须标注主送机关

    B. 报告中不能夹带请示事项

    C. 公文首页必须显示正文

    D. 意见可以上行、平行、下行

    E. 未经会议讨论通过的事项不能用决议行文

24. 下列文种中，属于计划类文书的文种有（　　）。

    A. 方案　　　　　　　　　　　B. 工作要点

    C. 规划　　　　　　　　　　　D. 纲要

    E. 工作安排

25. 符合请示写作要求的结尾语有（　　）。

    A. 以上请示妥否，请批准。　　　　B. 特此请示，请予批复。

    C. 以上请示如无不妥，请批准。　　D. 以上请求当否，请指示。

    E. 以上请示妥当不？请审核。

三、案例分析题（本大题共 2 小题，第一小题 8 分，第二小题 7 分，共 15 分）

26. 请逐一分析下面这一发文字号存在的问题，最后给出正确答案。

病例：重庆东山机电有限责任公司发（16）第 008 号

分析：

（1）

（2）

（3）

（4）

（5）

正确答案：

27. 请在以下五个标题中选出最恰当的一个，并按序号说明选与不选的理由。

（1）西陵学院对优秀学生给予表彰的通报

（2）西陵学院关于表彰优秀学生的通知

（3）关于表彰优秀学生的通报

（4）西陵学院关于对优秀学生进行表彰的通报

（5）西陵学院关于表彰优秀学生的通报

所选标题：

逐个分析：

（1）

（2）

（3）

（4）

（5）

四、病文修改题（本大题共 1 小题，共 20 分）

28. 下面是一份病文，它在用语、格式等方面存在多种错误，请参赛者按照公文写作的规范要求，将其修改成文。

病文：

致新华职业学院

新华职业学院各位领导：你们好！我们是庆阳商贸公司，我们打算在今年十月份召开一次职工田径运动会，目的是提高员工的身体素质，同时也能丰富业余文化生活。可是我们没有合适的场地，这事就难办了，因此专门来这份信函同你们商量，请您院帮忙。我们的要求是由你们选一个周末，租借一下你们学院的运动场，只借两天。需要多少钱请开个价，可以商量确定嘛。我们肯定会爱护运动场里的所有设施以及各种设备的，如果出现了损坏的情况，肯定是要照价赔偿的，这一点请你们放心！今天已经是九月八号了，时间紧迫，因此请早点研究，务必要支持我们，三天内及时来个答复！匆此，庆阳商贸公司敬上。

（说明：无须标注版头、版记各项目，但行文格式、文字表述应符合公文函的写作要求，用完全式标题。）

五、公文写作题（本大题共 1 小题，共 35 分）

29. 根据以下材料，代兴隆中学撰写一份公文。

材料

今年 8 月中旬，东溪县连续下了几天特大暴雨，引发了洪涝灾害。在这场灾害中，兴隆中学因为处在河谷地带，遭受的损失不小。学校的围墙发生了几处垮塌，学校操场也被洪水冲得坑坑洼洼的，没法上体育课了。更为严重的是，两栋教学楼，其中一栋成了危房，马上就要开学了，将会有 8 个班的学生无法上课。得知这个情况后，南翔建设公司立马派出施工队，赶到学校进行修缮。修好了破损的围墙和操场，还搭建了钢支架棚屋，作为临时教室，终于保证了学校按时开学上课。当时又正遇上连晴高温天气，工人师傅们在烈日下干活，满头满身的汗水就像雨一样流，白天干了晚上又接着加班，经过七天六夜才完成上述工程。此次修缮所用的全部材料和钱都是南翔建设公司无偿捐赠的，花了20多万元哩！学校经费本就短缺，哪有钱来搞维修啊！由于暴雨来得很突然，全县受灾严重的地方多的是，一时还没法来解决学校的问题，全靠南翔建设公司的大力支援，他们才在灾后很快就得以恢复正常教学秩序。因此，全校的领导、老师、学生，都非常感谢施工队的员工和该公司，于是决定以学校名义给南翔建设公司写这封信。（说明：文字与层次应作加工、调整，内容可适当增删；日期自定，但必须规范标注，不能用"××"代替。）

第三章 >>

事务文书写作

【学习目的】

了解计划、总结、简报、诉状、策划书、感谢信、慰问信、贺信、自荐书、讲话稿、规章、办法等日常事务文书的基本知识，掌握计划、总结、简报的基本写法，并能熟练运用。

【内容提要】

本章主要介绍了常用事务性文书的基本知识。

计划有广义和狭义之分，它既是一个文种名称，又是计划类文书的统称。

广义的计划是指机关、团体、企事业单位或个人对未来一定时期的工作、事务或某种行为预先作出安排的公用事务文书，包括纲要、规划、方案、要点、安排、打算、设想等。

纲要和规划是时间较长、范围较广、内容较为原则的具有战略性意义的计划。

方案和安排是目标、方法、措施都较为具体明确的计划。

要点是粗线条的、提纲式的计划，比较简明、概括。

打算和设想是计划中最粗略的一种，是尚未成熟的、非正式的计划，目标、方法、措施都不明确具体。

计划具有动员和组织作用、领导和指导作用、督查和考核作用。

计划具有目标性、可行性与约束性等特点。

计划的主要内容包括目标、方法、措施（方法、步骤、时间）、要求等。

总结是机关、团体、企事业单位以及个人对已完成的或前一阶段的工作、行为进行回顾与分析研究，肯定成绩，发现问题，总结经验和教训，给予恰当评价并归纳出带规律性的认识，为未来提供指导与借鉴的公用事务文书。

总结具有信息作用、借鉴作用、监督作用、提高作用、考核作用、历史作用等。

总结具有回顾性、自述性、评价性、理论性等特点。

总结的主体包括基本情况、成绩与经验、问题与教训、今后努力方向等四个部分。

简报的含义，可从两个角度去理解。从文书的角度看，简报就是对一定情况或问题进行简明报道，是机关、团体及企事业内部单位编发的向上反映情况、汇报工作或向下、向平级单位通报情况、交流经验、披露问题、报道动态时经常使用的事务文书。

从载体的角度看，简报是机关、团体、企事业单位编发的刊载上述信息报道体文书的内部刊物的名称。

简报具有宣传政策、反映情况、交流经验、传播信息、凭证依据等作用。

简报具有简、快、真、新、密等特点。

简报的写作分三部分：报头、报身、报尾。报头由简报名称、期数、编发单位和编发日期构成。

诉状是指一方当事人为维护或者实现自身的权益，依法向人民法院提出某种诉讼请求，并陈诉有关事实和理由，或者另一方当事人针对一方当事人的诉讼请求和理由提出抗辩的法律文书。

答辩状是被告和被上诉人针对起诉的事实和理由或上诉的请求和理由进行回答和辩解的文书。

策划书通过对活动的背景、目的、可行性、具体步骤、经费、效果等各要素的介绍与分析，为决策者提供详尽的信息，以提高活动的经济效益和社会效益。

感谢信是一种社交礼仪文书，在受到他人帮助与支持时，向对方表示自己的谢意。

慰问信是表示向对方（一般是同级、或上级对下级单位、个人）关怀、慰问的信函。它是有关机关或者个人，以组织或个人的名义在他人处于特殊的情况下（如战争、自然灾害、事故），或在节假日，向对方表示问候、关心的应用文。

贺信是对方取得重大成绩、面临重大喜讯或节日、寿辰时，用于表达祝贺之情的专用文书。

自荐书也称求职信、自荐信等，是求职者根据用人单位的招聘要求，提出自己的求职愿望并介绍自己的基本情况、业务水平和职业操守等内容的专用文书。

讲话稿的主体包括背景、成绩回顾、希望与要求几部分。

规章是党政机关、企事业单位、社会团体为实施管理职能而制定的制度和准则。

办法是法规规章的实施细则，法规性办法是行政机关对上级机关的法规的具体认识、理解和执行措施。

第一节　计划　总结　简报

【案例一】

脱贫攻坚实施方案

为了深入宣传惠农政策，确保惠农政策全面落实，圆满完成我乡 2014 年度脱贫攻坚任务，经研究，制定《城头乡 2014 年度脱贫攻坚实施方案》。

一、方案主题

以"惠农政策进村入户，党的关怀温暖人心"为主题，通过广泛宣传和深入落实，让广大群众全面了解和充分享受各项惠农政策，切身感受党和政府的关怀与温暖，促进社会和谐稳定。

二、方案目标

通过实施脱贫攻坚方案，实现惠农政策的入户知晓率达 100％，惠农政策落实率达

100％，群众满意率达 95％以上，全乡低收入人口脱贫率达 50％以上，贫困村脱贫率达 100％。

三、方案措施

1. 开展扶贫政策宣讲和培训

乡编制惠农政策，利用广播、电视等宣传工具，向农民宣传惠农政策，利用培训班向农民培训致富知识、脱贫方案，向全乡 1032 户低收入农户赠送《城头乡惠农政策选编》，并安排有关人员进村入户宣讲，乡村广播定时播放惠农政策，使惠农政策家喻户晓，增强他们脱贫致富的信心。

2. 对贫困村实施帮扶

我乡姚台、戚台、徐莫三个村被列为特困村和贫困村。姚台村作为特困村由县农商行实施帮扶。戚台、徐莫两村作为贫困村，由乡政府进行帮扶。我乡将对戚台、徐莫两村给予每村五万元的帮扶资金，并将对帮扶项目进行审定，以建设标准化厂房出租来增加集体收入。年终力争村集体收入达到 15 万元以上。

3. 对全乡低收入农户的帮扶

2014 年度全乡低收入户为 1032 户，贫困人口为 3129 人；按照市县要求，2014 年底，50％的低收入户要能够脱贫。围绕此项工作，县乡抽调 400 余人进行一对一帮扶，每位帮扶人员结对帮扶 4 户，为贫困户制订脱贫计划，提供致富信息，宣讲惠农政策，解决他们生产、生活中的实际困难。

四、组织保证

为了使脱贫攻坚工作得到更好的落实，加强对此项工作的领导，乡成立了脱贫攻坚领导小组。党委书记陈晓婷同志任组长，党委副书记、乡长玉龙同志任副组长，乡分管领导及有关部门负责人任成员，对脱贫攻坚工作实行认真的组织领导和管理，对脱贫攻坚方案的制订以及落实将严格把关，有序推进。

五、建立健全考核机制

对本乡帮扶人员，乡建立健全考核机制，对不能胜任本项工作的，中途给予调整，并给予相应的经济处罚，对年终评优评选予以一票否决。对脱贫帮扶工作不力的单位和部门责任人，党委、政府将采取组织措施，确保方案的顺利实施。

【分析】本计划属于方案类别。方案是目标、措施、方法比较明确具体的计划。这是一篇有关脱贫攻坚的方案，全文采用条列式，标题采用"事由＋文种"形式。前言部分写明制定该方案的目的。正文的第一部分明确该方案的主题；第二部分明确该方案的具体目标；第三部分提出实现目标所采取的具体措施；第四部分明确实现该方案目标的组织保证；第五部分写实施该方案的考核机制。本计划目标明确，措施具体可行，保障有力，奖惩机制健全。

【案例二】

××高新区 2017 年度信息公开工作总结及 2018 年工作计划

根据《××省办公厅关于印发 2017 年政府信息公开工作要点的通知》（×办发〔2017〕12 号）、《××省政府办公厅关于进一步做好政府信息公开有关工作的通知》（×

政传发〔2017〕203 号）文件精神和要求，现将我区今年以来开展信息公开工作情况汇报如下。

一、强化领导，不断健全运作机制

全区各级领导高度重视政府信息公开工作，始终坚持以党的十八大和十八届三中、四中全会精神为指导，以深入贯彻实施《中华人民共和国政府信息公开条例》和《××省办公厅关于印发 2017 年政府信息公开工作要点的通知》（×办发〔2017〕12 号）为主线，不断强化信息公开工作领导小组的组织领导，形成了职责分明、分工合理、各负其责、齐抓共管的工作局面。明确联系人制度，由党政办法制科联系负责具体政府信息公开组织协调等日常工作，并强化政府信息公开保密审查，确保信息公开工作依法、有序进行。

二、突出重点，深化信息公开内容

始终坚持"公开为常态，不公开为例外"的原则，科学规范逐步推进决策公开、执行公开、管理公开、服务公开、结果公开。及时有效地清理一批规范性文件，始终坚持问题导向，强化问题意识，不断加大涉及人民群众切身利益、需要社会公众广泛知晓或参与的行政审批项目公开工作，全年网上公开环保审批办件 149 件，并主动公开玉山镇 2013 年财政预算执行情况和 2014 年财政预算草案报告。发生行政复议和行政诉讼各一起，我区高度重视，认真履职，积极应诉并对结果主动纠错。

三、规范运作，拓展信息公开平台

不断完善政府信息网上公开制度，积极落实"中国××"网站内容保障体系工作要求，主动公开各类政府信息。充分发挥××高新区网站在信息公开工作中的重要载体作用。根据《××市政府办公室关于规范政府信息依申请公开的指导意见》（×政办发〔2017〕84 号）文件要求，完善受理、审查、处理、答复以及保存备查等各环节的流程，依法依规办理群众依申请公开，全年共受理并办结 5 件。积极探索建设政务微博平台，注重网络问政，主动发布政务信息，对涉及公众关切的重大公共事件和热点焦点问题及时回应。科学整合政务服务热线，不断提高舆情应对能力。全年回应××网上议事厅 110 条，应对热点问题和舆情 5699 条。

四、强化监督，落实信息公开保障

加强宣传培训，为信息公开全面深化提供动力，做到工作人员学习常态化。采取多种形式，加强对信息公开工作人员的业务知识培训，如积极参加市政府组织旁听××市政府土地征收信息公开答复的行政诉讼案。进一步加强督促检查，健全信息公开考核评价机制，明确考核原则、内容、标准、程序和方式，强化信息公开考核评比结果的运用。

今年以来，在政府信息公开工作中，我们注重创新思路，做到"四个结合"：一是把政府信息公开与目标考核相结合；二是把政府信息公开与政务服务相结合；三是把政府信息公开与开展行风评议相结合；四是把政府信息公开与党风廉政建设相结合。通过这"四个结合"，有力地推进了政府信息公开的开展，取得了明显的效果。但同时我们也看到了工作中存在的一些不足和问题，主要表现在：一是公开内容需要进一步深化。管委会有关决策、规定、规划、计划、方案的草案公开、听取公众意见方面需要进一步加强。二是公开信息及形式有待完善。主要通过网站公开政府信息，其他的查阅形式不够丰富。三是宣传和引导工作需要进一步加强。

五、2018 年工作打算

（一）进一步明确目标任务。2018 年，我们将紧紧围绕全市中心工作，深入贯彻落实《中华人民共和国政府信息公开条例》，加强制度机制建设，积极回应公众期盼和社会关切，重点公开公共服务和监管信息、行政审批信息、财政预决算和"三公"经费信息、土地和房屋征迁信息、社会保障服务信息等，确保政府权力在群众的监督下运行。

（二）进一步加强日常工作力度。继续强化专人负责信息公开工作，明确工作职责。通过多种渠道进行宣传，提高群众对政府信息公开的知晓率和参与度。在规定的政府信息公开范围内，及时发布和更新依法应主动公开的政府信息，并做好答复依申请公开政府信息和行政复议、诉讼工作。

（三）进一步丰富信息公开方式。以社会需求为导向，在不断深化政府信息公开内容的同时，努力做到公开方式的灵活多样。不断加强政府信息公开的基础设施建设，通过网站、微博、微信、公示栏等多种便于公众知晓的方式进行公开，更好地为经济社会发展和人民群众服务。

【分析】该总结属于××区政府有关信息公开工作的年度总结，采用条文式，前言写明工作总结的依据，并以"现将我区今年以来开展信息公开工作情况汇报如下"过渡。正文首先从四个方面回顾了 2017 年度在信息公开工作中所做的工作，然后总结在该项工作中所取得的成绩，同时指出在工作中所存在的问题，最后以计划的方式从三个方面明确了今后工作的方向。条理清楚，材料充分，观点明确。

【案例三】

综合执法简报

（2018 年第 6 期）

昆山市张浦镇　　　　　　　　　　　　　　　　　　　　　2018 年 9 月 19 日

本期要目

◆工作动态

1. 严抓严管，督促企业自行拆除违法建设
2. 加班加点，连夜依法强制拆除企业违建
3. 重拳出击，强势拆除白米横田村违建民房
4. 打击乡村黑诊所，扫除生命安全雷
5. 保护未成年工，职业危害不能碰

严抓严管，督促企业自行拆除违法建设

近期，我局执法队员在日常巡查中，发现阳光路 889 号江苏良品塑胶有限公司、阳光路 6 号勋龙智造精密应用材料有限公司内疑似有违章搭建，我局执法队员立即联系建设与

管理局，进行核查确认。

经查，两家公司均无相关建筑许可证，未取得规划主管部门审批许可，厂区内确实存在违法建设，该行为已违反了《中华人民共和国城乡规划法》第四十条第一款、《江苏省城乡规划条例》第三十八条、《苏州市城乡规划条例》第十八条、第二十六条第一款的规定。我局执法人员第一时间约谈企业负责人，明确当前形势，综合考虑企业损失等因素，要求企业自行拆除。8月20日，两家企业均自行拆除了违法建设，分别拆除931平方米、224平方米。

下一步，我局将继续扎实开展控违拆违工作，按照"发现一起，拆除一起"的工作要求，加强巡查和拆除力度，严厉打击各类乱搭乱建行为，营造控违拆违高压态势。

加班加点，连夜依法强制拆除企业违建

根据263交办内容，我局第一时间组织对昆山众诚建筑配套设施有限公司进行实地踏看，发现该公司内搭建彩钢棚等建筑物（构筑物、设施），并未依法办理建设工程规划许可证，违反了《中华人民共和国城乡规划法》《苏州市城乡规划条例》的相关规定，事实清楚，证据确凿。当场，执法人员下发限期拆除决定书并予以立案，责令限期拆除，逾期不拆除的，将予以强制拆除。

在后期的日常巡查和回头看中，发现该企业未有任何拆除动作，且自行整改期限已到。8月22日，我局组织人力、物力，依法对该违法建设予以强制拆除，拆除面积为3180平方米。考虑到此处违法建设体量大、时间紧，我局执法人员主动放弃休息时间，连夜奋战，直至晚上11点左右才顺利、安全地拆除全部违法建设。

接下来，我局将加大对违法建设的预防和管控，坚持"违章就查、露头就打、抢建就拆"的工作思路，严格杜绝"拆小不拆大、拆软不拆硬、拆明不拆暗"的怪象。对一些重点地段、重点区域、企业厂房等进行严格管控，加强巡查频次和整治力度，发现一处，拆除一处，绝不手软；严把各类节假日等违法建设集中爆发的重点时期，必须严查快处，力求做到打击一户，震慑一片，教育一方。

重拳出击，强势拆除白米横田村违建民房

8月23日，我局会同派出所、白米村等单位，对横田村（震阳北路到底，靠近莲花路）违法建设实施强制拆除，总计82家民房，面积约13000平方米。

这些违建民房年代久远，有些已成危房，与周边环境格格不入，且存在较大安全隐患。白米村工作人员已多次上门走访，与房主沟通，积极做好疏导解释工作，并得到了多数村民的认可。整治前，我局组织派出所、信访办、司法所、综治办、消防中队、供电所、自来水公司、白米村等单位召开工作会议，布置并落实拆除工作预案，明确整治时间及各单位职责，并对可能出现的突发事件制定应急预案，确保安全拆除。

接下来，我局将紧紧围绕"美丽昆山"三年行动计划这一主线，结合违法建设整治"百日行动"，全面贯彻落实"严控在建违法建设，确保违法建设零增长"的总体要求，强势拆除企业、堵塞消防通道存在较大安全隐患及群众反复投诉的违法建设，坚决攻克各类

疑难杂症，以拆违促控违。同时，开展"回头看"工作，查漏补缺，确保整治工作常态化、效果持续化，逐步提升我镇市容环境水平和群众满意度。

打击乡村黑诊所，扫除生命安全雷

开设在村庄内的黑诊所，就医环境恶劣，使用的药品大多来源不明，存在使用假药、劣质药现象，且收费低，患者多为外来务工人员，经常会误诊、漏诊，严重威胁了群众的人身安全。为此，我局始终秉承"一经发现，严惩不贷"的工作原则，严厉打击非法行医，切实保障人民群众的人身安全。

8月28日夜间，根据前期摸底调查情况，我局精准打击藏匿在花园村私房出租屋0097号内的一家黑诊所。现场，发现有一病人在等候挂水，经营者梁继顺在配置药水，屋内存放大量已经使用过的挂水器材，并于东侧一小房间内发现大量未使用的药物、生理盐水、葡萄糖等。起初，经营者态度恶劣，不配合工作，多次寻找理由试图逃离现场，在执法队员现场教育、普及相关法律条文及我镇整治黑诊所的坚决态度后，经营者才主动配合查处工作。随后，执法人员对现场查获药品进行扣押，并将负责人梁继顺带回执法局进行询问调查，拟对其立案处罚。

下一步，我局将不定期组织回头看，复查现场，确保该场所已关闭。同时，我局将进一步落实《张浦镇振苏地区黑诊所整治方案》，严厉打击非法行医，营造整治高压态势，为群众的生命安全保驾护航。

保护未成年工，职业危害不能碰

近期，我局执法人员在张浦镇昆山鑫富晟电子有限公司进行日常执法检查时，发现该企业违规使用童工，并安排未成年工从事存在职业病危害的工作。

经查证，该企业于2018年3月录用曲某（2002年5月生），录用时曲某未满16周岁，并安排其在焊锡岗位工作，该岗位存在职业病危害。7月，在对该企业进行执法检查时，曲某已满16周岁，属于未成年工，并一直在该岗位工作直至被检查发现。根据《中华人民共和国职业病防治法》第三十八条相关规定，用人单位不得安排未成年工从事接触职业病危害的作业，我局予以立案查处，责令该企业立即将曲某调岗，并给予人民币17万元的行政处罚。同时，就该企业非法使用童工的违法行为，给予人民币1.5万元的行政处罚。

我镇企业种类繁多，从业人员较多，不同的企业工艺不同，产生的职业病危害也不尽相同。在接下来的工作中，我局将继续加大检查和处罚力度，规范企业经营行为，切实维护劳动者的自身健康和合法权益。

【分析】该例文是一份综合执法工作的简报。简报由报头、报身和报尾三部分构成。报头包括简报名称、期数、编发单位和编发日期等要素。报身是简报的内容。报尾是简报报、送、发的范围。本简报的简报名称由"工作性质＋简报"构成。由于本期简报的内容含有多篇文章，则在报头下列出"目录"。然后按照目录的顺序依次写出简报内容。每则简报以新闻形式写出即可。第一段用新闻导语形式写出具体的时间、地点、人物、事件、结果等要素，主体部分再作详细叙述。

实训设计

一、填空题

1. _____是指机关、团体、企事业单位或个人对未来一定时期的工作、事务或某种行为预先作出安排的公用事务文书。

2. 时间较长、范围较广、内容较为原则的具有战略性意义的计划叫_____或_____。

3. 目标、方法、措施都较为具体明确的计划叫_____或_____。

4. 尚未成熟的，非正式的，目标、方法、措施都不明确的计划是_____。

5. 计划最突出的特点是_____；总结最突出的特点是_____。

6. _____是机关、团体、企事业单位以及个人对已完成的或前一阶段的工作、行为进行分析研究，肯定成绩，发现问题，找出经验和教训，给予恰当评价并归纳出带规律性的认识，为未来提供指导与借鉴的公用事务文书。

7. 计划的主体包括_____、_____、_____。总结的主体由基本情况、_____、_____、今后努力方向几部分构成。

8. 从文书的角度看，_____是机关、团体及企事业内部单位编发的向上反映情况、汇报工作或向下、向平级单位通报情况、交流经验、披露问题、报道动态时经常使用的事务文书。

9. 简报具有_____、_____、_____、_____等特点。

10. 简报按性质可分为_____简报和_____简报。

11. 简报的报头由_____、_____、_____构成。

二、单项选择题

1. 对未来一定时期内的工作作出打算和安排的公文文种是（　　　）。

　　A. 简报　　　　　　B. 总结　　　　　　C. 调查报告　　　　D. 计划

2. 把计划进一步明细化，即如何完成计划的具体方法和步骤，安排具体行为的文书叫（　　　）。

　　A. 要点　　　　　　B. 部署　　　　　　C. 方案　　　　　　D. 设想

3. "单位名称＋期限＋内容＋文书种类"，这种形式的总结单标题属于（　　　）。

　　A. 新闻式　　　　　B. 公文式　　　　　C. 双标式　　　　　D. 理论式

4. 结合自身实际工作，或者根据上级指示精神，把对未来一定时期内工作的打算或安排加以书面化、条理化和具体化的文书叫做（　　　）。

　　A. 计划与总结　　　　　　　　　　　B. 计划与方案

　　C. 通报与报告　　　　　　　　　　　D. 通告与公告

5. 在制订计划时，首先要考虑计划的政策性，既要符合上级精神，又要考虑计划的可行性，要符合下情，还要考虑计划的方法是否得当、措施是否有力、目标能否实现，即（　　）。

　　A. 可修改性　　　　　　　　　　B. 可操作性

　　C. 可变通性　　　　　　　　　　D. 可伸缩性

6. 下列几项内容中，不属于简报报头范畴的有（　　）。

　　A. 名称　　　　　　　　　　　　B. 编号

　　C. 印发份数　　　　　　　　　　D. 编发单位

7. 简报中用简明文字概括主要事实的部分称为（　　）。

　　A. 主题　　　　　　　　　　　　B. 导语

　　C. 结尾　　　　　　　　　　　　D. 标题

8. 起着反映情况、传播信息、交流经验作用的公用文书种类是（　　）

　　A. 总结　　　　　　　　　　　　B. 计划

　　C. 简报　　　　　　　　　　　　D. 调查报告

三、多项选择题

1. 各类总结一般包括标题、正文和落款三大部分。正文的结构包括（　　）。

　　A. 标题　　　　　B. 前言　　　　　C. 落款

　　D. 主体（包括成绩收获、经验体会、问题教训）

2. 工作要点多用于领导机关对下属单位布置工作和交代任务，它是对未来一个时期工作做简明扼要的安排，因此它的特点是具有（　　）。

　　A. 指导性　　　　　　　　　　　B. 预见性

　　C. 可行性　　　　　　　　　　　D. 总结性

　　E. 约束性

3. 总结按其时间可以分为（　　）。

　　A. 年度总结　　　　　　　　　　B. 季度总结

　　C. 半年总结　　　　　　　　　　D. 阶段总结

4. 计划的具体可操作性，是指需要考虑（　　）。

　　A. 方法是否得当　　　　　　　　B. 语言是否准确

　　C. 措施是否得力　　　　　　　　D. 目标能否实现

5. 下列文书中，属于"计划与方案"范畴的有（　　）。

　　A. 规划　　　　　　　　　　　　B. 安排

　　C. 审计报告　　　　　　　　　　D. 要点

　　E. 方案

6. 总结是一种比较灵活的应用文体，可以做机关单位应用的多种文体，这些文体是（　　）。

　　A. 内部的工作公文　　　　　　　B. 新闻媒体的经验性通讯报道

　　C. 内部部署工作的综合方案　　　D. 向上级汇报工作的报告

　　E. 研究规律的论文

7. 计划是规划的具体化，是实施科学管理的重要基础。为了保证计划的科学性，在制订计划时应考虑的主要因素有（　　　）。

A. 可变性　　　　　　　　　　　B. 政策性

C. 可行性　　　　　　　　　　　D. 可操作性

E. 理论性

8. 简报由（　　　）组成。

A. 报头　　　　B. 报身　　　　C. 署名　　　　D. 报尾

9. 简报的报头的组成要素有（　　　）。

A. 简报名称　　B. 编号　　　　C. 编发单位　　D. 日期

10. 简报是反映所在单位或系统有关内容简要的内部资料，所起的作用是（　　　）。

A. 交流经验　　　　　　　　　　B. 反映情况

C. 传播信息　　　　　　　　　　D. 相互监督

E. 凭证论据

11. 会议简报用于及时反映某些重要会议的有关情况，它所起的作用是（　　　）。

A. 交流情况　　　　　　　　　　B. 探讨问题

C. 发布命令（令）　　　　　　　D. 沟通联系

E. 指导工作

四、判断题（正确的打√，错误的打×）

1. 为了表现总结的典型性，可以对某些材料进行必要的艺术加工和创造。　　　（　　　）

2. 对某项工作或某方面问题进行总的回顾，用以记载工作情况，总结经验教训的总结称为专题总结。　　　（　　　）

3. 规划与一般的计划有相似的地方，都是对某项工作的预见性安排，但规划相对具体、计划相对概括。　　　（　　　）

4. 计划目标的可实现性，即要求合理、合情、具体可行。　　　（　　　）

5. 要写出总结的特色和新意，就不能完全拘泥于某些事实，应该开展合理的想象，创造某些符合逻辑的典型。　　　（　　　）

6. 适用时间长、指导范围广、内容比较概括的计划叫规划。　　　（　　　）

7. 总结选用材料的原则，是最能表现主旨、最能说明问题本质的材料。　　　（　　　）

8. 总结是对实践的认识，总结的过程是由感性认识上升到理性认识的过程，应对实践进行全面、深刻的概括。　　　（　　　）

9. 计划的标题一般由时限、内容和文种三要素组成。　　　（　　　）

10. 总结是一种比较灵活的应用文体，它既是机关单位内部的工作公文，又可以作为新闻媒体的经验性通讯报道，还可以写成研究规律的论文。　　　（　　　）

11. 简报的报尾应分别注明报（上级机关）、送（同级或不相隶属机关）、发（下级机关）单位及印发份数。　　　（　　　）

12. 简报要求"快"，要迅速及时，快编快发。　　　（　　　）

13. 简报的报尾应写明简报名称、编号、编发单位和日期。　　　（　　　）

14. 工作简报要力求反映新情况、新问题、新经验。　　　（　　　）

五、简答题

1. 简述计划的含义和特点。
2. 简述总结的含义和特点。
3. 简述计划和总结的区别。
4. 简述工作总结与工作报告的区别。
5. 简述总结的作用。
6. 广义的计划包含哪些种类？请简述它们的区别。
7. 简述简报的含义、特点及其作用。
8. 简述简报与消息的区别。
9. 简述简报与纪要的区别。

六、写作题

1. 请你拟制一份大学四年个人发展规划。
2. 请撰写一份学期读书总结。
3. 请就学校迎新工作撰写一份简报。

第二节 诉状 策划书

【案例一】

××公司与××公司财务纠纷案民事上诉状

上诉人（一审原告）：甲公司

被上诉人（一审被告）：乙公司

上诉人对××人民法院作出的 AAAA 号判决不服，现在依法提出上诉。

上诉请求

1. 请求依法改判 AAAA 号民事判决或将本案发回一审法院重审；
2. 一审、二审的诉讼费用由被上诉人承担。

上诉理由

AAAA 号判决驳回上诉人的诉讼请求，认定事实与适用法律均存在严重错误。

一、上诉人要求被上诉人提供与影片《YY》有关的所有财务报表及会计凭证，是有法律依据的

1. 上诉人依法向被上诉人主张影片《YY》之收益，因此产生的纠纷，属于人民法院的受案范围。

因为 AAAA 号判决已经认定，被上诉人向上诉人支付 NNN 万元《YY》影片的部分收益后，上诉人再向被上诉人主张分配影片收益，被上诉人以影片不赚钱是正常的等理由拒绝上诉人的要求。

所以，在被上诉人拒绝上诉人的要求，产生收益纠纷（即本案）的情况下，无论上诉人与被上诉人之间是否存在相关合同约定，上诉人与被上诉人之间因影片《YY》产生的收益纠纷，均属于人民法院的受案范围。

2. 被上诉人提供与影片《YY》有关的所有财务报表及会计凭证，是被上诉人的法定义务。

因为 AAAA 号判决已经认定，被上诉人向上诉人支付 NNN 万元《YY》影片的部分收益后，上诉人再向被上诉人主张分配影片收益，被上诉人以影片不赚钱是正常等理由拒绝上诉人的要求。

所以，在证据表明与影片《YY》有关的所有财务报表及会计凭证均在被上诉人处保管并掌握的情况下，上诉人有权要求被上诉人提供影片《YY》有关的所有财务报表及会计凭证，这是正确处理本案的必要条件，而不仅仅取决于上诉人与被上诉人之间是否存在约定。

二、上诉人要求被上诉人提供与影片《YY》有关的所有财务报表及会计凭证，是有合同依据的

1. 上诉人要求被上诉人提供与影片《YY》有关的所有财务报表及会计凭证，是上诉人在行使约定的监督权。

因为 AAAA 号判决已经查明，上诉人与被上诉人之间签订了《联合摄制故事影片〈YY〉合约书》，合同约定被上诉人为《YY》影片的制作方，上诉人对被上诉人的财务有监督权。

因此，上诉人有依约定对被上诉人进行财务监督的权利，被上诉人有予以相应配合的义务。上诉人的监督权是针对关于影片整体财务状况的监督，贯穿于整个合作过程，不仅包括影片摄制前对拍摄预算的审查权，影片摄制中对财务使用的控制权，也包括影片制作完结后对财务的审计权，以及影片传播过程中对收益的知情权。

2. 上诉人要求被上诉人提供与影片《YY》有关的所有财务报表及会计凭证，是上诉人在行使约定的利益分配权。

因为 AAAA 号判决已经查明，上诉人与被上诉人之间签订了《联合摄制故事影片〈YY〉合约书》，合同约定影片著作权及其产生的权益为双方共有，影片收益由双方按投资比例分配。

因此，上诉人有依约定要求获得相应收益的权利，被上诉人有按照影片收益情况支付相应收益的义务。上诉人依法获得权益的权利并不是局限于对影片收益的单独主张，获得与影片有关的所有财务报表及会计凭证、明确影片收益情况、知晓上诉人应当获得的收益数额既是上诉人所享有的利益分配权的延伸，也是上诉人行使该项权利的基础。也就是说，上诉人要求被上诉人提供与影片《YY》有关的所有财务报表及会计凭证是在行使利益分配权中的一项分权利。

三、AAAA 号判决严重违反了人民法院审判案件的基本原则

1. AAAA 号判决指定当事人应该如何进行诉讼，违法干扰上诉人诉权。

AAAA 号判决认为，上诉人可以直接向被上诉人主张分配收益，并据此驳回上诉人要求被上诉人交付与影片《YY》有关的所有财务报表及会计凭证的诉讼请求。

对此，上诉人认为：

（1）法律规定，诉权是当事人的法定权利。因此，当事人提出什么样的诉讼请求，是当事人的自身权利。依据人民法院独立公正审理案件的原则，法院对当事人提出什么样的诉讼请求，既不能干涉，也不能强行给予指导。否则，就会出现一方当事人在法院指导下进行诉讼的诉讼程序不公正。

所以，AAAA 号判决指定当事人应该如何进行诉讼，系违法干扰上诉人诉权。

（2）上诉人提起本案之初，提出的诉请就是向被上诉人主张分配收益，因一审法院立案庭提出，上诉人不提供影片《YY》有关的所有财务报表及会计凭证，即无法判断该影片的具体收益是多少，上诉人应该先要求被上诉人提供有关的所有财务报表及会计凭证，才能主张分配收益。上诉人才按照法院立案庭的意见，把诉讼请求修改为要求被上诉人提供影片《YY》有关的所有财务报表及会计凭证的。

由于法院处理很多问题仅仅给当事人口头答复而不给书面答复的工作惯例，此环节上诉人不能将此事实作为上诉的法定理由，但是，上诉人需要说明，依据人民法院独立公正审理案件的原则，法院对当事人提出什么样的诉讼请求，既不能干涉，也不能强行给予指导，希望法院在今后的工作中能够对当事人的诉权给予必要的尊重。

2. AAAA 号判决在体现人民法院审判职能方面存在严重缺陷。

（1）AAAA 号判决认为，上诉人可以直接向被上诉人主张分配影片收益，这一观点是不能依法成立的。这是因为，如果没有影片《YY》有关的所有财务报表及会计凭证进行核对，上诉人是无法提出收益分配的具体诉讼请求的。

因此，AAAA 号判决关于上诉人可直接向被上诉人主张收益的观点，在理论上和实践上都是不可行的。

（2）根据法律规定，人民法院审理案件，必须查明事实，正确适用法律。

因此，在被上诉人处保管并掌握的与影片《YY》有关的所有财务报表及会计凭证，是正确处理本案收益纠纷的基础的情况下，要求被上诉人提供与影片《YY》有关的所有财务报表及会计凭证，不仅是上诉人的诉讼请求，更是法院审理本案之必须。

法院应该审理的内容，AAAA 号判决不仅没有审理，相反以此为由，驳回上诉人的诉讼请求，这是 AAAA 号判决在体现人民法院审判职能方面存在严重缺陷的具体表现。

（3）AAAA 号判决认为，上诉人要求被上诉人提供与影片有关的财务资料既无合同依据，亦无法律依据，据此不支持上诉人的诉讼请求。

对此，上诉人认为：根据合同约定，上诉人与被上诉人之间存在与影片有关的财务资料，在合同中是很明确的，上诉人的请求并非没有合同约定。并且，无论上诉人与被上诉人之间是否存在相关合同约定，上诉人与被上诉人之间因影片《YY》产生的收益纠纷，法院都是不能拒之门外的。拒之门外，是人民法院没有履行审判职能方面的具体体现。

综上所述，AAAA 号判决驳回上诉人的诉讼请求，认定事实与适用法律均存在严重错误。上诉人请求二审法院依法予以纠正，依法维护上诉人的合法权益。

此致

××市中级人民法院

上诉人：甲公司

××××年××月××日

【分析】该例文属公司之间的财务纠纷上诉状。诉状由首部、正文、尾部三部分构成。首部写明双方当事人（或单位双方）的基本情况。正文包括诉讼请求、事实和理由等内容。尾部写明递交的法院、上诉人及日期。本则诉状的标题采用"机关＋事由＋文种"形式。诉讼请求明确，理由充分，事实清楚，条理清晰，重点突出。

【案例二】

××大学迎新晚会策划书

一、活动主题：为我们的明天努力

二、活动目的：通过此次活动，营造浓厚校园文化氛围，丰富学生课余生活，发掘文艺人才，给同学们创造一个锻炼自我的舞台，提高同学们的艺术欣赏水平，陶冶情操，让同学们在浓厚的艺术氛围中健康成长，将来为社会做贡献。

三、举办单位：艺术学院团委学生会

四、活动时间：××年××月××日晚7：00—9：30

五、活动地点：×××学术报告厅

六、活动形式：综艺性文艺演出（以相声、小品等语言类节目为主）

七、节目要求：（只针对相声、小品等语言类节目）

1. 内容健康，积极向上。

2. 鼓励自创和模仿。

3. 能反映一定的社会现实生活，特别是当代青少年的生活。

八、评分标准：

1. 表情自然，动作恰当，口齿清晰。（2分）

2. 思想内容健康，积极向上。（2分）

3. 台风好，能面对观众，情节衔接得当。（2分）

4. 时间在5～12分钟，详略得当。（2分）

5. 节目搞笑或煽情，能调动观众的观看热情。（2分）

6. 老师参加另加5分。

九、参赛对象：全院同学。系部为单位，以班级、组合或个人名义参赛（原则上每个班一个节目）

十、奖项设置：一等奖×名、二等奖×名、三等奖×名，优秀演员若干，最佳男演员、最佳女演员各×名。奖品设置参照经费预算表。

十一、活动准备：

1. 派发请柬和邀请函。在晚会前一周，由学生会办公室负责写请柬，邀请各学院分管学生工作的书记、辅导员、团委老师、各院学生会主席和校学生会的主要成员观看演出，以扩大晚会的影响力。

2. 宣传和扩大影响力。由文宣部负责出20张海报，1条条幅。其中海报于演出前三天贴于北院、南院、英雄校区等人流量较多的地方；条幅悬挂于南院学术报告厅。张贴和悬挂工作由文宣部负责。另外，文宣部干事必须定时地检查海报是否被撕毁，如被撕毁，应及时补贴。在晚会的前一周，制作好票据和节目单（详见附录），票据共××份（份数以统计的座位数为依据）；部分票据由外联部派发到各学院学生会，节目单派发给到场嘉宾。由××负责晚会现场的摄影工作。另外，在发送请柬给各院主席的同时，以团委学生会名义附一张邀请函（详见附录）。

3. 增加舞台效果。如礼花爆竹、荧光棒、鲜花、气球、吹泡泡机等道具，以增加现场火暴气氛。

4. 现场用品购买。由学生会办公室负责晚会现场用品的购买，其中包括胶卷 2 卷，9 伏电池 12 个，矿泉水××瓶、背景墙用的吹塑纸一张等。

5. 礼仪小姐训练与安排。由学习部负责训练礼仪小姐 8 名，并向学院艺术团借绶带（有关方面可与艺术团老师联系）。礼仪小姐安排在学术报告厅入口前和晚会现场各 4 名，入口 4 名礼仪小姐负责迎接嘉宾老师，并带领他们入席；现场 4 名礼仪小姐负责节目单和矿泉水的分发。另外，学习部还要安排人员负责晚会当天的后台工作。

6. 晚会的现场座位安排和秩序维持。纪检部负责维持晚会现场秩序，负责具体安排如下：①在晚会前一周拟制座位表（座位表见附录，有关方面的信息可与学生会办公室联系）。②当天下午 3 点，组织部负责布置会场。③当天下午 6 点，在报告厅门口设嘉宾接待咨询处，人数 4 名，负责引导嘉宾及接受观众的咨询。④当天下午 6 点，在出入口处，设 4 名人员，负责检票，防止场外人员随便进出会场。⑤当天下午 6 点，安排 30 人坐在每排的嘉宾席两侧，防止非嘉宾入座嘉宾席。⑥安排 10 名人员负责晚会现场后台的后勤工作。另外每个环节必须另设一名总负责人，以负责整个现场秩序的维持和协调工作，解决突发事件。

7. 由各部部长组成的主席团负责对文宣部、学习部、纪检部、组织部、外联部和办公室工作的监督、协调和落实。负责整场晚会现场人员的安排和各项事宜的分工，协调各部门的工作，解决突发事件。

注：各部部长应于××月××号前将工作人员名单交干文宣部××处。

十二、经费预算：

1. 晚会前一周的宣传，包括海报、条幅，××元

2. 入场券、节目单、请柬的设计、印刷

入场券：××元/张，××张，计××元

节目单：××元/张，××张，计××元

请柬：××元/张，××张，计××元

3. 现场饮料

瓶装水：××元/箱，1 箱，计××元

4. 现场摄影

胶卷：××元/卷，××卷，计××元

冲洗：××元/张，××张，计××元

刻录光盘：××盘，计××元

翻录光盘：××盘，计××元

5. 荧光棒、爆竹、气球、鲜花，××元

6. 奖品，计××元

7. 其他一切不可知费用，计××元

总计：××元

【分析】本则例文属于××大学迎新晚会活动策划书。标题采用"机关＋事由＋文种"的公文式标题。主体部分写明活动的主题、目的、举办单位、活动时间、地点、形式、内容要求、评分标准、参赛对象、奖项设置、活动的相关准备以及经费预算构成。内容完整，思考周密，对活动的各个环节都做了充分的安排，便于执行。

实训设计

一、填空题

1. _____是指一方当事人为维护或者实现自身的权益，依法向_____提出某种诉讼请求的法律文书。

2. 公民、法人或其他组织，在认为自己的合法权益受到侵害或者与他人发生争议时或者需要确权时，向人民法院提交的请求人民法院依法裁判的法律文书是_____。

3. _____是被告和被上诉人针对起诉的事实和理由或上诉的请求和理由进行回答和辩解的文书。

二、单项选择题

1. 公民、法人或其他组织，在认为自己的合法权益受到侵害或者与他人发生争议时向人民法院提交的请求人民法院依法裁判的法律文书是（　　）。
   A. 行政起诉状　　　　　　　　　B. 刑事自诉状
   C. 民事起诉状　　　　　　　　　D. 仲裁法律文书

2. 起诉状写作的首要原则是（　　）。
   A. 以情感为依据　　　　　　　　B. 以事实为依据
   C. 以关系为依据　　　　　　　　D. 以权力为依据

3. 答辩状的首部包括（　　）。
   A. 标题和当事人基本情况　　　　B. 事实澄清
   C. 原因分析　　　　　　　　　　D. 答辩请求

4. 行政机关或行政机关工作人员的具体行为所涉及的公民、法人或者其他组织向人民法院递交的，请求人民法院对该行为是否合法予以裁决，用以保护当事人合法权益的文书是（　　）。
   A. 公证法律文书　　　　　　　　B. 刑事自诉状
   C. 民事起诉状　　　　　　　　　D. 行政起诉状

5. 由受害人或者他们的代理人，直接向人民法院控告刑事被告人，要求法院追究其刑事责任所递交的书面文书是（　　）。
   A. 律师事务文书　　　　　　　　B. 刑事自诉状
   C. 民事起诉状　　　　　　　　　D. 侦察文书

三、多项选择题

1. 诉状可分为（　　　）。

  A. 行政起诉状　　　　　　　　B. 刑事自诉状

  C. 民事起诉状　　　　　　　　D. 控诉状

2. 答辩状内容包括（　　　）。

  A. 首部　　　　　　　　　　　B. 正文

  C. 尾部　　　　　　　　　　　D. 附件

3. 起诉状必须具备的条件有（　　　）。

  A. 原告必须是与本案有直接利害关系

  B. 必须有明确的被告

  C. 具体的诉讼请求和事实、理由

  D. 属于人民法院受理的范围和受人民法院管辖

四、判断题（正确的打√，错误的打×）

1. 诉状是被告和被上诉人针对起诉的事实和理由或上诉的请求和理由进行回答和辩解的文书。　　　　　　　　　　　　　　　　　　　　　　　　　　（　　　）

2. 起诉状内容包括首部、正文、结尾和附件材料。　　　　　　　（　　　）

3. 刑事自诉状是指公民、法人或其他组织，在认为自己的合法权益受到侵害时向人民法院提交的请求人民法院依法裁判的法律文书。　　　　　　　（　　　）

4. 起诉可以没有明确的被告。　　　　　　　　　　　　　　　　（　　　）

5. 小张侵犯了小红的名誉权，小东知道此事后，向人民法院提出诉讼请求。（　　　）

第三节　自荐书　讲话稿

【案例一】

自 荐 书

尊敬的领导：

  您好！

  首先感谢您抽出时间来阅读我的求职信，本人欲申请贵校音乐舞蹈教师一职。

  本人1988年3岁开始在成都市少年宫学习舞蹈，2004年以全省第二名的成绩考入中央民族大学舞蹈系，并担任班长，所学课程以芭蕾舞、古典舞为主，此外还包括毯子功、少数民族民间舞、蒙古族舞、排练课等。

  在校期间刻苦认真，努力学习，虚心求教，不懂就学，不会就问，因而成绩突出。2001年获得学校文化艺术节集体舞一等奖，2006年荣获贾作光（中国舞蹈家协会主席）奖学金一等奖，2007年以优异的成绩毕业。同年考入中央民族大学舞蹈系攻读硕士学位，所学课程包括芭蕾舞、古典舞、新疆舞、藏族舞、朝鲜舞、蒙古舞、傣族舞、汉族舞、现代舞和其他各少数民族民间舞。在校期间刻苦训练，尊重师长，处处严格要求自己，得到了师生一片好评。同年被选为团支部书记，并于2010年荣获该校第七届舞蹈大赛第八名。在校期间曾多次参加中央电视台、北京电视台举办的晚会演出。

2010年进入福建省厦门市小白鹭民间舞蹈团，担任舞蹈演员一职。在该团工作期间曾参加2012年中央电视台春节联欢晚会、心连心艺术团、山东省国际风筝节、云南世博会和省市级的各种演出。在团期间表现优秀，虚心学习，曾经担当过舞蹈队副队长一职。因此同年被聘为厦门市曲艺舞蹈学校排练课、民族舞教师。

2014年因为工作需要进入广东省深圳市歌舞团，参加了舞剧《拓》和《深圳故事》的排练和演出。

为了进一步提高舞蹈水平，2014年，本人来到乌克兰的基辅进行一年语言学习，同年考入乌克兰基辅国立德拉高曼诺夫师范大学（硕士），学习舞蹈理论、舞蹈教育心理学、舞蹈表演。除专业以外，本人兼学的课程主要还有：现代舞与现代芭蕾舞编导、和声、视唱练耳、曲式分析、装饰音学、心理学、教育学、合唱指挥、指挥分析、现代音乐、高校管理、艺术史、俄罗斯音乐史、乌克兰音乐史、20世纪音乐文化等，均获得优异的成绩。在校期间曾多次参加乌克兰电视台、乌克兰国家大剧院的演出和编创。在90周年基辅国立文化艺术大学校庆演出中，由本人创作的当代舞《军港水手》受到了高度的赞许。于2017年圆满毕业。

2017年下半年，在乌克兰基辅东方语言学院任教，我的乌克兰学生们均以优异的成绩通过考试，深得学院领导的肯定和赞赏。

本人热爱舞蹈，热衷于舞蹈教育事业。如能录用，定当全力以赴，做到最好。

承蒙审阅，深表感激。本人能随时前赴面试。

随信附个人简历表，真诚地期盼您的答复！

  此致

敬礼！

求职人：×××
2018年6月8日

【分析】此篇自荐书介绍了个人的教育背景和所取得的突出成绩。特点突出，个性鲜明。没有华而不实、千篇一律的套话、大话、空话。抓住个人亮点、特色，以简洁的语言将个人的学习经历、所取得的成绩、工作经历、个人爱好、特长展现了出来。

【案例二】

在庆祝记者节表彰大会上的讲话

在全市上下掀起学习贯彻党的××届五中全会精神热潮、加快推进转型跨越发展之际，我们迎来了第12个中国记者节。今天，我们在这里隆重召开庆祝暨表彰大会。在此，我代表市委、市政府向新闻战线的全体同志致以节日的问候，向受到表彰的先进集体和个人表示热烈的祝贺，向所有关心支持新闻事业的各界人士表示衷心的感谢！

多年来，全市广大新闻工作者紧紧围绕市委、市政府中心工作，全力服务改革发展稳定大局，坚持党性原则，把握正确导向，实践"三贴近"，唱响主旋律，为推进"四位一体"发展战略、建设富裕文明和谐社会营造了良好的舆论氛围，做出了突出的贡献！实践证明，我市的新闻队伍是一支政治强、业务精、纪律严、作风硬的队伍，是一支党和人民完全可以信赖的队伍。市委、市政府对你们的工作是满意的，全市人民也是满意的！希望全市的广大新闻工作者进一步发扬成绩，再接再厉，继续为不断加快的转型发展、跨越发展而努力奋斗。为此，提出以下四点希望。

一、把握大局，掀起学习宣传党的××届五中全会精神热潮

新闻战线要把学习宣传党的××届五中全会精神，作为当前的首要政治任务，高点谋划，亮点策划，创新载体、创新手段，大力宣传"十二五"时期经济社会发展的丰硕成果和宝贵经验，深入宣传"十二五"规划的指导思想、基本要求、奋斗目标和具体部署，广泛宣传各地各部门贯彻落实全会精神的工作动态、创新举措、典型经验和实际成效，推动××届五中全会精神家喻户晓、深入人心。要把学习宣传党的××届五中全会精神与学习宣传省委书记袁纯清的重要讲话精神结合起来，与市委推动转型跨越发展的决策部署结合起来，与建设学习型党组织、开展创先争优活动结合起来，联系工作实际，深入研究探讨，切实把学习的过程转化为谋划科学发展的过程，转化为破解发展难题的过程，转化为提升工作水平的过程。

二、围绕中心，积极为转型跨越发展造势鼓劲

当前我市的中心工作就是要加快转型发展跨越发展，努力实现"四个率先"和"五个翻番"。新闻宣传工作要主调鲜明地宣传我市当前和今后一个时期大力弘扬太行精神、实现经济社会转型跨越发展的工作主题，大张旗鼓地宣传深入推进工业新型化、农业现代化、市域城镇化和城乡生态化的新理念新思路，基调昂扬地宣传率先把我市建成全省转型发展示范区、全国高效农业生产基地、全省一流城镇群、全国园林生态城的新做法新举措，广泛深入地宣传"十二五"期间实现GDP、财政收入、固定资产投资和城乡居民收入"五个翻番"的新目标新任务，全力以赴地宣传掀起解放思想、转变作风、提升素质和扶企攻坚、招商引资热潮的新成效新经验，切实推动广大干部群众把思想和行动统一到市委的决策部署上来，把智慧和力量凝聚到"十二五"规划确定的目标任务上来，在全市上下形成围绕转型谋发展、扭住跨越上项目、咬定翻番抓落实的浓厚氛围。

二、强化学习，提高做好新形势下新闻宣传工作的本领

要抓住建设学习型党组织的契机，在新闻战线大兴读书学习之风，自觉把学习作为一种政治责任、一种精神追求、一种生活方式，带着问题学、带着感情学、带着责任学，不断开阔视野、优化知识结构、提高综合素质。要认真学习、深刻领会党的理论创新成果，提高理论素养和理论思维能力。广泛学习经济、政治、文化、科技、社会和国际等各方面知识，积极学习业务技能和专业知识，努力成为新闻宣传业务的行家里手。新闻战线的各级领导干部要发挥模范带头作用，大力推动学习型党组织和学习型领导班子建设，积极为广大新闻工作者开展学习创造条件，尽快培育一批名记者、名编辑、名主持人、名播音员，不断提升我市新闻队伍的整体素质。

四、转变作风，树立新时期新闻工作者的良好形象

要大力弘扬太行精神、右玉精神和纪兰精神，怀百姓情感，写百姓生活，做百姓记者，把版面和荧屏更多地留给基层，把镜头和话筒更多地对准群众，多宣传基层群众的先进典型，多反映平凡人物的工作生活。要认真落实"三贴近"的要求，放下架子、走出庭院楼堂，扑下身子、走进田间工厂，在火热的社会生活中把握时代脉搏，挖掘新闻富矿，不断采写出富有时代气息、群众喜闻乐见的精品力作。要弘扬职业精神，恪守职业道德，坚决杜绝有偿新闻、虚假新闻等不良现象，自觉抵制低俗、庸俗、媚俗的不良风气，以实际行动维护新闻工作者的良好形象。

同志们，新形势蕴含着新机遇，新时代昭示着新希望。全体新闻工作者一定要牢记自身肩负的历史使命和庄严责任，自觉把新闻工作作为记录历史、引领时代的崇高事业，孜孜以求，勤学不息，求真务实，开拓创新，努力创造出无愧于时代、无愧于党和人民、无愧于"无冕之王"光荣称号的新业绩，为实现"四个率先""五个翻番"，再创一个新时代做出新的更大的贡献。

【分析】这是一则在记者节表彰会上的讲话稿。首先讲表彰会召开的时代背景，然后代表市委、市政府对新闻战线及关心支持新闻事业的各界人士表达祝贺和感谢，接着又对新闻工作者所做出的贡献表示肯定和赞许。最后提出四点希望。

实训设计

一、填空题

1. _____是求职者根据用人单位招聘要求，提出自己的求职愿望并介绍自己基本情况、业务水平和职业操守等内容的专用文书。

2. 自荐书的主体内容一般包括求职愿望、_____、工作态度三个方面。

3. 向招聘单位递交自荐书时，应附上_____等材料。

4. _____是在特定场合讲话时所使用的文稿。

5. 自荐信是_____为达到_____目的而撰写的自我介绍和自我推荐的书信，又叫_____。

二、单项选择题

1. 领导讲话稿一般由（　　　）。
   A. 标题、称呼、开头、主体、结尾组成
   B. 标题、称呼、开头、正文、结尾组成
   C. 标题、称呼、开场白、主体、结尾组成
   D. 标题、开场白、开头、主体、结尾组成

2. 对"2014年的工作目标和任务都已经确定"一句分析正确的是（　　　）。
   A. 在讲话稿中用二〇一四表示年份
   B. 在讲话稿中可以用 2014 年表示年份
   C. 在讲话稿中用贰零壹肆表示年份
   D. 在讲话稿中用两千〇四表示年份

3. 讲话稿的内容是由会议的主题和讲话者的身份来决定的，要考虑会议的性质和议题、领导对会议的指示、听众的需求等因素。这说明讲话稿的内容具有（　　　）。
   A. 广泛性　　　　　　　　　　B. 操作性
   C. 宣教性　　　　　　　　　　D. 针对性

4. 有篇《把握机遇，改革创新，全面开创我县国税工作的新局面》讲话稿的开头语是："同志们：春节刚过，我们汇聚一堂，召开全县国税工作会议。借此机会，我代表县局党组向全县国税干部职工问一声新年好，祝愿大家龙年吉祥，万事如

意。"这个开头语使用的方法是（　　　）。

    A. 表明态度，顺势入题　　　　　　B. 开宗明义，表示祝愿

    C. 平铺直叙，介绍背景　　　　　　D. 总结归纳，提纲挈领

5. 一篇讲话稿以事物发展时间为序组织材料，层层深入地开展论述。这样安排主体结构所使用的写作方法是（　　　）。

    A. 递进式　　　　　　　　　　　　B. 并列式

    C. 鱼贯式　　　　　　　　　　　　D. 平铺式

6. 讲话是有时间限制的，表彰大会、通报会、庆典会等讲话篇幅不宜太长，避免喧宾夺主。这段话说明讲话稿具有（　　　）。

    A. 内容的针对性　　　　　　　　　B. 篇幅的规定性

    C. 语言的特定性　　　　　　　　　D. 情感的抑制性

三、多项选择题

1. 讲话稿的开头很重要，寥寥几句就会产生很大作用。其开头的方法有很多，没有固定模式，比较常用的方式有（　　　）。

    A. 平铺直叙式　　　　　　　　　　B. 开宗明义式

    C. 象征比喻式　　　　　　　　　　D. 总结提要式

    E. 表明态度式

2. 领导讲话稿的语言要求（　　　）。

    A. 以书面语为主　　　　　　　　　B. 以口语为主

    C. 介于书面语和口语之间　　　　　D. 精练、准确、通俗、易懂

3. 领导在表彰大会上的讲话稿要求（　　　）。

    A. 篇幅不能太长　　　　　　　　　B. 主题相对可以长一点

    C. 不要喧宾夺主　　　　　　　　　D. 不要夸夸其谈

4. 领导讲话是指各级领导在各种场合讲话的文稿，种类很多。下列各类型中属于讲话稿的是（　　　）。

    A. 传达贯彻型　　　　　　　　　　B. 批评指导型

    C. 法规程序型　　　　　　　　　　D. 自我抒发型

    E. 表彰号召型

5. 常见的讲话稿结尾有（　　　）。

    A. 希望式　　　　　　　　　　　　B. 总结式

    C. 展望式　　　　　　　　　　　　D. 要求式

6. 写作领导讲话稿不同于写作一般应用文，其原因是它具有（　　　）。

    A. 内容的针对性　　　　　　　　　B. 表述的口头性

    C. 受众的现场性　　　　　　　　　D. 词藻的华美性

    E. 知识的广泛性

7. 下列选项中，属于讲话稿的有（　　　）。

    A. 开幕词　　　　　　　　　　　　B. 闭幕词

    C. 群众发言　　　　　　　　　　　D. 领导讲话

8. 讲话稿的主体是（　　　）。

    A. 讲话稿的重点部分　　　　　B. 讲话成功与否的关键

    C. 其结构可以分成条块式　　　D. 要求中心突出

四、判断题（正确的打√，错误的打×）

1. 领导的讲话稿一般由标题、开头、主体、结尾等部分组成。　　　　　　　（　　）

2. 讲话稿开头很重要，寥寥几句就应该产生巨大的艺术魅力。　　　　　　（　　）

3. 讲话稿的主体是讲话稿成功与否的关键。　　　　　　　　　　　　　　（　　）

4. 述职报告、讲话稿、总结、简报等文种属于常用党政公文。　　　　　　（　　）

5. 某讲话稿开头说："这次会议的主要任务是：总结工作，分析形势，落实任务，研究措施……为做好新世纪的全县国税工作而共同奋斗。"该开头概述了会议的主要任务。可见，这里采取的是总结提要式开头。　　　　　　　　　　　　　　　　　　（　　）

6. 讲话稿开头的总的要求是：要能充分调动听众的注意力，并能引出主体内容。

（　　）

7. 领导讲话稿的特点是：内容的针对性、篇幅的规定性，语言要介于书面语和口语之间。　　　　　　　　　　　　　　　　　　　　　　　　　　　　　　　　（　　）

8. 讲话稿也叫发言稿，包括领导讲话和群众发言。　　　　　　　　　　　（　　）

9. 自荐信开头部分写缘由的目的是出于对对方公司的仰慕、向往，以引起对方的兴趣和注意。　　　　　　　　　　　　　　　　　　　　　　　　　　　　　　　（　　）

10. 个人的实践经验是指在社会上的工作经历。　　　　　　　　　　　　（　　）

五、简答题

1. 简述讲话稿与演讲稿的异同。

2. 讲话稿的写作应注意哪些问题？

3. 简述自荐书与个人简历的区别。

六、写作题

1. 请以毕业生身份向用人单位写一份求职自荐书，并附上个人简历及相关证明材料。

2. 请以某领导的名义，为教师节表彰大会写一篇讲话稿。

第四节　感谢信　慰问信　贺信

【案例一】

重阳节慰问信

全县老领导、老同志、老年朋友们：

    又是一年丹桂香，文昌故里迎重阳。值此重阳佳节来临之际，中共越西县委、越西县人民政府向全县离退休老领导、老同志、老年朋友们致以亲切的问候和节日的祝福！向全县支持关心老龄事业发展的社会各界人士表示衷心的感谢！

长期以来，全县老年人始终坚持离岗尽责，充分发挥着个人特有的政治优势、智力优势和经验优势，积极履行参与、监督的权利，倾力投入激情与活力，不断发挥余热，主动为越西各项事业发展建言献策，用智慧、心血和汗水为加快建设美丽繁荣文明和谐新越西贡献力量。越西的跨越发展离不开你们的辛勤付出、主动作为。你们身上所具备的无私奉献、踏实勤奋等优良品德，值得全县广大中青年同志学习。

尊重老同志、学习老同志、关心照顾老同志，是全体干部群众义不容辞的责任。近年来，全县老龄事业在县委、县政府的正确领导下，取得了长足发展，营造了全社会尊老敬老的良好氛围。在今后的工作中，县委、县政府将进一步加大对老龄事业的投入，并继续贯彻落实老年人权益保护法律法规以及政策，加快健全全县老年社会保障以及养老服务体系，大力弘扬尊老敬老的传统美德，倡导全社会形成敬老、爱老、助老的新风尚，让老年人真正体会到"老有所养、老有所医、老有所学、老有所为、老有所乐"。

"莫道桑榆晚，更喜夕阳红。"衷心希望老领导、老同志和老年朋友们一如既往地关心支持越西的发展，积极出谋划策、把脉开方，为越西的脱贫奔康、项目建设、资源开发、招商引资牵线搭桥，共同促进县域经济创新跨越发展，同时，也希望你们与全体干部群众一起结伴作战，为实现2020年全面建成小康社会而共同奋斗。

祝全县老领导、老同志、老年朋友们节日快乐、家庭幸福、身体健康、万事如意！

中共越西县委（印）

越西县人民政府（印）

2018 年 10 月 16 日

【分析】这是一篇在重阳节向全县老同志们表示慰问的信。其首先对全县老同志们表达敬意和节日祝福，然后肯定老同志们在岗位上所做出的贡献，再写对全县老年工作所做出的努力，最后对老年同志们提出希望。

【案例二】

感 谢 信

燕山大学：

2016 年 2 月以来，贵单位坚决贯彻落实党中央和省委精准扶贫、精准脱贫决策部署，选派柴勇等 3 名同志赴我市围场满族蒙古族自治县银窝沟乡来太沟村开展驻村帮扶工作。两年来，驻村工作队积极配合当地党委、政府，坚持扎根基层，履职尽责，真抓实干，为帮扶村早日脱贫摘帽做了大量卓有成效的工作。

脱贫攻坚是一场硬仗，深度贫困地区脱贫是硬仗中的硬仗。面对艰巨的脱贫任务，驻村工作队特别是第一书记柴勇同志坚持迎难而上，聚力攻坚，注重加强党的领导，团结动员群众，汇集内力外力，发展致富产业，探索形成了可圈可点的扶贫经验，充分体现了新时代党员干部信念坚定、担当负责的政治品格，心系群众、为民服务的宗旨观念，善谋发展、狠抓落实的过硬作风，为各级驻村干部树立了榜样。鉴于柴勇同志贡献突出，经市委研究，决定授予柴勇同志三等功奖励，同时他所在的驻村工作队年度考核评为"优秀"等次，并希望贵单位在对优秀驻村干部的成长进步上给予更多的关心关注。

"吃水不忘挖井人"，我市贫困群众生活条件的改善，既是驻村工作队大力帮扶的结果，更得益于派出单位的鼎力支持。真诚希望贵单位一如既往关心承德，对承德发展多提宝贵意见!

　　特发此信,以示诚挚感谢!

中共承德市委组织部(印)

2018 年 5 月

　　【分析】本篇感谢信,首先用概括叙述的语言交代事件的发生、发展过程,叙述清晰自然,条理分明。其次在叙事的基础上对活动的意义及其价值进行评价。最后表达谢意并希望该单位能一如既往地关心驻村干部的成长进步。文章语气热情恳切,文字朴素精练。态度诚恳,情感真挚。

【案例三】

贺　信

重庆市酉阳第一中学:

　　欣闻贵校建校 120 周年华诞,值此喜庆之际,西北农林科技大学向贵校全体师生表示最热烈的祝贺!

　　在龙潭古镇,一代代酉阳一中人,在两甲子的办学实践中,矢志不渝、薪火相传,秉承经院遗风,弦歌不辍、奋勇前进、传承文明。一百多年的实践,坚持了"内涵至上,持续发展"的办学理念和"让学生做成长的主人,为学生终身发展奠基"的办学思想,春华秋实,桃李芬芳,英才辈出,为中华民族的教育事业、为祖国的繁荣富强和社会进步做出了重要贡献!

　　让我们加强联系,相互支持,携手努力,为实现"中国梦"、为中华民族的教育事业做出更大的贡献!

　　望贵校继往开来、发扬传统、创新发展、再创辉煌!

　　祝贵校事业蓬勃发展,全体师生康安如意!

西北农林科技大学(印)

2016 年 9 月

　　【分析】这篇例文是西北农林科技大学祝贺重庆市酉阳一中校庆的贺信。信中先谈得知此喜讯后的愉悦心情,并向全体师生表示热烈的祝贺。接下来简述了该校 120 年来的办学理念和办学思想。最后希望两校联手在教育事业上做出更大贡献,并对酉阳一中未来的发展致以美好祝愿。

实训设计

一、填空题

　　1. 在受到他人的帮助与支持,向对方表示自己的谢意时,所使用的礼仪文书是_____。

　　2. 表示向对方关怀、慰问的礼仪文书是_____。

二、单项选择题

　　1. 对方取得重大成绩、面临重大喜讯或节日、寿辰时,用于表达祝贺之情的专用文书是(　　)。

A. 祝贺信　　　　　　　　　　B. 推荐信

　　C. 感谢信　　　　　　　　　　D. 致歉信

2. 春节期间，中共中央总书记向祖国边防战士致（　　　），表达党中央对边防战士的美好祝愿。

　　A. 祝贺信　　　　　　　　　　B. 慰问信

　　C. 感谢信　　　　　　　　　　D. 聘书

3. 在劳动报创刊 60 周年之际，上海市委领导×× 致（　　　）表示热烈的祝贺和美好的祝愿。

　　A. 祝贺信　　　　　　　　　　B. 慰问信

　　C. 感谢信　　　　　　　　　　D. 海报

三、多项选择题

1. 祝贺信的主体内容一般由（　　　）构成。

　　A. 表达祝贺之情　　　　　　　B. 歌颂成就

　　C. 表达谢意　　　　　　　　　D. 致以美好祝愿

2. 慰问信的主体内容包括（　　　）。

　　A. 简述基本情况　　　　　　　B. 表达慰问、希望或祝福

　　C. 慰问缘由　　　　　　　　　D. 表达诚挚谢意

3. 感谢信、慰问信与祝贺信三种文书的基本格式都与书信格式相近，都包括（　　　）等要素。

　　A. 标题　　　　　　　　　　　B. 称呼

　　C. 正文　　　　　　　　　　　D. 落款

四、判断题（正确的打√，错误的打×）

1. 慰问信是在受到他人帮助与支持时，向对方表示自己的谢意的礼仪文书。（　　　）

2. 祝贺信是向对方表示关怀、慰问的礼仪文书。（　　　）

3. 感谢信是对方取得重大成绩、面临重大喜讯或节日、寿辰时，用于表达祝贺之情的专用文书。（　　　）

4. 感谢信的主体内容由简述基本事实、强调帮助意义与表达诚挚谢意三部分构成。

（　　　）

5. 教师节来临之际，各级领导致慰问信向辛勤工作的全体教师致以节日的问候和崇高的敬意！（　　　）

五、简答题

1. 简述感谢信与贺信的异同。

2. 简述慰问信与贺信的异同。

六、写作题

1. 唐×× 于 2018 年荣获重庆市教育系统先进个人荣誉称号，请你致信表示祝贺。

2. 请以×× 校长名义在七一表彰大会上致辞。

3. 根据以下材料，以刘群家长刘得华的名义给贵阳工商学院写一封感谢信。

据 6 月 20 日《贵阳日报》报道，贵阳工商学院管理系大二学生刘群不久前被确诊患了白血病，急需治疗费 30 多万元，刘群家长焦急万分。得知这一消息后，工商学院从领导到广大师生纷纷主动捐款，伸出援助之手。近日，在《爱的奉献》的歌声中，工商学院的领导将全校捐助的 5 万元交给了刘群的家长刘得华。刘得华万分感激。

要求：①写明对方帮助的原因、事实及意义。②语言要符合双方的身份，感情要真诚，表达谢意的行为要切实可行。③格式要正确，文字要精练，正文不少于 200 字。

第五节　规章　办法

【案例一】

防范和惩治统计造假、弄虚作假督察工作规定

第一条　为了构建防范和惩治统计造假、弄虚作假督察机制，推动各地区各部门严格执行统计法律法规，确保统计数据真实准确，根据《关于深化统计管理体制改革提高统计数据真实性的意见》《统计违纪违法责任人处分处理建议办法》等有关规定和《中华人民共和国统计法》《中华人民共和国统计法实施条例》等法律法规，制定本规定。

第二条　统计督察必须坚持以习近平新时代中国特色社会主义思想为指导，全面贯彻党的十九大和十九届二中、三中全会精神，牢固树立政治意识、大局意识、核心意识、看齐意识，坚持和加强党的全面领导，坚持稳中求进工作总基调，坚持新发展理念，紧扣我国社会主要矛盾变化，按照高质量发展的要求，围绕统筹推进"五位一体"总体布局和协调推进"四个全面"战略布局，聚焦统计法定职责履行、统计违纪违法现象治理、统计数据质量提升，注重实效、突出重点、发现问题、严明纪律，维护统计法律法规权威，推动统计改革发展，为经济社会发展做好统计制度保障。

第三条　根据党中央、国务院授权，国家统计局组织开展统计督察，监督检查各地区各部门贯彻执行党中央、国务院关于统计工作的决策部署和要求、统计法律法规、国家统计政令等情况。

第四条　国家统计局负责统筹、指导、协调、监督统计督察工作，主要职责是制定年度督察计划，批准督察事项，审定督察报告，研究解决督察中存在的重大问题。国家统计局统计执法监督局承担统计督察日常工作。

国家统计局通过组建统计督察组开展统计督察工作，统计督察组设组长、副组长，实行组长负责制，副组长协助组长开展工作。

第五条　统计督察对象是与统计工作相关的各地区、各有关部门。重点是各省、自治区、直辖市党委和政府主要负责同志和与统计工作相关的领导班子成员，必要时可以延伸至市级党委和政府主要负责同志和与统计工作相关的领导班子成员；国务院有关部门主要负责同志和与统计工作相关的领导班子成员；省级统计机构和省级政府有关部门领导班子成员。

第六条　对省级党委和政府、国务院有关部门开展统计督察的内容包括：

（一）贯彻落实党中央、国务院关于统计改革发展各项决策部署，加强对统计工作的组织领导，指导重大国情国力调查，推动统计改革发展，研究解决统计建设重大问题等情况。

（二）履行统计法定职责，遵守执行统计法律法规，严守领导干部统计法律底线，依

法设立统计机构，维护统计机构和人员依法行使统计职权，保障统计工作条件，支持统计活动依法开展等情况。

（三）建立防范和惩治统计造假、弄虚作假责任制，问责统计违纪违法行为，建立统计违纪违法案件移送机制，追究统计违纪违法责任人责任，发挥统计典型违纪违法案件警示教育作用等情况。

（四）应当督察的其他情况。

对市级及以下党委和政府、地方政府有关部门，可以参照上述规定开展统计督察。

第七条　对各级统计机构、国务院有关部门行使统计职能的内设机构开展统计督察的内容包括：

（一）贯彻落实党中央、国务院关于统计改革发展各项决策部署，完成国家统计调查任务，执行国家统计标准和统计调查制度，组织实施重大国情国力调查等情况。

（二）履行统计法定职责，遵守执行统计法律法规，严守统计机构、统计人员法律底线，依法独立行使统计职权，依法组织开展统计工作，依法实施和监管统计调查，依法报请审批或者备案统计调查项目及其统计调查制度，落实统计普法责任制等情况。

（三）执行国家统计规则，遵守国家统计政令，遵守统计职业道德，执行统计部门规章和规范性文件，落实各项统计工作部署，组织实施统计改革，加强统计基层基础建设，参与构建新时代现代化统计调查体系，建立统计数据质量控制体系等情况。

（四）落实防范和惩治统计造假、弄虚作假责任制，监督检查统计工作，开展统计执法检查，依法查处统计违法行为，依照有关规定移送统计违纪违法责任人处分处理建议或者违纪违法问题线索，落实统计领域诚信建设制度等情况。

（五）应当督察的其他情况。

对国务院有关部门行使统计职能的内设机构开展统计督察的内容还包括：依法提供统计资料、行政记录，建立统计信息共享机制，贯彻落实统计信息共享要求等情况。

对地方政府有关部门行使统计职能的内设机构，可以参照上述规定开展统计督察。

第八条　统计督察主要采取以下方式进行：

（一）召开有关统计工作座谈会，听取被督察地区、部门遵守执行统计法律法规、履行统计法定职责等情况汇报。

（二）与被督察地区、部门有关领导干部和统计人员进行个别谈话，向知情人员询问有关情况。

（三）设立统计违纪违法举报渠道，受理反映被督察地区、部门以及有关领导干部统计违纪违法行为问题的来信、来电、来访等。

（四）调阅、复制有关统计资料和与统计工作有关的文件、会议记录等材料，进入被督察地区、部门统计机构统计数据处理信息系统进行比对、查询。

（五）进行遵守执行统计法律法规等情况的问卷调查，开展统计执法"双随机"抽查，赴被督察地区、部门进行实地调查了解。

（六）经国家统计局批准的其他方式。

第九条　统计督察工作一般按照以下程序进行：

（一）制订方案。国家统计局根据具体任务组建统计督察组，确定统计督察组组长、副组长、成员，明确督察组及其成员职责。统计督察组根据其职责制定实施方案，明确督察目的、对象、内容、方式、期限等。

（二）实地督察。统计督察组赴有关地区、部门督察前应当先收集了解督察对象有关统计工作的基本情况，并向被督察地区、部门送达统计督察通知书。统计督察组到达后应当向被督察地区、部门通报督察内容，严格按照督察实施方案开展督察。

（三）报告情况。统计督察组实地督察结束后应当在规定时间内形成书面督察报告以及督察意见书，经与督察对象沟通后，向国家统计局报告督察基本情况，反映发现的统计违纪违法问题，提出处理建议。

第十条　国家统计局应当及时听取统计督察组的督察情况汇报，研究提出处理意见。对涉及有关国家工作人员涉嫌统计违纪违法、应当依纪依法给予处分处理的，按照有关规定办理。

第十一条　国家统计局应当及时向被督察地区、部门反馈相关督察情况，指出有关统计工作问题，有针对性地提出整改意见，将督察意见书提供给被督察地区、部门，并将督察报告以及督察意见书移交中央纪委国家监委、中央组织部。其中，对各省、自治区、直辖市党委和政府以及国务院有关部门的督察意见应当报经党中央、国务院同意后再反馈。统计督察情况应当以适当方式向社会公开。

第十二条　被督察地区、部门收到统计督察组反馈意见后，应当对存在的问题认真整改落实，并在3个月内将整改情况反馈给国家统计局。国家统计局应当以适当方式监督整改落实情况。

第十三条　督察中发现统计违纪违法问题和线索的，按照《统计违纪违法责任人处分处理建议办法》有关规定办理。

第十四条　国家统计局每年年初应当向党中央、国务院报告上年度统计督察情况。

第十五条　被督察地区、部门应当支持配合统计督察工作。被督察地区、部门领导班子成员应当自觉接受统计督察监督，积极配合统计督察组开展工作。督察涉及的相关人员有义务向统计督察组如实反映情况。

第十六条　被督察地区、部门及其工作人员违反规定不支持配合甚至拒绝、阻碍和干扰统计督察工作的，应当视为包庇、纵容统计违纪违法行为，依照有关规定严肃处理。

第十七条　统计督察组应当坚持实事求是，深入调查研究，全面准确了解情况，客观公正反映问题。

统计督察工作人员应当严格遵守政治纪律、组织纪律、廉洁纪律、工作纪律等有关纪律要求，有下列情形之一的，视情节轻重，给予批评教育、组织处理或者党纪政务处分；涉嫌犯罪的，移送有关机关依法处理：

（一）对统计造假、弄虚作假问题瞒案不报、有案不查、查案不力，不如实报告统计督察情况，甚至隐瞒、歪曲、捏造事实的。

（二）泄露统计督察工作中知悉的国家秘密、商业秘密、个人信息及其工作秘密的。

（三）统计督察工作中超越权限造成不良后果的。

（四）违反中央八项规定精神，或者利用统计督察工作便利，谋取私利或者为他人谋取不正当利益的。

（五）有其他违反统计督察纪律行为的。

第十八条　国家统计局根据本规定制订具体实施办法。

第十九条　本规定由国家统计局负责解释。

第二十条　本规定自2018年8月24日起施行。

【分析】该例文属于规章中的规定。第一条说明制定本规定的目的和依据，然后写明本规定的指导思想、工作原则、工作内容、工作方式、工作程序、处理决定等内容，最后是生效日期。条理清晰，简洁具体。

【案例二】

中华人民共和国消防救援衔标志式样和佩带办法

第一条　根据《中华人民共和国消防救援衔条例》的规定，制定本办法。

第二条　消防救援人员佩带的消防救援衔标志必须与所授予的消防救援衔相符。

第三条　消防救援人员的消防救援衔标志：总监、副总监、助理总监衔标志由金黄色橄榄枝环绕金黄色徽标组成，徽标由五角星、雄鹰翅膀、消防斧和消防水带构成；指挥长、指挥员衔标志由金黄色横杠和金黄色六角星花组成；高级消防员、中级消防员和初级消防员中的三级消防士、四级消防士衔标志由金黄色横杠和金黄色徽标组成，徽标由交叉斧头、水枪、紧握手腕和雄鹰翅膀构成，预备消防士衔标志为金黄色横杠。

第四条　消防救援衔标志佩带在肩章和领章上，肩章分为硬肩章、软肩章和套式肩章，硬肩章、软肩章为剑形，套式肩章、领章为四边形；肩章、领章版面为深火焰蓝色。消防救援人员着春秋常服、冬常服和常服大衣时，佩带硬肩章；着夏常服、棉大衣和作训大衣时，管理指挥人员、专业技术人员佩带软肩章，消防员佩带套式肩章；着作训服时，佩带领章。

第五条　总监衔标志缀钉一枚橄榄枝环绕一周徽标，副总监衔标志缀钉一枚橄榄枝环绕多半周徽标，助理总监衔标志缀钉一枚橄榄枝环绕小半周徽标。

指挥长衔标志缀钉二道粗横杠，高级指挥长衔标志缀钉四枚六角星花，一级指挥长衔标志缀钉三枚六角星花，二级指挥长衔标志缀钉二枚六角星花，三级指挥长衔标志缀钉一枚六角星花。

指挥员衔标志缀钉一道粗横杠，一级指挥员衔标志缀钉四枚六角星花，二级指挥员衔标志缀钉三枚六角星花，三级指挥员衔标志缀钉二枚六角星花，四级指挥员衔标志缀钉一枚六角星花。

高级消防员衔标志缀钉一枚徽标，一级消防长衔标志缀钉三粗一细四道横杠，二级消防长衔标志缀钉三道粗横杠，三级消防长衔标志缀钉二粗一细三道横杠。

中级消防员衔标志缀钉一枚徽标，一级消防士衔标志缀钉二道粗横杠，二级消防士衔标志缀钉一粗一细二道横杠。

初级消防员衔标志中，三级消防士衔标志缀钉一枚徽标和一道粗横杠，四级消防士衔标志缀钉一枚徽标和一道细横杠，预备消防士衔标志缀钉一道加粗横杠。

第六条　消防救援人员晋升或者降低消防救援衔时，由批准机关更换其消防救援衔标志；取消消防救援衔的，由批准机关收回其消防救援衔标志。

第七条　消防救援人员的消防救援衔标志由国务院应急管理部门负责制作和管理。其他单位和个人不得制作、仿造、伪造、变造和买卖、使用消防救援衔标志，也不得使用与消防救援衔标志相类似的标志。

第八条　本办法自公布之日起施行。

【分析】该例文属于办法，首先说明制定本办法的依据，然后对消防救援人员的消防救援衔标志进行具体说明，最后是生效日期。本办法细致、具体，易于操作、执行与识别。

实训设计

一、填空题

1. 规章制度是党和国家_____的具体化，具有法定的_____和行政的_____。
2. 规章制度在语言表达上应当力求_____、_____、_____和_____，不能有歧义。

二、单项选择题

1. 规章制度具有相对稳定性和（   ）的特点。
   A. 约束性　　　　　　　　　　　B. 公开性
   C. 程序性　　　　　　　　　　　D. 计划性

2. 规章制度的正文都由三部分构成，它们是（   ）。
   A. 章、条、款　　　　　　　　　B. 条、款、项
   C. 总则、分则、附则　　　　　　D. 序言、主体、附文

3. 规章制度说明制定目的、根据等内容的部分称（   ）。
   A. 总则　　　　　　　　　　　　B. 分则
   C. 附则　　　　　　　　　　　　D. 细则

4. 对某一项工作作比较具体的规定的规章制度称（   ）。
   A. 条例　　　　　　　　　　　　B. 规定
   C. 办法　　　　　　　　　　　　D. 细则

5. 某学院制定的《本科毕业生学士学位授予暂行条例》在规章体系中属于（   ）类别。
   A. 法律　　　　　　　　　　　　B. 行政法规
   C. 规章　　　　　　　　　　　　D. 地方性法规

6. 规章制度根据内容需要可分为编、章、节、条、款、项、目七个层次，其中最基本的层次是（   ）。
   A. 章　　　　　　　　　　　　　B. 条
   C. 款　　　　　　　　　　　　　D. 项

7. 卫生部颁发的《禁止食品加药卫生管理办法》在规章制度体系中属于（   ）。
   A. 法律　　　　　　　　　　　　B. 行政法规
   C. 规章　　　　　　　　　　　　D. 地方性法规

8. 规章制度的总则，一般要撰写（   ）。
   A. 根据、目的或意义、适用范围、主管部门
   B. 实施程序与方式、修改权、解释权的归属
   C. 要实施的非概括性的具体条款
   D. 制度概况和生效时间

9. 对某一方面的工作作部分规定的规章制度称（   ）。
   A. 条例　　　　　　　　　　　　B. 规定
   C. 办法　　　　　　　　　　　　D. 细则

10. 规章制度制定者为执行者因时因地制宜着想而拟订的控制在规章制度主旨以内的具有一定伸缩幅度的条款称（　　）。
　　A. 规定性条款　　　　　　　　　B. 禁止性条款
　　C. 灵活性条款　　　　　　　　　D. 理解性条款

11. 条例通常由（　　）构成。
　　A. 开头、主体、结尾　　　　　　B. 标题、正文、落款
　　C. 标题、签署、正文　　　　　　D. 标题、正文、日期

12. 对已有的文件进行解释、补充，使之具体化的规章制度称（　　）。
　　A. 条例　　　　　　　　　　　　B. 规定
　　C. 办法　　　　　　　　　　　　D. 细则

13. 补全标题：《国务院关于老干部离职休养的暂行（　　）》。
　　A. 规定　　　　　　　　　　　　B. 办法
　　C. 条例　　　　　　　　　　　　D. 制度

14. 补全标题：《广东省经济特区（　　）》。
　　A. 规定　　　　　　　　　　　　B. 办法
　　C. 条例　　　　　　　　　　　　D. 制度

三、写作题

1. 制订一份大学生课堂管理办法。
2. 制订一份学生考勤制度。

第四章 >>>

研究性应用文书写作

【学习目的】

了解毕业论文以及申论写作的基本知识，掌握调查报告的写作方法。

【内容提要】

本章主要介绍调查报告、毕业论文以及申论的基本知识。

调查报告是"调查"的简称，是对某一现象、某一事件或某一问题进行深入细致的调查，进而对调查所得材料进行认真分析研究之后写成的反映调查研究成果、揭示事物本质和规律的事务文书。

调查报告具有决策依据作用、宣传启示作用、揭露问题作用、澄清真相作用。

调查报告具有客观性、针对性、典型性、叙议结合等特点。

调查方法有普遍调查法和非普遍调查法（典型调查、重点调查、个案调查、抽样调查等）。

调查方法有观察法、问卷法、实验法。

调查报告的主体通常包括基本情况、分析或预测、建议或对策三部分。

毕业论文是毕业生总结性的独立作业，是学生运用在校学习的基本知识和基础理论去分析、解决一两个实际问题的实践锻炼过程，也是学生在校学习期间学习成果的综合性总结，是整个教学活动中不可缺少的重要环节。

毕业论文写作主要由选题、搜集文献、综述写作、主体写作几部分构成。

申论是就所给材料提出观点并阐发议论。

第一节　调查报告

【案例】

2017 年全国新能源汽车调研报告（节选）

一、全年推广政策概述

2017 年，新能源汽车产销均接近 80 万辆，分别达到 79.4 万辆和 77.7 万辆，同比分别增长 53.8％和 53.3％，产销量同比增速分别提高了 2.1 和 0.3 个百分点。2017 年新能源汽车市场占比 2.7％，比上年提高了 0.9 个百分点。

2017 年，全国共有 27 个省份和 77 个城市分别出台 49 项新能源汽车补贴政策、73 项电动汽车充电新政、84 项新能源汽车产业政策。

2017 年出台补贴政策的省份大部分集中在中南部和沿海一带等全国经济发达地区。广东与江苏两省对新能源汽车推广补贴政策相对健全，全年出台配套政策均超过 20 款。

2017 年，全国共有 12 省市的新能源汽车补贴比例达到 1：0.5。其中，浙江 50% 以上的城市、江苏近 80% 的城市发布了相关补贴政策。

地方政府是新能源汽车推广应用的主体，地区的探索经验也将推动我国新能源汽车产业的快速发展。

积极探索地方置换补贴政策：目前，传统燃油车市场较广，更新置换比例较大，这为新能源汽车置换留有较大空间。

鼓励补贴挂钩基础设施配套政策：加快充电桩的建设过程，建议地方出台充电基础奖励政策下，将购置补贴申请与充电桩建设挂钩。

优化指标配置支持私人领域：随着部分地区公交和出租车的市场逐渐饱和，建议各地加快研究鼓励购买新能源汽车的激励措施，优化本地指标配置。

搭建地方补贴申报审批系统：在"骗补"问题发生后，加强本地补贴审核，加强对地方新能源企业的监管力度，积极搭建对接监控平台，对车辆实时监控。

……

（资料来源：http://www.sohu.com/a/220352641_377294）

【分析】该例文是有关新能源汽车的调查报告。首先对全年的推广政策进行概述。后续的正文主要从全国各地区的政策推广、地方补贴政策、限牌城市推广措施等方面进行报告。该调查报告采用文图对应的方式，既直观又醒目。

实训设计

一、填空题

1. _____是对某一现象、某一事件或某一问题进行深入细致的调查，进而对调查所得材料进行认真分析研究之后写成的反映调查研究成果、揭示事物本质和规律的事务文书。

2. 调查报告，实际上是调查研究报告的简称。因此，它的写作过程包含三个环节：_____、_____、_____。

二、单项选择题

1. 写作调查报告的一条毋庸置疑的准则是（　　　）。
   A. 罗列事实　　　　　　　　B. 用事实说话
   C. 用观点说话　　　　　　　D. 条列观点

2. 写好一篇调查报告的决定性基础是（　　　）。
   A. 大量占有材料　　　　　　B. 用典型材料阐明观点
   C. 认真分析研究材料　　　　D. 注意表达方式

3. 调查报告的复式标题由主题和副题组成，其中副题用于（   ）。

    A. 概括调查的主旨或所要回答的问题

    B. 概括调查的情况和过程

    C. 标明调查的范围和方法

    D. 概括调查报告对象及其内容和文体

4. 写作调查报告，在表达方式上，要做到（   ）。

    A. 只叙不议   B. 只议不叙

    C. 议多叙少   D. 叙议结合

5. 调查报告的复式标题由主题和副题组成，其中主题用于（   ）。

    A. 概括调查的主旨或所要回答的问题

    B. 概括调查的情况和过程

    C. 标明调查的范围和方法

    D. 概括调查报告对象及其内容和文体

三、多项选择题

1. 可使用主副标题的文种有（   ）。

    A. 通知   B. 纪要   C. 公告   D. 调查报告

2. 调查报告有多种分类方法。按照它所发挥的作用，可分为（   ）。

    A. 基本情况的调查报告   B. 典型经验的调查报告

    C. 专题调查报告   D. 澄清事实的调查报告

    E. 揭露问题的调查报告

3. 调查报告的正文组成部分一般有（   ）。

    A. 标题   B. 前言   C. 主体   D. 结尾

四、判断题（正确的打√，错误的打×）

1. 调查报告是为工作需要和特定目的而撰写的，因此，作者应该带有很强的主观因素，应该将这种主观因素掺入所选的材料和所得的结论中去。   （   ）

2. 调查报告中所谓的"用事实说话"，并非等于罗列许多事实，而是经过筛选，用最能反映事物本质的、具有代表性的、说服力强的典型材料去说话。   （   ）

3. 调查报告的针对性强，要针对人们普遍关心的事情或者亟待解决的问题而撰写。

    （   ）

4. 调查报告要揭示事物的规律性，写作时要尽量避免观点"先入为主"，即先有结论，再根据这些结论去寻找相关事实而"填空"。   （   ）

5. 所谓调查报告，是调查者为了工作需要和特定目的对某一事物、问题或事件进行调查研究后，通过分析、加工，利用调查材料和研究结论整理撰写出来的书面报告。

    （   ）

6. 调查报告叙述的材料内容，必须具有绝对的客观性。   （   ）

五、简答题

1. 简述调查报告的含义、特点及其作用。
2. 简述调查报告与工作报告的区别。
3. 写作调查报告应该注意哪些问题？

六、写作题

设计、制作一份大学生读书现状的调查问卷，实施调查并撰写调查报告。

第二节　毕业论文

（案例略）

第三节　申论

【案例】

2018 年国家录用公务员考试申论真题卷

一、注意事项

1. 本题本由给定资料和作答要求两部分构成。考试时限为 180 分钟。其中，阅读给定资料参考时限为 50 分钟，作答参考时限为 130 分钟。满分为 100 分。

2. 请用黑色字迹的钢笔或签字笔在题本、答题卡指定位置上填写自己的姓名、准考证号，并用 2B 铅笔在答题卡上填涂准考证号对应的数字栏。

3. 请用黑色字迹的钢笔或签字笔在答题卡指定区域内作答，超出答题区域的作答无效！

4. 待监考人员宣布考试开始后，才可以开始答题。

5. 所有题目一律使用现代汉语作答，未按要求作答的，不得分。

6. 当监考人员宣布考试结束时，考生应立即停止作答，并将题本、答题卡和草稿纸都翻过来放在桌上。待监考人员确认数量无误、允许离开后，方可离开。

严禁折叠答题卡！

二、给定资料

资料 1

位于 R 市郊西隅的沙坝村，总面积约 10 平方千米，山清水秀，历史悠久。

1980 年前后，家庭联产承包责任制开始在中国广大农村推行。中共中央《关于加快农业发展若干问题的决定》《关于进一步加强和完善农业生产责任制的几个问题》等有关"包产到户""包干到户"的文件一层层传达下来，但沙坝村仍没有变革的迹象，人们还在观望。时任大队书记的杨某回忆说："那时候土地、山林还有各种财产都是国家（集体）的，国家的东西，哪个敢随便动！"

到了 1981 年底，沙坝村把耕地按好、中、差进行了搭配，然后按人口平均发包给村民，完成"分田到户"，第一轮家庭联产承包责任制在沙坝村初步落实。从此，在土地所有权不变的情况下，村民对于承包地有了经营权、使用权。当时的规定是：所有承包地土地，不许出租、买卖；不许在承包地上建房、烧砖瓦等。虽然承包时大队已经确定承包期是 3 至 5 年，但是，村民中仍有人怀疑分田到户不长久，会不会"今天分下去，明天又收回来"。直到 1984 年的中央一号文件提出"土地承包期一般应在十五年以上"，村民们的忧虑才初步解除。而后中央提出的"为了稳定土地承包关系，鼓励农民增加投入，提高土地的生产率，在原定的耕地承包期到期之后，再延长三十年不变"，算是给农民吃了"定心丸"。为了给农民稳定的土地承包经营预期，党的十九大报告明确提出"保持土地承包关系稳定并长久不变，第二轮土地承包到期后再延长三十年"。

资料 2

L 村位于某省中北部沿海平原区，粮食作物以小麦、玉米为主，冬小麦与夏玉米一年两季轮作，经济作物以苹果为主。L 村的土地分为两类，一是"围庄地"，在村庄周边，有较好的水利条件；二是"洼子地"，离村庄远，水利条件较差。与全国大多数村庄一样，L 村也在 20 世纪 90 年代中后期根据当时的政策完成了"二轮土地承包"。L 村把全村土地分成两份，一份为各户承包的人口地；另一份为机动地。机动地主要用于给新增加的人口增地。

与其他村庄二轮承包普遍执行的"增人不增地，减人不减地"的土地政策不同的是，L 村在机动地上实行"增人增地但减人不减地"的办法。自二轮土地承包以来，L 村的人口增减变化将近百人。L 村给新增加的人口分配土地先从位置、水利条件较好的围庄地开始，围庄地分完之后，新增加的人口就只能分到洼子地了。到了 2014 年，预留的机动地全部分配完了，"增人增地但减人不减地"的办法也就难以为继了。

村民李某在二轮承包时家里只有他们夫妇和未成年的儿子，多年后儿子娶妻生子，都没赶上村里分地，一家 6 个人种着 3 个人的地，收入窘迫。特别是每当看到邻居张某家 2 个人种着 9 个人的地时，颇有怨言："明显不公平，就应收回重分。"但张某对他的话却不完全认同："我家地多人少是事实，可二轮续包的时候就是这样，30 年不变也是国家规定的。"

与李某、张某想要地、想种地不同，L 村还有不想要、不想种地的人。76 岁的万老汉，家里有 6 亩地，儿子和孙子都在外地打工、上学。每年的秋收季节都是万老汉最发愁的时候，繁重的劳动都得雇人帮忙。他想把地流转出去，但因为地比较零散，收益也不高，流转很是困难。村里和万老汉情况差不多的还有二十多人。近几年一直在外地打工的王某说："种地费时费力不说，农忙时回家打理，请假还要被扣工资，不合算。这两年一直是托付亲戚来种地，没什么收益，明年也不想这么干了。"此外，村里还有 10 户完全脱离农业的家庭，因为各种原因，他们承包的土地大多撂荒了。

现任村支书告诉记者说，村里二轮承包后一直没进行土地调整，这是因为国家对土地调整有政策，明确提出"小调整、大稳定的前提是稳定"。"小调整"的间隔期最短不得少于 5 年，而且"小调整"只限于人地矛盾突出的个别农户。2006 年因为村民的承包地占用量与家庭人口不均衡，村里曾有过一次调整的打算，村委会研究决定：凡是人口减少以及已经迁往城镇落户的农户，其承包的土地份额一律收回，另行发包给新增人口的农户。村民石某因妻子去世而被收回了 2 亩地。石某不服，将村委会告上法庭，要求返还被收走的土地。法院经审理认为，2003 年实施的《农村土地承包法》确立了"承包土地以户为单位，减人不减地"的原则。根据该法律，家庭承包经营权的主体是农户整体，而不是家庭成员个体。只要承包方的家庭还有人在，土地就是不能收回。只有在承包经营的家庭消亡，或承包方全家迁入设区的市并转为非农户口的情况下，发包方才可以收回承包地。如果承包方自愿放弃承包地，则应提前半年提出申请。最后法院判决村委会返还石某土地。石某这一告，那次土地调整就没往下进行。后来，国家对土地调整的限制越来越严格，多次强调"承包期内，发包方不得调整承包地""现有土地承包关系要保持稳定并长久不变"。

2016 年春天，李某和一些农户以土地承包量有失公平为由找到了当地政府，要求调整。这一诉求得到了政府的支持。面对这种局面，村支书无奈地说："这样一来，我们的压力很大，看来村里的土地调整也不是一个简单的事。"

资料 3

据有关部门统计，到 2016 年底，中国大陆城镇常住人口已达 79298 万，比 2015 年末增加 2182 万人，城镇人口占总人口比例为 57.35%。随着中国城市化进程的加快，大量农村人口拥入城市。

李奶奶是几年前从农村来到××市的。离开了广袤无垠的田野，住进了层层叠叠、密密麻麻单元楼的瑞丽花园小区。舒适的住所、单调的生活、陌生的邻里，李奶奶过得并不开心，觉得自己被压得"喘不过气来"，她几乎每天都要坐公交车穿过喧闹的街区到城郊的公园里活动活动筋骨，想法子找人说说话。

瑞丽花园小区是××市近年来新开发的商品房小区，位于市区两大主要交通干线的交会处。因位置邻近商业中心，地价昂贵，住宅楼比较密集。为了体现其景观的生态性，小区内有一条人工河道蜿蜒而过，把小区的空地分割成大小不一的碎片。河边花香草绿，绿柳成荫，不少凉亭假山点缀其间。但仔细观察便可发现，小区里可供居民活动健身的空地却十分有限，最大的一块空地，只能容纳 30 人共同活动。每次看到"芳草青青、留心脚下"的木牌时，李奶奶总免不了要唠叨一句"景有了，可人没了"。事实上，小区内也建有设备完善、宽敞明亮的室内舞蹈室、羽毛球馆及各类文体活动室。但羽毛球馆和健身房是不对社区居民免费开放的，需要居民办理会员卡。舞蹈室在有对外演出活动时用于排练使用，平时都上着锁。其他文体活动室都有一定的开放时限，利用起来并不方便。

离瑞丽花园小区不远的南平巷地区是一个具有完整元代胡同院落肌理、文化资源丰富的棋盘式传统民居区，迄今还有两万多名居民生活在此。

已经在此生活 20 多年的康阿姨对记者说，当初这里特别清净，没有商业化，更没有这么多的游客。可是到了 2006 年进行商业开发以后，南平巷变了样子，喧哗的酒吧、随意改建的建筑物、各种小吃店、水果摊占道经营。人流量和车流量骤增，传统的文化气息荡然无存。近两年来，因为这里的居住环境条件每况愈下，商品价格不断攀升，老住户纷纷外迁，老宅成了外来人口的聚集地。

在如何把握历史文化保护、商业发展和居民人居环境三者之间的关系问题上，业内人士认为，彻底停止商业，或者迁走所有居民，都不是良策。因为，××市的"根"就在这些胡同里，在这些居民的身上。

最近，一则消息让××市居民颇为兴奋。一座包含超大的绿地，融合生态、文化、休闲等多种功能，面积近两平方千米的文化公园将在中心城区一块被认为最具开发价值的"潜力板块"破土动工。专业人士认为，公园不只是供市民休闲娱乐的实体，同时也包含丰富的人文意义和文化价值。对一个好的城市公共场所而言，"建设"只是一个基础，其塑造和养成不只在"造景"，更要借此"化人"。随着空间的变化，人们对城市的观感会变，对城市的体验度会变，相应地，城市治理的思路要变。拿出黄金地块做公园，提供的是场所，面向的是全体市民，彰显的是城市价值。每个在这里生活、工作的市民，都能感受到这座城市带给他们的幸福感、归属感和安全感。在强调"共享"发展理念的当下，这意味着城市治理观念的一次重大转变。

资料 4

17 世纪的巴黎，一座桥梁扮演了今天埃菲尔铁塔的角色，这就是新桥。巴黎人，无论贫富，都很快接受了新桥。王公贵族们突破正统的束缚，在桥上纵情享乐，贫困的巴黎人，也来这里躲避夏日的炎热，不同层次的人在这里交流接触，新桥成为社会平衡器。

新桥就好像是一个"新闻发布中心"。当时的资料显示，只要在新桥张贴消息广告，很快就能聚拢大批人阅览。巴黎人可以在这里了解巴黎发生的大事小事，各种消息都会在人群中迅速传开。此外，一些反映社会现象的歌曲也在此广泛传播，以至于产生了许多"新桥歌手"。作家赛维涅侯爵夫人认为"是新桥创作了这些歌"。而这些歌曲也只是冰山一角。在 17 世纪 30 年代专业剧场诞生之前，新桥还一直是巴黎戏剧的中心。正如一幅 17 世纪 60 年代的绘画所示，演员们在临时搭建的舞台上表演，各行各业的人聚集在周围，甚至凑到舞台底下。露天表演是造成新桥交通拥堵的一个原因，另外一个更重要的原因便是桥上的购物活动，新桥一竣工，街头市场就出现了，各种新奇的东西这里都可以找到。没有人会预料到，这座桥会成为各色人为不同目的而争夺的空间。

在十几年前的圣保罗，经常可以看到富人区被高高的院墙和铁丝网包围、门口警卫森严的景象。其原因是贫富差异过大，富人为了寻求安全导致居住空间分异。贫困区税收锐减，政府提供的警力、学校、医院等公共服务质量下降，这又促使一些中等收入的家庭迁走，公共空间迅速衰败。一些人为了生存针对富人下手，或偷或抢，富人只能选择加强保安防范措施。这样的治安环境，无人敢去投资。于是，政府借助城市设计，恢复城市公共领域的功能，让市民在交往活动中逐渐消解对立情绪，进而吸引投资，重新复元。

近 30 年来，西方国家把大量工业化时代遗存的码头、厂房、矿场改造成为向公众开放的公园和文化广场。在城市中心区，"商业步行街"几乎成为城市更新的"标准选项"；在城市边缘地带，提供大尺度、复合化、向公众开放的商业空间，也成为地方政府和私人开发商最乐意采用的策略之一。这些购物中心、主题公园和广告天地，被设计得优雅、别致、生机勃勃，成为日常生活审美化的最典型不过的展示空间。有研究者指出，城市建设与管理的目的如果仅仅是为满足经济或某种美观诉求，显然是片面的，甚至是短视而危险的。

资料 5

走进独墅湖月亮湾商务区，你会发现，这里的道路格外平整，找不到一条"马路拉链"，天际线由棱角分明的建筑物和绿树组成，空中也看不到一张"蜘蛛网"。这是因为，这里的自来水管、供电电缆、通信电缆全部"住"到了地下宽敞的"集体宿舍"里。这就是 S 市第一条城市地下公共空间基础设施——月亮湾地下综合管廊。城市地下综合管廊作为地下空间的"生命线"，是城市公共配套建设的重要组成部分。

月亮湾地下综合管廊，自 2011 年 11 月建成投入使用，已平稳运行多年。这是一个全长 920 米、断面 3.4 米×3 米的 T 形长廊。长廊的一侧是一排长长的钢铁支架，如同"超市货架"，从上到下依次放着消防与监控线路桥架、电力线路桥架、两层通信网络桥架，最下面三层空着的"货架"是为未来管线预留的空间。管廊内另一侧是上下两根直径 70 厘米的集中供冷管道。技术员介绍说："附近商务区的写字楼不用中央空调，夏天由这两根管道集中供冷。"

S 市管线管理所负责人在向记者介绍管廊建设的前期准备情况时说，由市长担任组长的市地下综合管廊工作领导小组起到了关键作用，领导小组成员有 39 人之多，涵盖了辖区各板块、各相关单位主要负责人。专门机构的设立，形成了多元主体的常态化沟通和快速推进机制，有效避免了推诿扯皮、难以协调等问题。在领导小组的组织下，相关部门编制完成了《S 市地下空间专项规划（2008—2020 年）》《S 市地下空间规划整合（2012—2020 年）》，今年 6 月又出台了《S 市地下管线管理办法》，统筹加强对地下管廊规划、建设和安全运行的管理。

"地下综合管廊造价和维护可不是一般的昂贵，"管廊开发公司徐总经理给记者算了一笔账，"使用寿命为 50 年及 100 年的地下综合管廊，每公里建设运行成本分别为 1.6 亿元及 2 亿元。即使 S 市经济实力不错，但借力社会资本也是现实的必然选择。"市政府授权 S 市城市建设投资发展有限公司出资组建了 S 市管廊开发公司，其中城建平台占股 45%，水务占股 20%，4 家弱电单位各占股 5%，为供电预留股份 15%。管廊开发公司专门负责城市地下综合管廊的投资、建设、运营和管理事务，不仅解决了资金问题，也解决了建设主体的问题。

在记者参观的时候，工作人员介绍：S 市地处江南水网区域，地下工程施工难度大，精度要求高。为确保工程的顺利推进和质量安全，S 市在前期调研分析基础上，根据国家《城市综合管廊工程技术规范》，组织专家团队反复论证，最终为项目设计施工提供了充分依据。S 市在综合管廊规划设计阶段，就确立了系统化、标准化、智慧化的目标，在铺设管线时同步建设全面的监控、感知系统，并为信息系统升级留有接入口，方便日后对大面积地下管线实施统一综合管理。建成的综合管廊囊括消防、照明、排水、通风、通信、供电、监控感知、火灾报警等系统，可以通过一个终端对所有管线进行实时监控和调度管理，并具有自动检测、定位、提醒等多种功能，真正实现了信息化、一体化、智能化管理。

由于综合管廊建设成本高，入廊管线大多具有公益性，且这一新生事物在使用过程中权、责、利还缺乏有效制衡和匹配，导致社会各方的投融资积极性都不高。为此，S 市借鉴国内外经验，特别规定除争取国家试点和省财政支持外，如果项目建成后特许经营期内收费不能实现预期目标，市财政将进行一定补贴，确保股东投资安全且获得基础收益。

根据工程内容、建设成本、运营周期、物价水平等多重因素，制定收费项目和收费标准、明确各单位可以以入廊或租赁的方式获得管线所有权、使用权，让管线需求者根据自身实际情况选择使用方式，调动其入廊积极性，增加管线使用效率和经济收益。

管廊收费之所以困难，很重要的一个原因是缺乏调动入廊单位积极性的有效方式。S市创新性地以打造利益共同体的方式，吸引电力、给排水、通信等单位成为管廊建设主体——管廊开发公司的股东，让各单位根据自身需求充分参与管廊的规划、设计和建设过程。在合理确定收费标准的基础上，为盘活资产、提高综合收益，这些单位均愿以有偿方式使用管线。

资料6

月亮湾地下综合管廊建设给人们以很大的启示。那里地上道路平整，天空没有一张"蜘蛛网"，城市公共空间发展的潜力倍增。这让人想到《老子》里的话："凿户牖以为室，当其无，有室之用。故有之以为利，无之以为用。"老子以人们居住的屋子为喻，他说一间屋子，开凿门窗，修建四壁，只有形成虚空部分，它才具有一间屋子的良好功能。据此，老子提出了"有之以为利，无之以为用"的观点，强调"有"与"无"都具有不可忽视的作用。瑞丽花园小区的李奶奶，离开广袤的田野，住进了单元楼，总觉得"喘不过气来"。看来，李奶奶虽不是哲学家，但在感觉上与老子"有""无"之用的理念暗合。

三、作答要求

（一）给定资料1和给定资料2反映了改革开放以来我国农村土地承包政策的发展过程，请你概述这一发展过程。（10分）

要求：（1）准确、全面、有条理；（2）不超过200字。

（二）给定资料2中，L村村支书面对村民土地调整的要求，发出感慨："这样一来，我们的压力很大，看来村里的土地调整也不是一个简单的事。"请根据给定资料2，分析他为什么感到压力很大。（10分）

要求：（1）全面、准确、有条理；（2）不超过200字。

（三）给定资料4提到，"城市建设与管理的目的如果仅仅是为满足经济或某种美观诉求，显然是片面的，甚至是短视而危险的"。请根据给定资料3和给定资料4，谈谈你对这句话的理解。（20分）

要求：（1）观点明确，分析全面，富有逻辑性；（2）不超过300字。

（四）S市将举办"城市样板工程展示会"，请你根据给定资料5，就其中地下管廊建设情况撰写一份讲解稿。（20分）

要求：（1）紧扣资料，内容全面；（2）逻辑清晰，语言准确；（3）不超过400字。

（五）给定资料6中提到了老子关于"有"和"无"的观点。请你围绕给定资料反映的城市建设理念中的问题，联系实际，以"试谈'有'与'无'"为题写一篇文章。（40分）

要求：（1）自选角度，见解深刻；（2）参考给定资料，但不拘泥于给定资料；（3）思路清晰，语言流畅；（4）总字数在1000字左右。

【参考答案】

（一）

1980 年前后推行家庭联产承包责任制，包产到户，包干到户，土地集体所有，农民有经营权、使用权，不准出租、买卖，建房、烧砖瓦等。

1984 年提出土地承包期一般应在十五年以上。

1990 年提出到期后再延长三十年不变。确定小调整、大稳定的前提是稳定，发包期内不得调整承包地。

2003 年明确承包土地以户为单位，减人不减地。

2017 年提出保持土地承包关系稳定并长久不变，第二轮土地承包到期后再延长三十年。

（二）

第一，人口增减变化大，二轮土地承包政策中"增人增地但减人不减地"的办法难以为继。

第二，政策的公平性、合理性存在争议。

第三，种地费时费力，土地零散、收益低，流转困难；部分农户不想要、不想种地，甚至完全脱离农业，导致土地撂荒。

第四，国家土地调整政策限制严格，重视"稳定"的前提。

第五，当地政府持支持态度，但与现有国家政策有冲突。

（三）

该句表明城市建设与管理的目的仅为满足经济或美观诉求，而忽视了人文意义和文化价值。仅满足经济或美观诉求，易导致：

（1）生活单调，缺少沟通，心情压抑；

（2）活动健身空地有限、容量小；文体活动室利用不方便；

（3）破坏传统文化气息；

（4）各色人为不同目的争夺空间；

（5）贫富差异过大导致居住空间分异。如若兼顾人文意义和文化价值，则能彰显城市价值，带来幸福感、归属感和安全感，平衡社会关系，交流传播信息，催生艺术创作。

我们应当平衡历史文化保护、商业发展和居民人居环境三者之间的关系；借城市公共场所"化人"；借助城市设计，恢复城市公共领域的功能，消解市民对立情绪。

（四）

关于 S 市地下管廊建设情况的讲解稿

各位观展的领导、同志们：

地下综合管廊是将自来水管道、供电、通信电缆等管线整体迁入地下的城市公共配套设施，能改善城市环境。我市月亮湾地下综合管廊自建成以来平稳运行多年，内部管线有序排列且预留管线空间，并容纳夏季集中供冷管道。

我市从以下几点入手：一是设立工作领导小组。市长担任组长，并涵盖辖区内单位主要负责人；形成常态化沟通和快速推进机制；编制规划、统筹管理。二是解决资金问题。组建开发公司，借力社会资本，负责投资、建设、运营和管理事务；争取国家试点和省财政支持，通过补贴确保股东的基础收益。三是科学设计施工。前期调研分析，组织专家反复论证；建设监控、感知系统，预留升级接入口，实施统一综合管理。四是调动入廊积极性。合理制订收费项目和标准，让管线需求者自主选择使用方式；打造利益共同体，让各单位参与规划、设计和建设过程。

（五）

试谈"有"与"无"
——城市建设的辩证法

随着时代的发展，人们对城市有了更高的期待，传统城市建设中的一些问题暴露了出来。过于注重房子等硬件，忽视了人的真实需求，最后"景有了，人没了"；过度商业化，把历史文化古迹等都变成收费场所，结果"有了钱，没了文化"；私人权益扩展，公共空间被压缩，造成"有个人，无大家"的局面。

如何化解这些问题呢？哲学家老子"有之以为利，无之以为用"的辩证思想为我们提供了一些思路。从城市建设的目的、功能设计、管理等方面来看，主要是要平衡好硬件软件、经济和人文、私人与公共空间的关系，以打造生活更便利、精神更丰富，人民关系更包容的新型城市。

从城市建设的目的来看，要解决"有景无人"的问题，要树立"城市为人而建设"的理念。城市所有基础设施建设的"有"之利，要服务于人民群众的"用"。当前一些城市生态公园、景观设施建设出现"可远观不可玩"的问题，就只照顾了城市面子，忽视了市民悠闲需求。一方面，城市发展要注意留足地面发展空间，增加资源投入，从满足人民群众实际需求的角度建设市民自由活动空间。另一方面，我们要始终记得：建设可见、实用的高楼大厦、电缆、道路、汽车等"有"之利时，要注意给老百姓留下蓝天、明月、旷野景观视野空间。只有这样，来自农村旷野的李奶奶，才不会因城市空间的逼仄和种种限制而"喘不过气了"。

而在城市功能的设计上，大力发展经济、产业、商业发展之"利"的同时，要留出休闲生态和文体活动空间，要注意保护历史文化、人居环境。要注意城市建设不只是"造景"更是"化人"。过分强调经济建设会使城市生态不堪重负，过分商业化会使城市的历史文化失去价值，会使人们没有时间和空间来"无所事事"，人们生活无法慢下来，就没有闲暇，就不会有文化创造。因此，建设经济开发区时要留下城市绿地；建设城市 CBD 的同时，要留下古建筑保护区、特色文化街区；建设写字楼的同时，留下休息娱乐地。我们要认识到城市是一个生活综合体，需要生产和生活、生态的平衡。

最后，在城市管理方面，不能让私人性、营业性的"有"，把全民性、公益性空间挤压成"无"，要注重发展成果"共享"的理念。城市空间不能全都是私有、封闭、收费、只为某一个阶层服务的，还要有让不同层次的人可以交流互动、取得共识的场所空间，从而带来城市的包容性，多样性，开放性，带来社会和谐发展，如巴黎人的新桥空间。城市管理者要给全体市民更多的人文关怀，包容鼓励，给其更多的获得感、幸福感、安全感。像今年北京、深圳等地一些小区物业设置隔离墙，将商品房和保障房进行分隔管理，人为将小区分割成"富人区""贫民区"，就造成了群众不满和心理隔阂。这种简单粗暴的做法肯定是不合适的。同一个小区内，"头顶一片天，便如一家亲"，公共资源使用权应该是人人平等的。

加快城乡一体化建设是我国建设社会主义现代化国家的必由之路。这个进程中，我们在大力发展硬件设施、经济商业等"有之利"的同时，更要兼顾好城市空地、历史文化、公共娱乐、社会交往空间等的"无之用"。我们要给城市建设留下一些空白，以便其更好地发挥功能。

【分析】申论的解题方法：首先是阅读材料，读懂材料是关键。在总体阅读的基础上，再进行具体阅读、有针对性地阅读。然后根据问题进行细读，提炼要点。本题共五个小题，每个小题都有给定材料，答题时必须从给定材料出发，不能跳出材料的范围，想当然地答题。在给定材料中根据问题提炼要点。答题时要做到条理清楚，观点鲜明，层次分明，尽量采用分条列项的方式，避免一段式答题。

实训设计

2018年××省公务员考试申论真题

一、给定材料

材料1

M市D区是省内实施科技特派员工程的试点地区。在村民们心中，科技特派员就是要给田间地头开药方，把先进的科技种到地里头，长出金苗苗。

不久前，D区记者小菲就本区科技特派员的情况，对区科技局局长李明进行了一次采访。在采访中，李局长感叹道："我们还有很多的工作可以做。"

"我们的科技特派员大部分是行业领域的专家、大学生，有的讲授得偏重于纯理论，对农民来说，太过于抽象，不接地气，不实用。这在实际操作中是得不到农民欢迎的。再者说，术业有专攻，本是种蔬菜的农民，要是派一个专攻苗木培养的工作人员给他，又能有多少用呢？"李局长说，"农民需要和专业领域对口的，有真才实学的，能听懂田坎语言的科技特派员对接，而非流于形式的'拉郎配'。"

D区目前共有440多个行政村，但科技特派员总共才82名。这令李局长忧心。"在这支队伍里，60来岁的根本不算老，年龄最大的已经70多岁了。想想这些老人们还能在田坎上、果林里跑几年？而一个大学生想要成为一名科技特派员，起码要跟着老特派员学习两年。但是，有多少大学生愿意跟着天天进村下地？我们这些年过花甲的特派员又有多少精力来带这些'徒弟'呢？"

D区的村民老蒋也对小菲说道："去年我养土鸡，上面给我安排了科技特派员。结果每次来就是帮我喂喂鸡苗，陪着唠唠嗑。后来我怀疑有些鸡苗害了瘟病，找他帮忙看看，他却说没事，叫我放心。结果后来几百只鸡全部染上了鸡瘟，让我损失惨重。"对此，老蒋表示很无奈。

小菲对全区82名科技特派员进行了问卷调查。调查发现，有近三分之二的科技特派员认为自己的知识结构趋于老化，需要更新、丰富。与此同时，80%的科技特派员表示因为工作的关系，自己根本没有时间去自行组织学习，但如果有相应的知识讲座、观摩交流会的话，他们会积极参加，有优质的网络学习资源也不愿错过。并且这些特派员有不少同专业同领域的朋友、同学其实也有成为服务农村的科技特派员的意愿，但最后都因为工作忙、不在本地、不在政府指派培养范围内等原因而作罢。

据悉，D 区计划近期开展服务行动。围绕本地农业主导产业，建立一批"互联网＋科技特派员"创新创业示范基地，对接国家、省里的"科技特派员管理服务平台"。

材料 2

在 2017 年 T 市的"全市十佳科技特派员"评选活动中，小童以压倒性的票数获得第一名。一个年仅 25 岁的年轻人，为何能从平均年龄在 50 岁以上的本市特派员中脱颖而出呢？

领导说，他所服务的 S 村地处偏僻，有一段路车根本开不进去，下雨天时他坐摩托车进村，常弄得一身泥，特别狼狈。可是他每个月去 S 村的次数和时间都远远超过了考核要求。同事们说，他要是有什么没弄懂的问题，肯定会睡不好觉，会缠着老特派员们搞清楚的。大学书本告诉了他"是什么""为什么"，但他觉得还不够。自从他来到 T 市工作后，他就开始研究当地的土壤、天气、乡情民俗。他一个北方人，竟然在短短几个月时间里就学会了当地的方言。

老乡们说，他态度好，说话和气。大家都喜欢和他说话。他说的话大家听得懂，句子不长，用的也是田坎语言，好懂实用。而且他手把手地传技术，把课堂设在田间地头，教给大家的东西都能被记得住。"他讲东西很接地气，富有土味儿。而且，他还会收集村民的需求，定期地在网上开展'订单化'培训。这样的特派员难找。"村支书也对小童赞不绝口。

而小童自己却说，自己能赢得大家的喜欢，在于自己会玩些"小花样"。"老乡们要的是技术，晦涩的理论讲得再高深，起到的作用也是有限的；老乡们学技术，最终还是要落脚到做上面去。科教本身有些乏味，必须要加点料才会有滋有味。我在做技术特派工作时，就坚持添加'三味'：一是原味，坚持用原汁原味的田坎语言讲授，尽量讲短话，讲土话；二是鲜味，给乡亲们的一定是最新的农技知识，过时的、可能已经不适用的，坚决不讲；三是甜味，对乡亲们积极鼓励，尽量用积极的语言，谁都希望话好听啊，多给他们看看成功的案例，正面激励。如果你用的是本地语言，说的是农家事，讲的是致富经，他们不欢迎你都难啊。"

材料 3

最近几年，很多二线城市的人才引进工作都开展得如火如荼。二线城市尚在努力，三四线城市自然也不甘落后：给钱、给房、给户口。然而，纵观很多三四线城市的"人才争夺战"，大多也只是出台买房打折、租房补贴、落户降标、项目资助、一次性奖励等引才政策。这固然有一定的吸引力，但作为本身经济实力和区位优势都不那么突出的三四线城市，给出和二线城市差不多的"彩礼"，能真正地"引凤求凰"吗？

"在人才工作中，一些地方的同质化倾向依旧明显。"一位从事人才引进工作多年的部门负责人说道，"现在，很多中小城市都要高学历、高效能、高层次、高大上、高精尖的人才；而给人才的往往就是'老三样'——钱、房和户口。"

"很多地方把人才引进工作想得过于简单了。"一位评论家说道，"人才工作不是把人引进来就可以的，它其实更依赖人才生态的建设——如何利用、再培养、激励，如何留得住才是重中之重。然而，这往往是被很多中小城市忽视的。花了大力气，引不到人才；人才来了待不久。消耗了那么多的财力物力，也还是为他人做嫁衣。"问题还不止于此。现在一些地方的人才引进工作，已经给当地的财政带来不小的压力和负担了，但却收效甚微。很多地方都重视引进外地人才。可外地人才引不来，厚彼薄此、重外轻里的人才政策更让本地人颇有意见，可以用"赔本也没赚到吆喝"来形容。

"计算机、生物科技、航空航天这些尖端领域的顶尖人才本来就非常稀缺，即使在北上广深这样的城市都是'肉少狼多'。在这样的环境中，实力薄弱许多的三四线城市往往是耗费了大量的财力人力，最后却还是被'剩下'。而且，就算引进了，往往也用不好，甚至用不上。"一位人力资源专家说道，"引进人才要靠优势，但中小城市能靠的优势往往不是物质吸引力，而是自己的特色。"

另一位评论家也给了一个观点："各个地方的人才引进工作，必须要'错位'又'对位'。我们的城市定位不应该也不可能是趋同的，要是采用同样的人才路线，是会'撞车'的；毕竟错落有致，才既尊重城市发展规律，又符合建筑美学嘛。我国各个城市间的地理、经济等方面差距依旧巨大，对人才的吸引力、对人才的需求结构都是大不相同的。我们必须认清这个现实，找准自己的位置，才可能做好人才工作。因为你是你，你不是别的城市。你在全省，甚至是全国，都有你的角色定位，有你自己独特的优势。所以必须各就其位、各求所需。"

位于东部的B市，就曾犯过一种"经典"的错误。在五年时间里，B市花费数亿资金引进了大量外市的高职称人才。然而，效果却不尽如人意。"招来了女婿，气走了儿子。各个地方都是这样，厚彼薄此成了通病！"B市土生土长的科研人员小姚说道，"同样的学历、同样的职称，就因为我一直在本地，来路不同，待遇差距就这么大？果然是外来的和尚会念经？这让我们这些兢兢业业的本地人有些寒心。"而与此同时，小姚也接到了外地的一个职位邀请，待遇颇为优厚，他说自己正在考虑中。其实引进人才不能够片面地理解为"买进人才"。发掘培养本土人才也同样重要。

材料 4

位于湘西的C村，因三面环山、一面临水的地势而得名。这个明清时期的古代民居建筑村落，被誉为"江南第一村"和"民俗博物馆"。在晨雾中，绿荫环抱的小山村，一片青瓦白墙，一条流过门前的清澈小河，如此简单的画面让人心生向往。

C村在2006年被国务院公布为第六批全国重点文物保护单位；2007年被公布为国家级历史文化名村；现为国家3A级旅游景区。

这儿的建筑有一个特别之处：在侗式木屋的外面，还筑有徽式高墙。因为村子人口多，房屋十分密集，火灾是这儿的纯木质房屋极大的安全隐患。

几年前，村里的杨老犯了愁：村子里和他一起唱傩戏的人，已经没有几个了。作为省里的非遗，难道就真的逃脱不了失传的命运吗？当时，C村和中国所有乡村面临的状况十分相似：年轻人大都外出打工，留守和空巢现象较为严重。杨老说，年轻人也不是不想回来，但是村里房屋太挤了；在家种地挣不了几个钱，养不活自己和家人；因为古村保护不能乱建新房，年轻人在外面打工挣钱了当然想住一个新房，但没地方让他们建，老屋洗澡、上厕所都不方便。在这连生计生活问题都解决不了，更别说什么非遗传承问题了。

"我们村里啊，有很多土生土长的好东西，比如野生茶、黑米茶、有机生态米、手工艺品等。"村支书老高说道，"但以前这里建筑规划不行，交通也没跟上，我们不会包装，

大学应用文写作案例分析与实训设计教程

好东西也卖不出去，可惜哟！"

"活体保护，让古风留存。"这是县委书记为C村拟好的目标。为了更好地保护这一弥足珍贵的传统村落，县政府于2015年全面启动了C村整体保护与利用项目，并特邀了专业的乡村建筑设计团队来打造。面对C村的山水和生态，团队提出了"田人合一"的理念和"耕读人家"的设计方案，从房、水、旅、种、村、治等几个方面分别着手修复和调整：只有乡愁乡建，才能留住乡愁；只有古村古建，才能留存古风。

"乡建的重点，是在'乡'上下功夫，而不是在'建'上做文章；乡愁不是'愁'上做文章，而要在'乡'中找情感。乡就是农田、民居、菜园、养猪，就是充满人情味的乡土社会。让年轻人回村，只要他们回家了，人就可以养房，村中就有生机。"这种理念重新激活了古村落的元素，把农村建设得更像农村。

过去对传统村落的保护，可能更侧重于单纯的物质上的保护，而忽略了人的繁衍、文化的传承，没有太多考虑年轻人为什么不愿意回来。县委书记介绍道：C村历史纵跨600多年，至今保存完好的一个很重要的因素，就是它有人活动，有侗汉苗民族老百姓在这里繁衍生息，所以我们必须引入活体保护的概念。

古村古建在外观上对C村进行了保护和传承。同时也注意提高农民生活的舒适度，改造了古村的基础设施和公共生活区域，让老人和年轻人都住得舒服；对外观上已经过度改造的房子进行了复原整理；此外，还在古村旁边建了一个新村。"有了新村，年轻人可以回家盖房。古村也因为年轻人的回归而注入了新要素，传统特色产业的发展也有了更坚实的依托和更广阔的空间。"县委书记说道。他认为，他们必须要保持有老百姓在这里生产、生活、繁衍生息这么一种风貌，也必须把群众赖以生存的各种产业做好。在传统特色产业活了以后，C村开始在旅游业方面大展拳脚。在这几年，C村连续被评为"中国十大最美丽乡村"。古村的自然素净吸引了来自全国各地的人们前来一睹芳姿。但即使是面对这样的旅游热，C村也保持了冷静的头脑：在发展旅游的同时，必须把古村的文物保护好，把文脉保护住，留住古村底蕴。产业发展也要适度，才可以避免失去特色；旅游限量接待游客，防止超过古村承载能力。只有这样，古村才能有长久的魅力和旺盛的生命力。

但古村的保护发展工作还不止于此。"古村本身只是一个亮点，真正能将人留住的，是这里的青山绿水。这里非常宁静美好，就像一个世外桃源。虽然这里偏僻了一点，但现在已经改善了基础设施，比如修建沿河公路等。现在县城到这儿，只要20分钟车程。"县委书记说，"附近还有一个国家级自然保护区和一个国家湿地公园，生态都非常好。这些都是我们当初就看到并且纳入规划的。"现在，公路已经把沿河的那些小小的美丽村落、自然保护区、湿地公园等都纳进来了。C村，就像是一串项链上最璀璨的明珠。

"如果当初大家照着别的古村例子来做，也有一定效果。但为了我们祖祖辈辈生活的家园，我们多想点办法，多动点脑筋，多流些汗也是值得的。"C村村支书说道。

材料5

早上，小凡被闹钟如约叫醒。还想多睡几分钟的她对闹钟说：十分钟后再叫我吧。于是，闹钟老老实实地又消停了十分钟。在梳洗完出门前，小凡先用电子交通地图看看哪个路段堵，以免在开车路上虚耗时间。下班回家，实在是不想做饭，那么就叫外卖吧。打开外卖APP，上百款美食，任君挑选……出门逛街，小凡兜里也就带了几十块钱的零钱，因

114

为现在所有的门店都支持移动支付，自己省事，还不用担心被偷……缴水电费？那也不用再像以前那样去营业厅排队了，手机一点就搞定。这样的生活，会不会少了点什么呢？小凡并不这么想，她觉得这便利了大家，活跃了经济，丰富了世界，何乐而不为？老张前不久到乡下参加老同学儿子的婚宴。婚宴是标准的乡宴。这是老张第一次看到人家厨师竟然带着一辆餐车来。车内的灶具、厨具一应俱全。车开到哪，停下就立即可以作业。非但如此，就连桌椅板凳、帐篷等也都是厨师自带。和其他来参加宴会的人们一样，老张也觉得这种方式很省事，可就是少了那么一点意思。在老张印象中，以前家里办红白事叫"过大事"。它的的确确是个事儿——什么都自备，从桌椅板凳、被褥到锅碗瓢盆都要满村子借。事办完了，还要一家一家地还。远处的亲戚会早早地来，村上的人也会提前几天来帮忙。大家都是相互帮忙，相互麻烦。也就是因为这样，大家伙才有乡里乡亲的感觉。而现在，在事过完当天客人也基本走完，好像过大事儿也是个轻巧事儿了。

据一项权威的市场调查显示，现在人们更加偏向于购买操作简单、功能实用、外观简洁大方的产品，如果能额外有一点点其他优势，当然就更好了。一位著名的产品创意设计人说："这最让人头疼了。我现在每设计一款产品的时候，都会反复地问自己——这个地方的设计是必须的吗？或者说，不要它可不可以？"

爱因斯坦有一句名言：一件事情，如果你不能简单地说清楚，那就代表你没有完全地弄明白。最深奥的思想，往往是用最凝练的语言表达出来的。化繁为简固然是一种艺术，但藏繁于简、于简见繁又何尝不是一种智慧？一首七言绝句28个字，但你要是不去了解作者生平、创作背景、所用典故等，你可能就无法品咂其中况味。生活中有太多看似容易，到最后却摆了我们一道的事情。它们就如同所有深邃的湖泊，往往都拥有平静的表面，而只有当你迫近、凝视、谛听后，你才会感受到它真实而可怕的深度——你可以迅速地看见，但你不太可能快捷地看透。所以，我们必须小心翼翼、谨慎地顺着它的纹理去探索。而我们认识这个世界，也总是从本身的简单驶向由此及彼、由内向外的复杂，最后再回归到简单本身。世间所有的事物，只有你看尽它的轮廓表象，再阅透它的肌理、质地，甚至是每一个细胞后，你才能说你真正地了解了它。那个从表象进入到深邃中的逼仄、繁杂的过程，是我们认识这个世界的必经阶段。

很多时候，简便快捷是我们所追崇的。抛开其他不说，我们的生活也是尽可能地在用减法，减去许多步骤，更直接地、更快捷地达到目的。这也符合工业时代的最大特点——最大限度地缩短制造流程。但这个世界真的是在变得越来越简单吗？一部智能手机的基本应用功能就有上百个，你要是一开始不仔细琢磨，可能很快就会有一种被它"忽悠"的感觉；一款便利人们生活的APP也许是一个团队加班加点、绞尽脑汁的心血结晶，并且，开发出来也不算完事了，开发团队还得时时关注着用户的使用体验，哪里要是有漏洞了得立马补上；一款简洁实用的产品在上市之前甚至会经过上千次的微调打磨；一部数百字的微小说，每一句话都可能包含着作者的千思万绪、煞费苦心……所以说，简单和烦琐，就是一对孪生兄弟。世界上并没有单纯的简单，也没有单纯的烦琐。更多时候，我们的"简单"和"烦琐"的总量并没有变，它们只是在不同的人群间流动，但就是这不停的流动，推动了社会的改变。

我们追求简单朴素，但我们不能以此否认，甚至是拒绝繁复。毕竟，简有简的好，繁有繁的妙。那些恼人却必需的繁复是为我们生活增色添彩的生花妙笔，是对我们那些单纯目标和朴素心愿的有力成全。当然，为了繁复而故弄玄虚是庸人自扰。只有保持素心，详尽了解，深思熟虑，去芜存菁，从容应对，轻装上阵，最后才能满载而归。当简勿繁，当繁勿简；简繁得当，方能出效率，方能出成果。人生如画，惜墨或添笔，少少许应是朗清之月明星稀，多多许应是丰盛之花繁叶茂。

二、作答要求

（一）根据材料 1、2，归纳概括出小童被评选为"全市十佳科技特派员"的原因。（15 分）

要求：全面、准确、简明，有条理，字数不超过 200 字。

（二）根据材料 3，谈谈你对其中画线部分"各个地方的人才引进工作，必须要'错位'又'对位'"的理解。（20 分）

要求：全面、准确、简明，字数不超过 200 字。

（三）假设 C 村所在的省份将开展一次关于古村的保护与开发的经验交谈会，请你根据材料 4，写一份介绍 C 村保护和开发情况的发言稿。（25 分）

要求：紧扣材料，内容全面；逻辑清晰，语言准确；字数在 450 字左右。

（四）根据材料 5 中画线部分"当简勿繁，当繁勿简；简繁得当，方能出效率，方能出成果"写一篇文章。（40 分）

要求：自选角度，立意明确；联系实际，不拘泥于"给定资料"；思路清晰，语言流畅；总字数为 1000～1200 字。

第五章 >>

经济文书写作

【学习目的】

了解经济型文书的含义、特点及其分类。掌握意向书、合同、经济预测及经济活动报告的基本内容和格式。

【内容提要】

本章主要概括介绍经济类文书的基本知识及其写作方法。

经济应用文是指人们在处理和解决经济活动中的有关事务、沟通有关经济信息时所写的应用文，是在一定的经济活动中形成和发展的、为实现经济活动服务的、具有特定惯用格式的一种应用文书。它记载和反映了国家、企业、个人的经济信息，是经济活动中的重要凭证，是沟通经济信息、分析经济活动、促进经济发展、提高效益的管理工具。

经济应用文具有政策性、实用性、真实性、时效性等特点。

意向书是当事人双方或多方之间，在对某项事物正式签订条约、达成协议之前，表达初步设想的意向性文书。

合同是平等主体的自然人、法人或其他组织之间设立、变更、终止民事权利义务关系的协议，具有合法性、制约性、平等性等特点，遵循平等公平、自愿协商、诚实信用、遵纪守法的原则。

合同主体包括标的、数量、质量、价款或报酬、履行期限、地点、方式、合同份数等内容。

经济活动分析报告是以国家经济政策为指导，根据会计报表、计划指标、会计核算、统计资料等数据材料，对企业的经济活动状况有重点、有针对性地加以分析和考察，对企业的财务状况、理财过程和经营成果做出正确评价所形成的书面报告。

经济活动分析报告可分为综合分析报告、专题分析报告和进度分析报告等类别，具有客观性、数据性和科学性的特点。

经济活动分析报告由标题、导语、主体、结尾、落款五部分构成。其主体部分内容包括情况、成绩、问题三部分。

写作经济活动分析报告要求：一是善于将微观分析与宏观分析相结合；二是善于将账表资料和调查资料相结合；三是善于将统计数字与文字说明相结合。

经济预测报告是反映和描述经济预测的分析研究过程及其结果的文书。经济预测是在预测学和经济理论的指导下，对未来的经济趋势作出推测和表述，力求把某一未来经济事实的不确定性或模糊性缩小到最低，并对这一事实的结果提出具体的评价和设想。

经济预测通常可分为宏观经济预测和微观经济预测。

经济预测的程序包括确定预测目标、收集资料、整理资料、选择预测方法、预测技术处理、预测结果评估等。常用的预测方法主要是直观型预测、探索型预测、规范型预测和反馈型预测。

经济预测报告一般由标题、前言、主体、结尾构成。主体包括现状、预测、建议三部分。

写作经济预测报告要求明确预测目标、认真搜集资料、科学预测分析。

第一节　意向书

【案例】

开展多方技术经济合作意向书

山东×××对外开放办公室（甲方）与香港×××有限公司工贸发展部（乙方），经双方协商同意，确定如下技术经济合作关系：

一、双方就以下范围进行长期的技术经济合作

1. 高科技产品开发；

2. 农副产品深加工与综合利用；

3. 外贸出口；

4. 合办第三产业；

5. "三高农业"项目开发；

6. 技术咨询；

7. 高新技术以及资金等方面的引进合作。

二、合作方式

双方本着互惠互利、利益共享、风险共担的原则，根据具体项目协商采用具体多种合作方式。

三、合作程序

由双方商定在适当时间组团考察，根据考察结果共同拟订合作项目、方式、内容、步骤。

四、甲乙双方义务

1. 甲方负责提供资源、项目及资料和项目的落实。

2. 乙方负责提供合作开发项目的技术资料，组织有关技术力量，以及协调开发项目的有关关系。协助或代理甲方的产品出口，合作项目产品的出口，甲方所需或双方合作项目所需的设备、技术的引进。

3. 双方确定具体的联络人员，进行经常的联络工作。

五、此意向书一式四份，双方各执两份。

甲方：山东×××对外开放办公室	乙方：香港×××有限公司工贸发展部
代表：×××	代表：×××
时间：××年×月×日	时间：××年×月×日

【分析】这是一则写得较好的技术经济合作意向书。标题由事由（项目）和文种构成。导言写明签订意向书的单位，并用承上启下的惯用语导出技术经济合作的各项意向。正文写合作的范围、方式、程序和双方义务等方面的意向性意见，分条列项标出各项内容。各条款内容只确定了原则意向。文尾写意向书份数、双方代表的签字及日期等信息。全文目标具有导向性、条款只表现出原则性，为下一步进行实质性、具体性的项目洽谈奠定了基础。

第二节　合同

【案例】

建筑工程承包合同

立合同人：××大学（甲方）

　　　　　××建工集团总公司（乙方）

为建筑××大学第三教学楼，经双方同意，订立本合同。

（1）甲方委托乙方在学校办公楼旁新建第三教学楼1座，由乙方全面负责建造。

（2）全部建造费（包括材料费、人工费）××××万元。

（3）甲方在订立合同后先交一部分建造费，其余在第三教学楼建成后抓紧归还所欠部分。

（4）工期待乙方筹备就绪后立即开始，4月中旬开工，年底左右交付使用。

（5）建筑材料由乙方视具体情况全面负责筹备。

（6）本合同一式两份，双方各执一份。

乙方：　　　　　　　　　　　　　甲方：

××大学（公章）　　　　　　　　××建工集团总公司（公章）

系主任：王××（盖章）　　　　　唐××（盖章）

【分析】该合同存在以下问题。

1. 条款欠完备：如正文的主要条款中缺乏工程面积、工程设计图纸、工程质量要求、违约责任等条款。

2. 内容欠具体、明确，如"订立合同先交一部分建造费"中的"一部分"可多可少，没有量的规定性是不行的，应明确具体数额。教学楼地点模糊，即具体方位不明确。

3. 在措辞上欠周密，有很大的随意性。如"抓紧归还"中的"抓紧"，"年底左右交付使用"中的"左右"等。应明确具体时间。

4. 格式不规范。"立合同人"去掉，当事人基本情况要写法定代表人情况。落款"甲方""乙方"位置调换。系主任不是法定代表人。

5. 序码书写不准确，应用汉字小写。

6. 缺少合同签订日期。

第三节　经济活动分析报告

【案例】

2017 年上半年我国宏观经济分析报告（节选）

2017 年上半年宏观经济形势如下。

资本市场：上半年资本市场走势有所分化，部分市场转向上升走势。同前一个半年相比，商品市场由升转降，股票市场延续上升走势，债券市场继续下行，但见底回升趋势有所抬头。其中，股票市场形成较明显的上升态势。

资金面：总体维持适度趋紧格局。上半年投放资金 109940 亿元，回笼资金 109818 亿元，央行公开市场净投放量 122 亿元。

生产领域：2017 年上半年生产扩张走势有所增强，制造业生产增长态势继续趋稳。PMI 连续 6 个月位于临界值上方，整体维持上行态势。

利率债发行与交易概况：2017 年上半年，利率债总发行量及净融资额环比、同比均有所减少，招投需求有所下降；国债和国开债主要券种收益率整体上行，短端收益率上行幅度大于长端收益率上行幅度，曲线呈平坦化走势；利率债成交额同比和环比均有所下降。

在全球经济向好和我国宏观政策调控的作用不断显现的背景下，上半年经济指标在合理区间运行，呈现出物价稳定、增长稳中趋升、对外贸易快速增长、金融降杠杆、人民币汇率基本稳定的向好态势。

一、资本市场与经济运行情况

（一）资本市场走势有所分化，部分市场转向上升走势

表 1 数据显示，上半年商品市场由升转降，下降幅度相对较小。股票市场上升趋势显现，上证综合指数、Wind 全 A 指数震荡上行，尤其是沪深 300 上升趋势明显。债券指标总体呈现下降走势，较 2016 年下半年，下降幅度较大。由于受全球经济回暖以及我国经济稳中向好的态势影响，市场信心重塑，未来市场上行走势形成趋势有所加速。此外，全球资本市场趋好的态势稳定，有利于我国资本市场平稳运行。

表 1　2017 年上半年商品、股票、债券市场走势表

	指数代码	指数名称	上半年涨跌/%
商品	NH0100	南华商品指数	−0.81
	CCFI	Wind 商品指数	−2.12
股票	000001	上证综合指数	2.86
	881001	Wind 全 A 指数	1.11
	000300	沪深 300 指数	10.78
债券	0371	中债总全价	−2.48
	0372	中债总净价	−2.47

数据来源：国家统计局，联合评级整理。

（二）生产扩张走势增强，制造业景气延续

表 2 数据显示，生产扩张走势走强。6 月的 PMI 为 51.7％，高于上半年平均水平 0.3 个百分点；其他 11 个指标中，除产成品库存、主要原材料购进价格、从业人员、供货商配送时间 4 个指标低于上半年平均水平外，其他指标均高于上半年平均水平，但在手订单、产成品库存、原材料库存、从业人员、供货商配送时间 5 个指标低于临界值。上半年 PMI 为 51.4％，高于临界值，但 11 个子指标中有在手订单、产成品库存、原材料库存、从业人员 4 个指标低于临界值；而去年同期 PMI 为 49.8％，低于临界值，11 个子指标中有 6 个指标低于临界值。2017 年上半年与去年同期相比，生产扩张态势也相对明显。其中，PMI 较去年同期上升 1.7 个百分点；其他指标除供货商配送时间低于去年同期外，10 个子指标均高于去年同期水平。

表 2　2017 年上半年 PMI 变化趋势表　　　　　　　　　（单位:％）

	PMI	PMI:生产	PMI:新订单	PMI:新出口订单	PMI:在手订单	PMI:产成品库存	PMI:采购量	PMI:进口	PMI:主要原材料购进价格	PMI:原材料库存	PMI:从业人员	PMI:供货商配送时间
2017 年 6 月(1)	51.7	54.4	53.1	52.0	47.2	46.3	52.5	51.2	50.4	48.6	49.0	49.9
2017 年 1—6 月均值(2)	51.4	53.8	52.8	50.9	46.0	46.8	52.2	50.6	56.6	48.4	49.4	50.2
2016 年同期均值(3)	49.8	51.8	50.3	49.0	44.7	46.0	50.4	48.4	52.5	47.5	47.9	50.5
(4)=(2)-(3)	1.6	2.0	2.5	1.9	1.3	0.8	1.8	2.2	4.1	0.9	1.5	-0.3

数据来源：国家统计局，联合评级整理。

二、资金面概况

（一）公开市场业务坚持紧中向松，突出功能性作用

公开市场业务操作投放资金延续去年适度趋紧走势，但坚持紧中向松，突出功能性的特点较为突出。上半年投放资金 109940 亿元，回笼资金 109818 亿元，央行公开市场净投放量 122 亿元。相对去年同期，公开市场业务操作呈现出偏紧态势，但净投放量仍是正值。分季度来看，上半年第一季度净投放为负值，第二季度转为正值，但相对于去年同期仍较少。

由于全球经济向好态势不断增强，而且我国经济稳中向好态势不断稳固，严监管和深度调控政策表明我国经济调整的力度加大，央行未来维持紧中有松的资金面概率较大。1—6 月的净投放资金有所上升，但仍处于较低水平。

（二）银行间市场资金松紧适度

1—6 月中，1 月底、2 月底、3 月底、4 月底到 5 月初这四个阶段呈现出较大的波动，利率在上半年总体呈现出震荡上行走势。其中，R001、GC007 波动幅度较小，上升走势相对明显；R007、GC001 震荡幅度较大，上升走势明显。从总体来看，资金面延续适度紧平衡仍是主要趋势，尤其是 5 月开始上升走势再次抬头，到 6 月底出现较大幅度波动后继续上升，未来加大利率调整幅度的趋势将有所走强，但利率上升幅度扩大水平有限。

上半年，上海银行间同业拆借利率的四个指标呈现出稳步上升走势。Shibor 隔夜小幅波动后，缓慢上升；Shibor 1 周呈现相对稳定的上行趋势，幅度相对较小；Shibor 2 周上行走势相对明显，Shibor 3 月上升态势明显。未来，上海银行间同业拆借利率的四个指标趋向分化的动力存在，而继续走强的力量趋向弱化。

三、外汇、商品市场动态

（一）人民币汇率双向波动形成，但仍在合理区间内浮动

上半年，CFETS 人民币汇率指数呈现出明显的下降走势，下降幅度逐步收窄。其中，欧元、日元、英镑兑人民币汇率上升的趋势不断明显，分别上升 5.89%、1.97%、3.22%。同时，美元兑人民币汇率出现震荡下行趋势，震荡幅度为 6.72%～6.95%，下降 2.44%，总体上看波动幅度有所扩大。

（二）商品市场总体小幅波动上行，不同商品的上升幅度差异扩大

从南华期货商品指数来看，上半年南华农产品指数基本保持下降态势，下降幅度较小；南华金属指数、南华工业品指数、南华能化指数呈现出趋同的走势。从波动幅度来看，南华金属指数波动幅度较大，约 370 个点，上升 7.73%；其次是南华工业品指数，约 200 个点，上升 0.56%；最后是南华能化指数，约 80 多个点，下降 3.91%。从走势来看，上半年中，前 3 个月各项指数呈现上升走势，后 3 个月呈现震荡下行走势，在 6 月底南华金属指数、南华工业品指数、南华能化指数 3 个指标出现较明显的上升。

（三）外汇市场和商品市场走势的支撑因素

1. 人民币汇率基本上能够反映中国经济基本面状况

从目前来看，自国际金融危机以来，中国外部失衡问题得到大幅改善，经常账户顺差有望继续走低，外储水平适度。其中，中美启动"百日计划"，未来将讨论的中美经济 1 年期计划，推动两国贸易缩小贸易不平衡性。美国近期面临的通缩压力走强和国内需求疲弱，以及欧洲央行、日本央行、英国央行等其他央行仍执行宽松政策，影响美联储升息步伐，美元走强有待观察。欧元区经济的表现好于市场预期，各国的经济增长率都取得了不同程度的增长，就业形势呈现持续性好转，超低通胀率正在逐步改善。总体而言，人民币汇率的双向波动格局逐步显现。

2. 国际政治等因素对商品市场的影响不容忽视

受国际政治等因素影响，商品市场波动幅度有望扩大。美国特朗普政府主张的内政改革、外交战略调整等方面的深度改变不容乐观，如医改形同虚设、税改、新财年财政预算、联邦债务上限等重要问题有待解决。英国脱欧引发的多种矛盾趋向恶化的影响正在显现，如与欧盟各国关系的重新构建，以及如何解决国内家庭消费收紧等；德国大选的不确定性，仍会在一定程度上左右德国乃至整个欧盟的政治大方向；意大利公共债务制约经济复苏，以及银行疲软等不利因素引发"五星运动党"走强，加大了政治风险。

四、利率债市场概况

（一）2017 年上半年，利率债发行量与净融资额同比、环比均有所减少

2017 年上半年利率债总发行量 50411.95 亿元，环比减少 9.63%，净融资额 28138.65 亿元，环比减少 13.93%；与去年同期相比，今年上半年利率债发行量减少 26.69%，净融资额减少 43.87%。分月份来看，今年 1—6 月，利率债发行量逐月上升，净融资额也逐

月上升，但与去年同期相比，半年末回暖迹象明显低于去年。

分券种来看，2017 年上半年，国债总发行量为 14129.40 亿元，环比减少 13.78%，净融资额为 5037.60 亿元，环比减少 37.82%；地方政府债总发行量为 18609.74 亿元，环比减少 24.67%，净融资额为 18091.74 亿元，环比减少 19.51%；政策性银行债总发行量为 16472.80 亿元，环比增长 23.92%，净融资额为 3809.30 亿元，环比减少 24.67%。可见 2017 年上半年，利率债总发行量和净融资环比均有所减少的原因主要是国债和地方政府债总发行量的大幅减少所致。

相较于 2016 年上半年，今年上半年国债总发行量增长 8.04%，净融资额减少 1.93%；地方政府债总发行量减少 47.95%，净融资额减少 49.10%；政策性银行债总发行量减少 17.36%，净融资额也减少 59.68%。可见主要是由于地方政府债和政策性金融债总发行量和净融资额的同比大幅减少，才导致利率债总发行量和净融资额的同比减少。

（1）利率债一级市场招投需求有所下降。

2017 年上半年利率债招投标发行总额为 39968.20 亿元，同比减少 32.01%，环比减少 16.07%。2017 年上半年利率债平均认购倍数为 2.89 倍。其中，最高的认购倍数为 2 月 16 日的十年期进出口债认购倍数 7.12 倍。

（2）国债招投标利率总体呈波动上行走势。

2017 年 1 月国债招投标利率区间震荡，2 月中旬到 6 月中旬，国债招投标利率一路波动上行，特别是 4 月 10 日，国债招投标利率一度高达 3.99%，6 月下旬又有所回落。整体而言，上半年国债招投标利率处于偏高位，在 2.52%～3.99% 之间。

（二）2017 年上半年，国债和国开债主要券种收益率整体上行，短端收益率上行幅度大于长端收益率上行幅度，曲线呈平坦化走势

1—6 月，1 年期国债和国开债收益率分别上行了 79BP 和 113BP，上行幅度较大；相比之下，10 年期国债和国开债收益率则分别上行 59BP 和 90BP，上行幅度略小于短端品种。利率债收益率整体走高的主要原因是当前处于美联储加息周期，在人民币贬值压力犹存、债市降杠杆、强监管、资金面偏紧的格局下，市场情绪较为谨慎，导致收益率上行幅度较大。

（1）2017 年上半年国债收益率走势大致分为四个区间。

① 1 月初至 2 月中旬，收益率上行。2016 年第四季度 MPA 考核过后资金面的快速放松，使得今年年初短端收益率有所下降，但资金面持续紧张、同业存单纳入同业负债考核、央行连续暂停 MLF 续作等因素在持续推升市场的悲观情绪，引发长端收益率快速上行。进入 2 月份，上半月收益率继续上行，由于特朗普冲击引发的不确定性，加之国内经济基本面、政策面没有明确缓解迹象，相关政策仍以"调结构、去杠杆"为主，央行公开市场操作净回笼以及金融监管趋严等影响，一度引发债券收益率上行。

② 2 月中旬至 3 月下旬，债券收益率有所回落。2 月下半月，受债券发行缩量、理财短期不纳入 MPA 考核、同业存单纳入核心负债等传闻影响，收益率略有下行，但仍处于高位。3 月份，收益率曲线以震荡为主，上半月，由于资金面趋紧、市场情绪转弱等因素，债券收益率一度走高，下半月，在 2 月 CPI 大幅低于预期、房地产调控升级等利好刺激下，收益率再度小幅回落。

③ 4 月初至 5 月初，收益率快速上行，且上行幅度较大。4 月银监会连发 7 个监管文件，

重拳治理资金空转、监管套利等行为，引发市场对债市流动性风险以及信用风险担忧，市场情绪悲观，债市收益率上行明显。5月初，外围市场美联储6月加息预期升温，国内央行MLF到期未续作、资金面延续4月趋紧态势，加之券商资管资金池业务被叫停传闻冲击，金融监管加强等影响，市场恐慌情绪犹在，综合导致了国债和国开债收益率的全线上行。

④5月中下旬至今，收益率略有下行，但仍处于高位。5月中下旬，外围市场上，特朗普"泄密门"事件爆发，引发市场避险需求，驱动美债收益率大幅下行；国内市场上，资金面整体呈现宽松格局，以及人民币升值行情，市场情绪逐步缓和，收益率有所下行。进入6月上旬，资金面持续紧张及监管政策趋严影响，国债短端收益率上行明显，长端收益率微弱下行，并引发10年期与1年期国债收益率倒挂，中下旬资金面较为宽松，加之利率债一级市场招投需求旺盛，国债和国开债收益率有所下行，月末受美债收益率上行以及制造业PMI指数走高影响，长端收益率多数上行。总体而言，近期国内监管加强态势不变，市场态度仍保持谨慎，收益率高位震荡。

（2）2017年6月上中旬，国债期限利差发生倒挂。

2017年上半年，国债和国开债10年期、5年期、3年期与1年期品种的期限利差均呈倒U形态势，今年1月末到4月中下旬期限利差较大，年初和6月期限利差相对较小。6月上中旬，甚至一度出现国债期限利差倒挂的情况。本轮期限利差倒挂的原因主要有两个方面：一方面，政策面的"去杠杆"、强监管等因素，使得资金面一度趋紧，资金利率上行，国债、地方债等发行成本上升，引发二级市场收益率特别是短端收益率的快速走高；另一方面，市场担忧经济增长不达预期，以及预期通胀将较为温和等因素也抑制了长端收益率的上行，考虑到严监管政策超出预期，尽管消费依然保持稳定，但缺乏弹性，无法完全对冲投资波动对经济形势的边际影响，而出口改善也难以化解投资波动的负面影响，因此，第一季度GDP增速超预期上涨将难以持续，市场对长期经济增长担忧情绪加强。6月下旬，短端收益率有所下行，期限利差逐步修复。

（3）2017年上半年，利率债各券种成交额同比、环比均有所下降。

2017年上半年，利率债成交额为53615.50亿元，同比减少15.28%，环比减少39.66%。分券种来看，国债上半年成交额为48101.79亿元，同比减少11.92%，环比减少32.87%；地方政府债上半年成交额为4249.71亿元，同比减少23.43%，环比减少70.83%；央票上半年无成交额，故同比和环比均减少100.00%；政府支持机构债上半年成交额为1264.00亿元，同比减少28.09%，环比减少35.44%。

五、宏观经济发展态势

（一）上半年经济运行保持在合理区间，稳中向好态势趋于明显，呈现增长平稳、收入增加、结构优化、进出口快速增长的良好格局

国内生产总值按可比价格计算同比增长6.9%（以下如无特别说明，均为同比名义增长）。一、二、三产业增长分别为3.5%、6.4%、7.7%。工业生产加快，企业利润快速增长，全国规模以上工业增加值增长6.9%；全国服务业生产指数增长8.3%，比上年同期加快0.1个百分点；全国固定资产投资（不含农户）增长8.6%，增速仍高位运行，但增速稳中略缓；全国房地产开发投资增长8.5%，增速比一季度回落0.6个百分点，房地产开发投资增速趋缓；民间固定资产投资增长7.2%，与1—5月份相比提高0.4个百分点；

全国居民人均可支配收入增长 8.8%，实际增长 7.3%，高于去年同期 0.8 个百分点；市场销售增长加快，社会消费品零售总额增长 10.4%，全国居民消费价格增长 1.4%；进出口快速增长，外贸结构改善，进出口总额增长 19.6%，出口增长 15.0%，进口增长 25.7%，贸易顺差 1852 亿美元。详见表 3。

表 3　2017 年上半年经济指标情况　　　　　　　　　　　　　　（单位：%）

指标	同比增长	指标	同比增长
全国规模以上工业增加值	6.9	全国居民人均可支配收入	8.8
全国服务业生产指数	8.3	全国工业生产者出厂价格	6.6
全国固定资产投资（不含农户）	8.6	社会消费品零售总额	10.4
全国房地产开发投资	8.5	全国居民消费价格	1.4
民间固定资产投资	7.2	进出口总额	19.6

数据来源：国家统计局，联合评级整理。

（二）经济趋好态势筑底转向

受全球经济持续复苏、国内外市场连续走好、各项经济调整政策发挥的作用等因素影响，2017 年上半年的实体经济指标、虚拟经济指标明显优于 2015、2016 年全年水平，进一步证实我国经济结构不断优化、经济转好的势头走强。2017 年上半年 PPI 同比上涨为 6.6%，明显优于 2015 年的 -5.2% 和 2016 年的 -1.4%，利润增速的势头强劲；进出口增长速度明显加快，进出口结构的变化显示经济转向的动力充足，出口、进口分别为 8.2%、19.8%，明显优于 2015 年的 -2.8%、-14.1% 和 2016 年的 -7.7%、-5.5%；贸易顺差为 1852 亿美元，即使下半年贸易顺差快速增长，据预计也将低于 2015 年的 5945 亿美元和 2016 年的 5099.6 亿美元，贸易顺差下降通道形成；人民币贷款增速为 12.8%，低于 2015 年的 14.3% 和 2016 年的 13.5%，进一步证实金融体系降低内部杠杆绩效显现；美元兑人民币汇率为 6.9，高于 2015 年的 6.49，但微低于 2016 年的 6.94；1 年期存款利率、1 年期贷款利率保持稳定，有利于经济平稳运行。详见表 4。

表 4　2017 年上半年及 2015、2016 年全年经济指标情况

指标	2017 上半年	2016 全年	2015 全年	指标	2017 上半年	2016 全年	2015 全年
PPI/%	6.6	-1.4	-5.2	人民币贷款/%	12.8	13.5	14.3
出口/%	8.2	-7.7	-2.8	美元兑人民币汇率	6.9	6.94	6.49
进口/%	19.8	-5.5	-14.1	1 年期存款利率/%	1.5	1.5	1.5
贸易顺差/亿美元	1852	5099.6	5945	1 年期贷款利率/%	4.35	4.35	4.35

数据来源：Wind，联合评级整理。

六、2017 年下半年展望

（一）资本市场由降转升动力走强，但债券市场上行压力相对较大

由于受全球经济回暖以及我国经济稳中向好的态势影响，市场信心重塑，未来市场上行走势形成趋势有所加速。从半年线来看，股票市场上升趋势显现，上升通道已经形成。上证综合指数、Wind 全 A 指数上升幅度扩大，尤其是沪深 300 上升趋势明显，仅在上半年就上升了 10.78%。债券指标总体呈现下降，较 2016 年下半年下降幅度较大，依然位于下降通道。

（二）生产扩张走势继续增强，但波动幅度加大态势显现

从总体上看，生产扩张态势加速可期，PMI 指标中多数呈现连续增长走势；从局部来看，PMI 指标中尚有 4～6 个仍处于历史同期较低水平，且低于临界值，连续快速增长的动力稍显不足。另外，国家坚持去杠杆、去产能、严监管的导向趋向更严，进一步通过企业改造和产业升级实现结构调整的同时，在短期内对生产扩张速度造成一定压力。

（三）资金面适度趋紧，但紧中向松是常态

由于全球经济向好态势不断增强，而且我国经济稳中向好态势不断稳固，严监管和深度调控的导向推动资金面趋紧，但维护市场稳定，应对国内外不利因素，需要进一步加大调整的力度。一方面维持银行体系适度的流动性，延续市场的平稳运行；另一方面通过收紧资金面，实现经济去杠杆、降风险等目标。总体而言，央行未来维持紧中有松的资金面概率较大。

（四）人民币汇率双向波动态势形成，总体稳定趋势未改

从 2017 年上半年来看，人民币汇率出现了有升有降的双向波动特征。从短期来看，美元汇率阶段性走弱，支撑人民币汇率上行；从中长期来看，基本面因素的支撑促使人民币汇率摆脱单边走势，在双向波动的同时基本稳定。未来，人民币汇率走势以稳定为主，能够避免出现单边升值或大幅贬值。

（五）商品市场波动幅度扩大，但不确定因素较多

受国际经济、政治等因素影响，商品市场波动幅度有望扩大。全球经济复苏势头走强，欧元区经济的表现好于市场预期，各国的经济增长率都取得不同程度的增长，就业形势呈现持续性好转，超低通胀率正在逐步改善，以及欧洲央行、日本央行、英国央行等其他央行仍执行宽松政策，有利于商品市场趋好；但美国特朗普政府主张的内政改革、外交战略调整等方面的深度改变不容乐观；英国脱欧、德国大选的不确定性、意大利的"五星运动党"走强等政治风险，不利于商品市场稳定。

（六）债券市场三季度处于较好的配置时点，但仍需警惕风险

外围市场上，美联储 6 月已经加息，美元强周期虽然还没有结束，但经过上半年市场的反应调整，整体风险可控；虽然市场对于下半年国内经济下行预期基本一致，但经济基本面对债券市场的支撑已好于上半年；货币政策仍保持中性偏紧，资金投放以紧平衡维稳为主，但进一步收紧的可能性不大；监管方面，在经历过 4、5 月份银行体系去杠杆，"一行三会"强监管，以及 6 月末考核过后，风险最大的时期已经过去，债市压力有所减弱，目前正是处于相对温和的时点，债券市场或将迎来机会。但外围市场美联储缩表、欧洲央行货币政策预期变化，以及国内市场去杠杆、强监管犹在，政策风险并未完全释放，所以仍需谨慎操作，警惕风险。

（七）下半年宏观经济走势继续保持适度乐观

受全球经济持续复苏、国内外市场连续走好、各项经济调整政策作用等因素影响，下半

年宏观经济走势保持适度乐观。全球经济回暖趋势进一步稳固，中国经济增长的外部环境趋好；国内创新创业动力作用显现、制度红利释放发展活力和创造潜能，以及放管服等改革推动经济新增长；雄安新区、"一带一路"、京津冀一体化等国家战略和建设正形成新的经济动力；经济政策的有效性推动市场重塑信心，带动社会加大要素投入，实现经济增长目标。

【分析】该例文是有关2017年上半年我国宏观经济的分析报告。报告的开头部分从资本市场、资金面、生产领域、利率债发行与交易概况以及宏观态势等五个方面对我国的宏观经济进行概述，然后再从这五个方面进行具体的分析，最后在对上半年宏观经济的分析基础之上，展望下半年的宏观经济运行态势。本文采用文图（表）结合的方式展示分析结果，直观醒目，便于观察分析、易读易懂。

第四节　经济预测报告

【案例一】

2018年中国宏观经济发展走势预测

一、2018年中国经济增长率水平预计

（一）经济低增长、低波动、再平衡

中国的经济经历了GDP从高速高波动增长到低速低波动增长的阶段。2007—2009年的V形波动如果抹去，那么2007年以来的特征就是一个平滑下行的经济变速阶段。这一阶段与1993—1999年的下滑区别不大；与以往不同的就是下行时期的增速很少有较大的折返。这一特征说明经济的生产供应大大超过了总需求。这种平稳性的下滑是供应端平稳收缩所掌控的。而1993年的收缩是由于供应端并不占主导，彼时还是"物质文化生产赶不上人民日益增长的物质文化需求"。现阶段的主要经济发展目标是转型，在诸多科技文化创造领域再上一个台阶。换句话说，以前的目标是温饱（及格目标）的经济发展，而今迈向更深层次提升的良好甚至优良的技术全面强化领先（良好目标），但目前的核心问题在于化解金融风险和经济风险。

1. 短暂的反弹还是持续的企稳

在2015年下半年至2016年开启的供给侧改革的启动中，经济因为供应偏紧导致工业品价格上涨，带来复苏的特征，但这种特征可能是经济下滑过程中少有的意外企稳。对于经济活动来讲，大部分企业都是价格接受者，一方面接受市场硬性的原料价格，成本刚性较强，另一方面在产成品销售方面与同行业保持较高的同质化竞争状态，接受市场普遍价格。尤其是在经济疲软的环境下，需求方是定价方，而供给商品的中间商接受需求方的定价。

2. 负重前行的经济需要减负

2017年上半年，我国经济运行延续了稳中向好的发展态势，服务业和消费保持最高贡献，新动能进一步发挥作用，经济增长质量进一步提高，总体形势好于预期。对于未来宏观经济增长来说，负重前行仍然是更好的描述词语。高波动的经济扩张和收缩会带来金融经济风险的扩大，这是政策当局所不能允许的，除非这种增长能直接消灭大量的政府债务和经济杠杆水平，而非置换或者转移。未来经济增长率水平是否会继续下探尚未可知。从营商环境来讲，税收政策并未减轻，行政减费的边际效用已经释放完毕，经济增长越发依赖于人口、资本、土地三大根本要素的自然增长率支撑。从目前的房地产限购来看，短期土地要素不会发挥太大的作用，至少不会作为重头戏再提，更不用说这类重资产在资金匮乏的转型时期相对来讲更不容易受到追捧。资本方面则将面临美国税改的竞争压力，对企业资金外流的吸引力较大。

3. 中国经济增长率水平在 2018 年可能会进一步下滑

2017 年的复苏特征只是供给侧改革带来的昙花一现，经济增长率水平在 2018 年可能会进一步下滑。当然下滑本身不见得是坏处，市场内生力量可能被短暂控制，但长期必然服从于经济规律调节。2018 年的经济增长率水平估计为 6% ～ 6.5%，这是基于改革进入攻坚阶段，供给侧的价格增长的经济增长边际效应进入尾声，实质需求效应将取代价格效应反映到经济增长上来。

（二）略

二、整体杠杆水平分析

（一）杠杆水平几何

当前债券市场总市值与 GDP 比值在 2017 年短暂升至 2.5 倍附近，当前回落到 2.28 倍左右。GDP 所承载的债务比重与国际水平相比较高。主动降低杠杆有两个方式：一是保证经济增长，二是降低债务增长。只要经济增速高于债务增速，那么杠杆水平可以在发展中逐渐降低，而不用降低债务市场的绝对规模。

2016 年末，我国宏观杠杆率为 247%，其中企业部门杠杆率达到 165%，高于国际警戒线，部分国有企业债务风险突出，"僵尸企业"市场出清迟缓。一些地方政府也以各类"名股实债"和购买服务等方式加杠杆。中国的总杠杆率在主要经济体当中还是处于中等水平，并不明显偏高，这些结论是这些机构测算之后得出的比较一致的结论。从数据来看，在 250% 左右，大体上跟美国相当，低于日本、西班牙、法国和英国。此外，宏观层面的金融高杠杆率和流动性风险较高。高杠杆是宏观金融脆弱性的总根源，在实体部门体现为过度负债，在金融领域体现为信用过快扩张。

（二）杠杆风险分散与转移

政府和居民的杠杆率在主要经济体当中是最低的，政府的杠杆率大概只有 40%，居民的杠杆率也是 40%，中央政府也就 16%，地方政府稍微高一点。政府的债务相当一部分形成了优质的资产。另外，中国的债务有高储蓄率做支撑，储蓄率一直保持在 50% 左右，明显高于发达国家。因此从主体来看，政府和居民部门可以加杠杆来分担宏观债务风险和杠杆水平。与 2008 年国际金融危机前相比，我国债务水平有所上升，但债务风险已重新调整，主要通过居民和政府部门加杠杆来实现。

1. 政府加杠杆：尤其是 2016 年以来，各省通过融资平台公司举债热情不减，城投债发行规模出现井喷，截至 2017 年 9 月底，城投债余额已达 6.69 万亿元。截至 2017 年 9 月底，地方政府债券和城投债合计占中国债券市场比重已超过 1/3，融资平台公司资产负债率持续上升。地方融资平台通过城投债等多种融资，用于城市基础设施建设和保障性住房建设等公益性领域，其中仍会有相当一部分转化为政府债务。地方政府的负债主要用于搞建设，但相当一部分债务形成的资产回报率相对较低，这些资产所能够带来的现金流值得观察。

2. 居民加杠杆：从结构看，受房地产调控影响，前三季度居民中长期贷款新增4.2万亿元，与上年同期持平。不过，居民短期贷款则出现快速增加，新增1.53万亿元。居民部门通过住房信贷、汽车贷款和消费贷来增加杠杆。居民消费性短期贷款在2017年前7个月的增量已经超过去年全年，居民新增消费性短期贷款1.06万亿元，累计同比增加7137亿元，而去年全年仅新增消费性短期贷款8305亿元。简单来说，居民部门和政府部门加杠杆来分散企业部门集中的过多杠杆水平，这其中一部分通过商品房的销售来实现。从目前来看，城市化尚有一定上升空间，这意味着住房市场仍然存在继续扩张的缓冲时间，对于宏观监管当局来说，就是仍然有较短的时间窗口。居民承担的风险主要集中于住房信贷上，集中风险点在于就业稳定和贷款利率调整（这要求通胀水平不能够持续上升，否则重置的房贷利率将会更高）。2016年末居民部门杠杆率在50%以下，政府部门杠杆率在40%以下，低于世界公认的警戒线。2017年，有报道称较多居民是通过消费贷来实现购房的，但规模难以核实。

（三）债务扩张与宏观利润

我国的债务主要为内债。中国外债比例低，非金融企业外债余额占比仅为4%左右，外汇储备超过3万亿美元，具备较强应对外部冲击的能力。从供给侧改革效果来看，政府很好地稳定了系统重要性企业的资产负债表风险［见《系统关键性企业——货币政策与公众响应（五）》］，进一步实现了利润改善，带来了经济数据的转好，改变了企业经营预期，总体上提振了宏观经济的恢复。调整以GDP为目标的债务扩张模式，采取的是与GDP波动相适应的债务模式。前者容易导致过度信贷，用信贷拉动经济增长，而后者则采取适应经济增长的债务规模，债务服从于经济的承载能力。

1. 降低债务增速

如何化解风险呢？滚动降低债务增速，放缓债务清算的流动性冲击。2017年以来，债券发行量也开始低于2016年，整个年度可能接近2015年的水平。而当前债券整体收益率较高的背景下，企业融资的成本也迫使其收缩融资计划。如果考虑到企业保守型的经营策略，减少融资扩张，二者是存在一定的呼应的。从目前的形势来看，2017年债券发行量预计近似2015年的规模，甚至可能会低于2015年的状况，有理由相信中央政府在切实地执行债务风险控制的安排，抓住供给侧改革创造的较好的环境，实现企业杠杆降低和风险转移，从而增加经济持续发展的可能性。

2. 制约债券市场规模的"车刹"

很显然债务扩张的极限，一是存量净财富，二是所持有资产的收益能力。债务扩张的"车刹"是资产回报的现金流。现金流的源头在于经济增长与债务成本差。GDP增长率与资金成本的差值决定了二者的可持续空间。这个空间不是具体的时点概念，只要二者的空间仍然能够维持，那么债务扩张就是可行的。如果二者的差值进入难以维持阶段，尤其是实际GDP增长率接近资金成本的时候，这种宏观层面的现金流循环就不再能够维持，将进入负反馈阶段，产生债务收缩的需求。去杠杆、清债务首先导致现金成本上升，短期资金市场利率水平持续上升，更进一步强化债务出清。债务出清将导致一部分企业退出市场，另外一部分企业获得更大的市场份额，从而获得更大规模的集约经济收益，带动经济触底甚至反弹，届时，债务市场规模触底，经济也得以稳定。

2002 年宏观利润水平在 7％的水平上，债券市值同比增长。因为经济扩张产生的负债扩张是正常的，随着宏观利率水平下行，负债扩张的增速也出现下滑，二者保持紧密关系。2009 年宏观利润的扩张对债市市值扩张促进并不显著，2011 年下半年债市基本进入停滞阶段，债券发行稀少。2013 年下半年宏观利润水平触底，债务扩张再次启动，而 2015 年上半年扩张收敛保持的二者高关联度，被 2015 年下半年的股灾打破。彼时市场一方面担忧经济崩盘，另一方面汇率问题也让整个宏观经济承受较大压力。政府推动的大型项目和救市行动带来的负债扩张再次飙升。很显然，2016 年达到本轮增速的极点，未来债市市值增长将进入低速阶段。如果当前的宏观经济利润格局不能明显改善，债市整体规模将进入 0％～10％的增长区间，能适应经济低速增长所需的债务增长规模，而不会保持高速增长特征；而宏观利润在 2％～4％的区间内，市场债务增速也能适应经济运行的增速，保持下行的特征。2017 年债券市值同比增速回落到 10％以内，这也是与 M_2 增速一致的。宏观利润水平是债务融资的驱动力，一个较低的利润增长水平只能支撑较低的债务增长规模。

三、经济增长动能情况分析

（一）消费状况

1. 全社会消费增长

2007 年中国的社会消费品零售总额同比增长达到最高点，随后逐年下降，即从 2007 年的同比增幅 25％下滑至 2015 年 10％的水平并维持至今。2017 年 1—9 月份，社会消费品零售总额 263178 亿元，同比增长 10.4％，其中，限额以上单位消费品零售额 117751 亿元，增长 8.5％。2017 年 9 月份，社会消费品零售总额 30870 亿元，同比名义增长 10.3％（扣除价格因素实际增长 9.3％，以下除特殊说明外均为名义增长）。其中，限额以上单位消费品零售额 14630 亿元，增长 7.8％。预计 2018 年消费品增速仍然保持 9％～12％的增速运行。

2017 年 1—9 月份，全国网上零售额 48787 亿元，同比增长 34.2％。其中，实物商品网上零售额 36826 亿元，增长 29.1％，占社会消费品零售总额的比重为 14.0％；在实物商品网上零售额中，吃、穿和用类商品分别增长 29.3％、19.2％和 32.5％。1—9 月份，城镇消费品零售额 225592 亿元，同比增长 10.1％；乡村消费品零售额 37586 亿元，同比增长 12.1％；餐饮收入 28427 亿元，同比增长 11.0％。

2. 居民消费支出

总的来说，食品烟酒支出与居住支出在总支出中占比较大，均超过 20％，交通通信支出排第三，达到 13.6％，也就是说支出最大的前三个分类，占比达到 64.9％。支出占比第四的教育文化娱乐支出达到 11.2％，医疗保健支出占比达到 8.3％，这与老龄化趋势密切相关，预计未来医疗保健支出占比将会进一步提升，有望超过教育文化娱乐支出占比（图 1、图 2）。

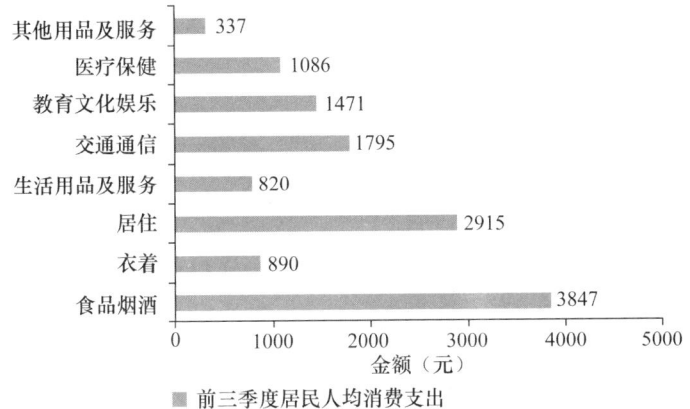

图 1 前三季度居民人均消费支出

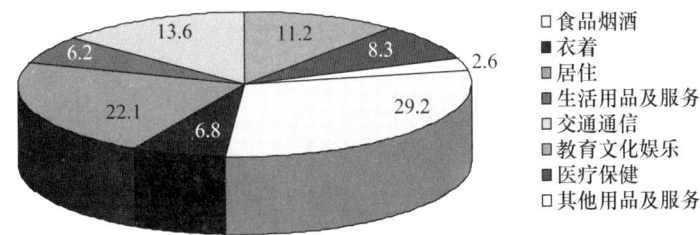

图 2 前三季度居民人均消费支出及构成

（资料来源：公开资料整理）

3. 居民可支配收入稳定增长

通常消费者的支出水平与就业和收入水平高度相关。2017 年前三季度，全国居民人均可支配收入 19342 元，比上年同期名义增长 9.1%，扣除价格因素，实际增长 7.5%。其中，城镇居民人均可支配收入 27430 元，增长 8.3%（以下如无特别说明，均为同比名义增长），扣除价格因素，实际增长 6.6%；农村居民人均可支配收入 9778 元，增长 8.7%，扣除价格因素，实际增长 7.5%。2017 年前三季度，全国居民人均可支配收入中位数 16780 元，增长 7.4%，中位数是平均数的 86.8%。其中，城镇居民人均可支配收入中位数 25340 元，增长 7.7%，中位数是平均数的 92.4%；农村居民人均可支配收入中位数 8466 元，增长 8.2%，中位数是平均数的 86.6%。按收入来源分，2017 年前三季度，全国居民人均工资性收入 11019 元，增长 8.8%，占可支配收入的比重为 57.0%；人均经营净收入 3212 元，增长 6.0%，占可支配收入的比重为 16.6%；人均财产净收入 1569 元，增长 10.4%，占可支配收入的比重为 8.1%；人均转移净收入 3542 元，增长 12.1%，占可支配收入的比重为 18.3%。

（二）投资增长稳定——为经济增长提供动能

2017 年前三季度，全国固定资产投资（不含农户）458478 亿元，同比增长 7.5%。前三季度，中高端产业投资快速推进，传统产业改造提升步伐加快，重点城市房地产供给力度进一步加大，投资整体呈现量增质更优的运行特点。

1. 传统产业领域投资平稳

一是基础设施投资保持高位运行。前三季度，基础设施投资99652亿元，同比增长19.8%，增速比去年同期提高0.4个百分点；占全部投资的比重为21.7%，比去年同期提高2.2个百分点；对全部投资增长的贡献率为51.7%，拉动投资增长3.9个百分点。其中，道路运输业投资增长24.9%；公共设施管理业投资增长23.7%；水利管理业投资增长16.5%。二是农业投资较快增长。前三季度，第一产业投资14973亿元，增长11.8%，增速比全部投资高4.3个百分点；占全部投资的比重为3.3%，比去年同期提高0.2个百分点。受益于农业供给侧改革持续深入的影响，农业投资增长态势良好，前三季度完成投资8356亿元，增长16.2%。三是教育环保等产业增长迅速。前三季度，教育、文化及相关服务业、体育、卫生及社会工作等民生领域的投资分别增长20.9%、20.3%、36.2%、18.2%。生态保护和环境治理业投资增长25%；环境保护专用设备制造业投资增长16.7%。

2. 高技术产业投资增长迅速

一是高技术产业投资快速增长。前三季度，高技术产业投资30716亿元，同比增长16.4%，增速比去年同期提高0.8个百分点；对全部投资增长的贡献率为13.6%，拉动投资增长1个百分点。其中，高技术制造业投资18952亿元，增长18.4%，增速比去年同期提高6.7个百分点，比全部制造业投资高14.2个百分点；对制造业投资增长的贡献率高达51.7%，拉动制造业投资增长2.2个百分点。二是装备制造业投资增速加快。前三季度，装备制造业投资58648亿元，增长8.3%，增速比去年同期提高5个百分点；占全部制造业投资的比重为41.6%，比去年同期提高1.5个百分点。装备制造业中，电子设备制造业、仪器仪表制造业、汽车制造业投资均保持两位数增长，增速分别为25.3%、19.4%、10.2%。

（三）进出口情况分析

1. 世界贸易明显好转，中国份额不断提高

2017年以来，世界贸易保持活跃。全球贸易量稳定增长，前七个月世界贸易量同比增长4.2%，比上年同期提高2.3个百分点。全球贸易额增速加快，1—8月，世界出口贸易额同比增长6.3%，进口贸易额同比增长6.1%。2017年前三季度，中国进出口总额同比增长16.6%，其中，出口增长12.4%，进口增长22.3%。据世界贸易组织统计，1—8月，中国货物进口额占世界的比重为10.9%，比上年同期提高0.7个百分点。前三季度，中国与美国进出口贸易总额同比增长18.7%，相较于去年同期的负增长，中美贸易大幅好转，其中，进口同比增长25.0%，出口同比增长16.5%；与此同时，中国与日本、欧盟的进出口贸易均明显改善，进出口贸易总额同比分别增长14.9%、16.4%，其中进口分别增长19.7%、20.9%。据国际货币基金组织测算，2017年中国对世界经济增长的贡献率达到34%。除10月份IMF上调2017年、2018年中国经济增长预期外，世界银行也在《东亚与太平洋地区经济半年报》中调高了预测，2017年中国经济增长率由此前的6.5%上调至6.7%。中国经济强劲和稳定的增长，成为全球经济增长的主要推动力，在世界经济稳步复苏的进程中，持续发挥着"压舱石"和"助推器"的作用。世界贸易明显好转，是与中国内需增加、进口扩大，从而对其他国家经济和世界贸易形成有力支撑分不开的。

2. 全球通胀疲弱状况改善，中国供给侧改革贡献巨大

2017年以来，随着大宗商品价格上涨，一些经济体逐步走出通缩困境，全球通胀疲

弱状况改善。前三季度，全球消费价格同比上涨 2.2%，涨幅比上年同期高 0.7 个百分点。其中，发展中国家消费价格同比上涨 3.6%，发达国家同比上涨 1.6%，涨幅比上年同期分别高 0.8 和 1.2 个百分点。本轮国际大宗商品价格上涨，与中国经济结构调整密切相关。中国大力推进供给侧结构性改革，传统工业行业去产能、去库存初见成效，拉动了国际大宗商品价格上涨。前三季度，中国钢材出口 5960 万吨，较去年同期减少 2535 万吨；中国铁矿砂及其精矿、原油进口量同比分别增长 7.1%、12.2%。9 月份，国际能源价格指数为 68.5（设 2010 年指数为 100），环比上涨 5.4%，国际非能源价格指数为 85.6（设 2010 年指数为 100），环比上涨 1.5%。其中，农产品价格环比上涨 1.4%，原材料价格环比上涨 1.4%，化肥价格环比上涨 6.1%，金属和矿产价格环比上涨 1.4%。相较于 2016 年大宗商品价格的剧烈波动，2017 年的大宗商品价格较为稳定，继二季度小幅调整后，三季度价格已基本恢复至年初水平。

3. "一带一路"共赢合作输出技术与商品

迄今为止有 100 多个国家和国际组织表达了积极支持和参与的态度，签署共建"一带一路"合作协议的达 69 个。"一带一路"的实施对当地的投资、贸易和就业等方面发挥了重大作用。2017 年以来，对"一带一路"沿线国家的投资合作稳步推进。1—9 月，我国企业对"一带一路"沿线的 57 个国家新增投资合计 96 亿美元，占同期总额的 12.3%，比去年同期提高 4 个百分点。与"一带一路"沿线国家新签对外承包工程合同额 967.2 亿美元，占同期总额的 57.5%，同比增长 29.7%；完成营业额 493.8 亿美元，占同期总额的 48.2%，同比增长 7.9%。前三季度，中国对俄罗斯、波兰和哈萨克斯坦等国进出口大幅提高，分别增长 27.7%、24.8% 和 41.1%。中国对沿线国家的投资合作除带动经济增长外，还促进了当地的就业。截至 8 月底，我国企业为当地创造就业岗位 24.7 万个。例如柬埔寨西哈努克港经济特区，目前已经成为柬埔寨重要的纺织产品的生产基地，对西哈努克省的经济贡献率超过了 50%，解决了当地 1.7 万人的就业。总的来看，前三季度世界经济稳步复苏，中国在此轮经济复苏过程中发挥着中流砥柱的作用。

四、商品价格情况分析

经济活动的一切核心在于价格，尤其是商品价格。价格是市场的水平线，所有人对量的了解是不确定的，因为不同的供应商，对不同的价格供应弹性不同。即使知道实际产量水平，但并不能知道不同厂商的生产函数。不同的消费者对不同价格水平的商品的需求以及预算约束也有不同的反应函数，这个函数是随着时间和工资发放周期变化而变化的，甚至信用卡的额度到期都有较大影响。这些既重要也不重要，因为关注核心价格可以起到纲举目张的作用。

2016 年的商品价格大幅上涨为众多企业争取到缓解压力的空间，这部分利润主要由已经退出的企业让渡过来，当然也叠加了经济本身的短暂复苏效应。2017 年初至今商品涨跌不一：铜获得最高涨幅，而铁矿石的跌幅达到 20.7%（表 1）。整体来讲，工业品与农业品并没有齐涨共跌特征，甚至工业品内部也因为供给侧改革的方向和侧重点不同而受益差异较大。农产品受益于养殖集中化和环保减排导致的短期性养殖数量下降带来的偏紧供应预计仍将持续一段时间，对未来的 CPI 指数有一定的支撑作用。

表1　主要商品年初以来涨跌幅　　　　　　　　　　　　　（单位：%）

塑料	焦煤	PTA	螺纹钢	铁矿石	铜	原油	黄金	豆粕	鸡蛋	美豆	白糖
−2.1	−8.5	−5.2	8.6	−20.7	18.6	−0.7	12.8	−10.1	18.2	−5.7	−14.4

（资料来源：公开资料整理）

供给侧改革与环保监查的严格执行导致大量矿产类生产商减少生产规模，导致供应偏紧，商品价格上升。与此同时，大量进口的矿品原料价格也开始上涨，中国 2016 年开始引发的价格上涨触发了国际整体商品价格的调整，进一步强化了工业品价格的强劲表现。

1. 有色金属（略）

2. 化工商品

化工领域的商品价格与有色行业的商品价格的节奏基本一致。原油在 55 美元的水平强势震荡，没有回调的迹象。这背后不仅有石油输出国组织（OPEC）和俄罗斯等产油国 2017 年实行减产的原因，更有全球经济复苏带动的商品消费需求上升的原因。此外，在过去几季油市供应略显不足之际，全球原油库存下滑。鉴于这些因素，近期国际油价出现上扬，并一度创新高。减产协议将于 2018 年 3 月到期，但有越来越多的看法认为协议将延长至 2018 年底。从目前供需平衡的数字看，全球 2017 年石油库存在稳步下降，但还不足以扭转 2014—2016 年暴跌导致的局面，2018 年全球石油库存或再度增长。从美国能源信息署（EIA）数据看，自 2016 年来，美国原油产量增加 13%，达 960 万桶/日，这样的数字也会导致其出口量的增加。由于油价上涨可能刺激生产商增加对冲，这支持了页岩油产量预期，意味着 2018 年布伦特原油恐难以在 60 美元/桶维持，预计 2018 年 WTI 和布伦特油价平均分别在 50 美元/桶和 55 美元/桶的水平。从目前来看，化工品价格的下跌与石油价格走势相违背，预计未来仍然将恢复涨势。

3. 建筑商品

2017 年以来，建筑商品大幅震荡，目前价格回到年初水平。不一样的是，目前的经济状况要好于年初的状态，因此这样的价格下跌并不会导致过多的风险产生。当前有房地产限购政策的利空与公租房建设扩张的积极因素相互交织，使得工业品的需求相对模糊。居民购房贷款的扩张，至少承接了一大部分房地产公司的债务杠杆，同时降低了银行来自房地产公司的信贷风险，起到了均摊风险的作用，在一定程度上盘活了房地产企业的资产负债表，有利于大型企业进一步的投资运转，有益于降低系统重要性实体企业风险。

4. 农产品

农业领域也不容乐观，价格水平仍处于低位，生产积极性会进一步受到压制。只有后期价格的提升才能带动这一领域的扩张和活跃。进口的扩大使得短期内国内农业领域在价格上不占优势，进口是主流。在目前的生活资料成本高企的情况下，农产品对外依赖度会进一步上升，通过进口低价粮食来抵消食品在流通领域的成本上升，而国内商品相对较高的价格则不占优势，种植会进一步萎缩。

五、宏观经济表征情况分析

（一）PMI 仍然大于 50，处于扩张区间

各分项 PMI 扩张放缓，PMI 从原料价格驱动转为经济需求量驱动。企业经营销售产

品的价格策略将更为灵活，转化成本压力以便持续经营。当前的需求虽然疲弱，但基本属于刚需的水平，难以持续下滑。预计随着价格调整的进行，中小企业的利润表现将会出现积极变化，从而展望积极的 PMI 指数。

（二）企业价格策略从被动走向主动

企业销售品价格与投入品价格之差构成虚拟利润指标，重点不是这个虚拟利润的大小，而是其变动趋势对于经济运行的预示作用。如果产品价格上调较快，那么意味着商品或者服务供应方主导定价；如果产品价格下调较快，则意味着经济的下行较快，需求方主导定价。PPI 增长快速的时候，企业的投入品主要来自 PPI 所统计的产品范围、企业的销售价格与投入品价格差等，销售品价格难以快速根据原料成本变化而快速调整，在这一时间内，企业将让渡利润或者承担亏损来进行经营维持。虚拟利润与 PPI 在 2009—2012 年呈显著的反相关，可以说在当时的情况下，销售端价格刚性较强，所以才表现为虚拟利润与 PPI 清晰的反向关系。当时的中国经济增速仍然较高，企业利润水平较大，因而中下游企业向原料行业让渡利润较为容易，因而没有必要通过提价来改变利润水平，无非是多赚少赚的区别。在 2012—2016 年这种关系开始减弱，这说明虚拟利润受到 PPI 的冲击，已经有些企业开始通过提价或者变动价格来进行利润预期的调整，企业的经营行为更加具备灵活性；而在 2016—2017 年企业销售品与投入品价格差的虚拟利润变动开始平稳，说明企业调整销售产品价格的行为更加贴近原料价格的变动。当然难以通过虚拟利润指标来估计实际企业的利润水平是否足以支撑企业运行，也许在某个虚拟利润水平下方，企业已经关门谢客，这难以得知。

客观地说，企业在销售产品或者服务端能够根据成本来进行调节是一种积极的市场现象。从目前的市场变化来看，供给侧改革造成的高价格的工业品状态会持续，因而价格传导终将发生。这有两个效应，一个是价格上涨的幻觉效应，刺激企业进一步生产为复苏加码；另一个是工业品价格终将影响 CPI 端价格，从而造成通胀水平的提高，带来社会成本上升以及利率水平上升。从现在的情况来看，后者的压力并不大，因而积极因素仍将发挥作用，对未来的经济数据起到支撑作用。

六、货币平滑流动性分析

考虑到经济增长，当前的货币政策已经过于紧缩，甚至已经影响到经济的发展。假定货币体系因制度性约束而存在一个稳定的杠杆，那么就是货币乘数，由准备金率和货币流通时滞决定。在常态下，M_0、M_1、M_2 增速将保持同等比例上升，因为杠杆是固定的。$M_2 = k_2 M_0$，$M_1 = k_1 M_0$，k 与准备金率、现金漏损有关。目前广义货币增速低于狭义货币增速，显然出现了广义货币领域的货币低于货币增长率体系本能的潜在增长率，从某种意义上来说就是一种狭义货币扩张为广义货币领域的收缩提供喘息时间和空间的政策特征。9 月末，广义货币（M_2）余额 165.57 万亿元，同比增长 9.2%，增速比上月末高 0.3 个百分点，比上年同期低 2.3 个百分点；狭义货币（M_1）余额 51.79 万亿元，同比增长 14%，增速与上月末持平，比上年同期低 10.7 个百分点；流通中货币（M_0）余额 6.97 万亿元，同比增长 7.2%。前三季度净投放现金 1445 亿元。货币口径增速差为正的时候，几乎都对应中国经济高速扩张阶段，而货币口径增速差为负对应着经济紧缩或者短暂萧条的时期。从目前来看，经济相对疲软的状态仍将持续，但最差的时候已经过去。

【分析】本篇例文是对 2018 年中国宏观经济发展走势的预测报告。第一方面是对 2018 年中国经济增长率水平的预计；第二方面是对整体杠杆水平的分析；第三方面是对经济增长动能情况的分析；第四方面是对商品价格情况的分析；第五方面是对宏观经济表征情况的分析；第六方面是对货币平滑流动性的分析。报告从六个方面对 2018 年中国宏观经济发展走势进行预测，利用资料数据进行科学的定性分析和定量分析。报告说服力强，具有现实的指导意义。

【案例二】

2014 年蓝山县上半年经济形势分析

今年以来，在县委、县政府的坚强领导下，全县上下努力克服国内外经济受金融危机影响较大、经济发展下行等不利因素的影响，上半年全县经济呈现出"弯道超车"、又快又好的发展势头。

一、上半年经济发展的总体状况

今年上半年，全县 GDP 完成 187869 万元（预计数，下同），同比增长 15.0%，其中第一产业完成增加值 31277 万元，增长 8.7%；第二产业完成增加值 72733 万元，增长 20.8%；第三产业完成增加值 82343 万元，增长 12.8%。

1. 农业发展平稳。今年在国家一系列支农、惠农政策的强力支撑下，通过调整农业产业结构，大力发展畜牧业等有效措施，全县农业发展平稳增长。一是粮食作物播种面积稳定增长。农业部门狠抓粮食生产，坚决杜绝耕地抛荒现象，稻谷生产努力实行单季改双季经营，稻谷播种面积进一步扩大。虽然中稻播种面积比上年有所减少，但早稻播种面积达到 10.9 万亩，增长 10.8%，为今年晚稻播种面积的大幅增长打下了良好的基础。二是经济作物种植面积进一步扩大，其中烤烟种植面积 3.7 万亩，增长 10.7%。三是蔬菜种植面积有新突破，其中特色蔬菜大白苦瓜种植面积达到 1200 亩，紫茄种植面积达到 2800 亩，均比上年大幅增长。四是生猪生产取得新的进展，预计上半年出栏生猪达到 45 万头，同比增长 32%。五是农业生产基础设施进一步优化。上半年，全县农村固定资产投资完成 16891 万元，增长 20.0%，烟基配套工程完成投资 596 万元，病险水库加固完成投资 900 万元。

2. 工业发展强劲。上半年完成全部工业增加值 67569 万元，增长 22.9%，其中规模工业完成增加值 40430 万元，增长 31.4%。一是毛织行业逐渐复苏。从上半年我县的情况来看，毛织行业逐步从金融危机的影响中走出来，全县规模以上毛织企业完成增加值 9808 万元，同比增长 29.9%。二是电力生产与供应业增长强劲，上半年规模以上电力行业完成增加值 3804 万元，同比增长 85.5%。三是制鞋业发展良好。上半年规模以上制鞋业完成增加值 3473 万元，同比增长 34.9%。四是采矿业、竹木生产加工业发展逐步加快。上半年规模以上采矿业、竹木生产加工业分别完成增加值 2989 万元、3511 万元，分别增长 54.3%、51.4%。五是永蓝高速和厦容高速的开工，刺激了我县土砂石开采等相关行业的快速发展，对全县工业经济的快速增长起到了拉动作用。

3. 投资增长速度加快。上半年全社会固定资产投资达到 12.5 亿元，同比增长 60.1%，其中 50 万元以上投资完成 10.8 亿元，同比增长 68.9%。

4. 消费市场火爆。一是居民消费增长加快。在国家一系列刺激消费政策的影响下，上半年全县实现社会消费品零售总额 62459 万元，同比增长 19.3%。家用电器和音响器材类增长较快，达到了 74.5%。家电下乡补贴金额达到 31.8 万元。金水湾超市、鑫都宾馆等企业的开业和嘉诚商场十周年纪念活动等，有效地带动了居民消费，消费市场异常火爆。消费水平由生存型向发展型、享受型转变。二是住房消费大幅增加。为了刺激房地产消费，县委、县政府下发了《关于启动国家工作人员团购商品房工作的通知》，以优惠的政策鼓励国家工作人员和社会各界人士购买商品房，各单位也根据自身情况，同样制定了单位职工购买商品房的内部奖励措施，仅国家工作人员团购商品房就达 100 多套。再加上荆竹林场大厦、水电大厦、畜牧大厦、计生大厦的相继开工，上半年新增商品房销售达 800 多套。

5. 居民收入增长平稳。上半年，城镇居民人均可支配收入 6755 元，同比增长 15.3%。农民人均现金收入 2230 元，同比增长 15.0%。永蓝高速和厦容高速两条高速公路的开工，对沿线农村居民的征地拆迁的补偿，增加了农村居民的现金收入。

6. 财政、金融保持稳定。上半年，全县完成财政总收入 10208 万元，同口径增长 27.9%，财政支出 25620 万元，增长 20%。金融机构各项存款余额 275175 万元，增长 25%，其中储蓄存款余额 235136 万元，同比增长 22.1%。各项贷款余额 81998 万元，增长 21%。

二、经济运行中存在的问题

虽然上半年我县经济保持了快速增长的发展势头，但也还存在一些不容忽视的问题。一是农业方面缺少自己独有的能真正带动全县农业大发展的优势产业；二是工业经济总量还不够大，与工业强县和新型工业化的要求还相差甚远；三是社会服务业规模不大，档次不高；四是投资亮点缺少，项目不多；五是居民持续增收难度加大；六是财政增收困难较大。

三、下半年经济形势走势预测

下半年，由于农业产业结构的调整，稻谷、玉米、油料等农作物播种面积增加，烤烟生产势头喜人，生猪生产发展步伐加快，退耕还林成果得到巩固加强，全县农业将取得大丰收，预计全年农业增加值完成 8.8 亿元，增长 6.5%。第二产业方面，金融危机对我县工业的影响已经见底，毛织企业开始复苏，电力生产一直保持着强劲的发展势头，采矿业、木材加工、铸造行业的发展均比上年有新的起色；建筑业发展势头强劲，预计全年第二产业完成增加值 15.8 亿元，增长 21.3%。第三产业由于消费的拉动，房地产业的大发展，物流、物业管理等新兴行业的注入，星级宾馆的营业、金水湾广场的带动作用，国家家电下乡、摩托车、汽车下乡等惠民政策的进一步落实，预计全年全县第三产业完成增加值 17.2 亿元，增长 13.5%，全年 GDP 预计完成 41.8 亿元，增长 15.0%。

蓝山县人民政府
2014 年 7 月 3 日

【分析】本经济活动分析报告是在宏观经济视野下分析上半年蓝山县政府经济发展态势，指出了经济运行的总体情况，以及在经济发展过程中存在的问题。在现实基础上对下半年经济形势走向作出预测，具有一定的参考性。报告以数字和调查资料相结合的方式进行论述，材料真实可靠，论述充分合理。

实训设计

一、填空题

1. _____是平等主体的自然人、法人、其他组织之间设立、变更、终止民事权利义务关系的协议。

2. 合同的结构包括_____、_____、_____、结尾四大部分。

3. 合同的_____就是合同关系中确定的双方当事人权利和义务共同指向的对象。

4. 市场调查报告的主体一般由_____、_____、_____三部分组成。

5. 经济活动分析报告具有_____、总结性和_____的特点。

6. 经济活动分析报告常用的方法有_____、_____和动态分析法等。

7. 经济预测报告包括标题和正文两个部分，正文一般是由_____、_____和_____等几个部分组成的。

8. _____又叫"罚则"，是指当事人一方或双方因为自己的过错，造成合同不能履行或不能全部履行而应承担的责任。

9. 经济预测报告的标题，一般包括_____、_____、_____和_____几项内容。

10. 具体来说，经济活动分析报告的功能主要包括：（1）_____；（2）_____；（3）_____；（4）_____。

11. 合同的主体内容应包括_____、_____、_____、_____、_____、_____、合同份数等内容。

12. 经济活动分析报告的标题主要有两种：一种是_____式标题；另一种是_____式标题。

二、单项选择题

1. 合同的前言一般包括签订合同的目的或签订合同的（   ）。
   A. 姓名　　　　　　B. 依据　　　　　　C. 主要条款　　　　D. 次要条款

2. 双方或多方就某一项目的合作问题在实质性谈判之前，经过接触而形成具有原则性、导向性意见的书面材料是（   ）。
   A. 经济合同书　　　　　　　　　　　B. 投标书
   C. 意向书　　　　　　　　　　　　　D. 经济项目可行性研究报告

3. 意向书只是草签的表示某项合作意愿的文书，它不具有明确性，只具有（   ）。
   A. 导向性　　　　　B. 原则性　　　　　C. 临时性　　　　　D. 多样性

4. 合同的首部包括（   ）。
   A. 双方签订合同的依据
   B. 双方签订合同的目的
   C. 当事人、合同编号、签订地点和签订时间

D. 订立合同各方单位名称和仲裁机关的全称及代表人姓名

5. 当企业在做出重大经济决策时要对相关问题作分析，这种分析属于（　　　）。

　　A. 综合性经济活动分析　　　　　　B. 专题性经济活动分析

　　C. 简要性经济活动分析　　　　　　D. 定期性经济活动分析

6. 经济活动分析报告与经济预测报告都是以市场调查为基础的，但经济活动分析报告侧重于（　　　）。

　　A. 未来分析　　　　　　　　　　　B. 过去和现在

　　C. 反映现实及未来　　　　　　　　D. 预测未来

7. 签订合同书的双方或多方至少有一方应该是法人，并且合同的内容要符合《中华人民共和国合同法》，因此合同书具有（　　　）。

　　A. 互利性　　　　B. 严肃性　　　　C. 合法性　　　　D. 原则性

8. 市场调查和预测报告的作用体现在（　　　）方面。

　　A. 为决策服务　　　　　　　　　　B. 引导消费和生产

　　C. 提高经营水平　　　　　　　　　D. 提供经验教训

9. 经济合同是当事人双方或多方的法律行为，因此经济合同首先要具有的特点是（　　　）。

　　A. 平等性　　　　B. 合法性　　　　C. 严肃性　　　　D. 一致性

10. 写作意向书的要求是考虑周密和（　　　）。

　　A. 用词准确　　　B. 用词超前　　　C. 用否定句　　　D. 用肯定句

11. 写经济应用文时，既要采用个别性的具体材料，又要采用普遍性的概括材料，这是就材料的（　　　）。

　　A. 性质而言　　　　　　　　　　　B. 时间性而言

　　C. 深度、广度而言　　　　　　　　D. 范围而言

12. 经济活动分析的开头及概况部分最好（　　　）。

　　A. 用文字概述　　　　　　　　　　B. 用表格表述

　　C. 以表为主，辅以文字　　　　　　D. 文字概述与表格表述并列

13. 经济预测报告的核心在于（　　　）。

　　A. 前言　　　　　B. 概况　　　　　C. 预测　　　　　D. 建议

14. 预测企业产品市场需求量及变化的报告是（　　　）。

　　A. 市场预测报告　　　　　　　　　B. 销售预测报告

　　C. 技术发展预测报告　　　　　　　D. 成本预测报告

15. 经济活动分析的主要用途是（　　　）。

　　A. 探索经济规律　　　　　　　　　B. 发现问题，采取对策

　　C. 预测发展趋势　　　　　　　　　D. 总结成功经验

16. 经济活动分析报告的标题各项内容中不能省去的一项是（　　　）。

　　A. 单位名称　　　B. 分析期限　　　C. 分析内容　　　D. 文种

17. 经济活动分析正文的构成要素是（　　　）。

　　A. 背景、指标、措施　　　　　　　B. 概况、分析、建议

C. 前言、概况、事实 　　　　　　D. 总则、分则、附则

18. 下面不是调查报告别称的是（　　　）。

    A. ××调查记 　　　　　　　　B. ××调查

    C. ××考察报告 　　　　　　　　D. ××情况报道

19. 经济活动分析报告分析的主要依据是（　　　）。

    A. 账面数据 　　　　　　　　　　B. 领导的要求

    C. 账外影响因素 　　　　　　　　D. 国家方针政策

20. 通过对市场产品的销售量、市场占有率、产品竞争力的预测，从而改善企业的经营管理，扩大营销。这是（　　　）。

    A. 市场预测报告 　　　　　　　　B. 销售预测报告

    C. 技术预测报告 　　　　　　　　D. 成本预测报告

21. 经济活动分析写作的核心问题是（　　　）。

    A. 核心数据 　　　　　　　　　　B. 分析差异

    C. 探索规律 　　　　　　　　　　D. 提出对策

22. 可行性研究报告中，说明项目基本情况、基本设想、基本结论的部分是（　　　）。

    A. 标题 　　　　B. 主体 　　　　C. 附件 　　　　D. 前言

23. 预测报告的结构为概况、预测、建议三部分，它们之间的关系是（　　　）。

    A. 并列关系 　　　B. 因果关系 　　　C. 总分关系 　　　D. 递进关系

24. 《今夏宁夏西瓜市场预测》的类属是（　　　）。

    A. 宏观预测 　　　B. 微观预测 　　　C. 长期预测 　　　D. 短期预测

三、判断题（正确的打√，错误的打×）

1. 合同的语言要十分准确严密，不能有模棱两可或含糊不清的表达出现。（　　　）

2. 合法性是合同的根本特点。（　　　）

3. 经济预测是为经济工作服务的，其语言必须是精确的，不能有模糊性语言。
（　　　）

4. 经济预测报告的结果必须与实际情况完全吻合。（　　　）

5. 没有标的，合同就不能成立。（　　　）

6. 合同的主要条款包括标的、数量、质量、价款、签名及生效时间等。（　　　）

7. 财务分析报告的主体部分思路是：情况（财务指标完成情况）—措施（采取的对策和方法）—问题（分析应该解决的尚未解决的矛盾）—意见（改进方法）。（　　　）

8. 某大学的总务处长与市建筑公司的生产科长共同签订了一份为某大学建造教学楼的"建筑工程承包合同"。（　　　）

9. 市场调查报告是对市场进行深入调查以后，对调查获得的信息资料进行系统、科学和周密的整理，根据实际需要进行分析、归纳和综合后撰写的书面报告。（　　　）

10. 经济预测报告的正文一般由前言、情况、预测、建议等几部分组成。（　　　）

11. 经济活动分析报告的功能主要包括诊断功能、建议功能、反馈功能和预测功能。
（　　　）

12. 撰写经济预测报告，要求必须具有系统性、预见性和实效性。　　　　（　　）

13. 经济应用文中，反映事物本质属性的材料不一定是客观存在的事实或事件。
　　　　　　　　　　　　　　　　　　　　　　　　　　　　　　（　　）

14. 经济活动分析报告的观点是指有关工作的判断、认识、意见、办法和建议。
　　　　　　　　　　　　　　　　　　　　　　　　　　　　　　（　　）

15. 市场调查报告只适用于企业经济活动。　　　　　　　　　　　　　（　　）

16. 市场预测报告的首要条件是调查研究。　　　　　　　　　　　　　（　　）

17. 经济活动分析就是财务人员所作的财务分析。　　　　　　　　　　（　　）

18. 经济活动分析的正文一般包括基本情况和建议措施两个部分。　　　（　　）

19. 经济活动分析与总结都是回顾评价自己既往工作的文书，区别在于总结内容广泛，经济活动分析仅限于经济工作。　　　　　　　　　　　　　　　　（　　）

20. 对历史和现状的了解是进行经济预测的基础，因此，写好预测报告主要取决于调查工作。　　　　　　　　　　　　　　　　　　　　　　　　　　　（　　）

21. 经济预测的主要作用是为决策提供可靠依据，因此，预测的真实性是预测的生命。　　　　　　　　　　　　　　　　　　　　　　　　　　　　　　（　　）

四、简答题

1. 合同写作的主要条款有哪些？

2. 合同写作应遵循哪些原则？

3. 经济预测报告的作用有哪些？

4. 简述经济活动分析报告与市场调查报告、市场预测报告的异同。

五、指出下面合同的不规范之处，说明应如何修改

合　同

立合同人：××学院后勤公司（甲方）

　　　　　××建筑公司（乙方）

为建筑××学院游泳馆，经双方同意，订立本合同。

1. 甲方委托乙方建造一座游泳馆，由乙方全面负责建造。

2. 全部建造费（包括材料、人工）300万元。

3. 甲方在订立合同后先交一部分建造费，其余在游泳馆建成后抓紧归还。

4. 工期待乙方筹备就绪后立即开始，力争今年底开工，争取明年8月左右交付使用。

5. 建筑材料由乙方全面负责筹备。

6. 本合同一式两份，双方各执一份。

立合同人：××学院后勤公司（公章）　　　　××建筑公司（公章）

总经理（签名）：　　　　　　　　　　　　　总经理（签名）：

　　　　　　　　　　　　　　　　　　　　　　201×年×月×日

六、材料分析题

2017 年中国医疗器械行业现状及发展趋势分析

一、行业现状：收入与利润均处于增速首位，国家政策鼓励国产替代

医疗器械行业整体收入和利润增速处于各个子行业首位。医疗器械 2016 年营收增速达到 13％，利润增速达到 32％，利润增速和收入增速均处于各子行业首位，特别是利润增速远高于行业整体的 15.57％，也远高于去年同期的 5.34％（图 1～图 4）。其高增长有三个原因：

（1）2015 年基数较低。

（2）医药开支中器械占比不高，医保控费压力较低。

（3）人均器械开支仍然较低，潜力较大。全球医药和医疗器械的消费比约为 1∶1，但我国仅为 6∶1，考虑到药品领域存在部分安全无效药，即使剔除一半，比例也仅为 3∶1。

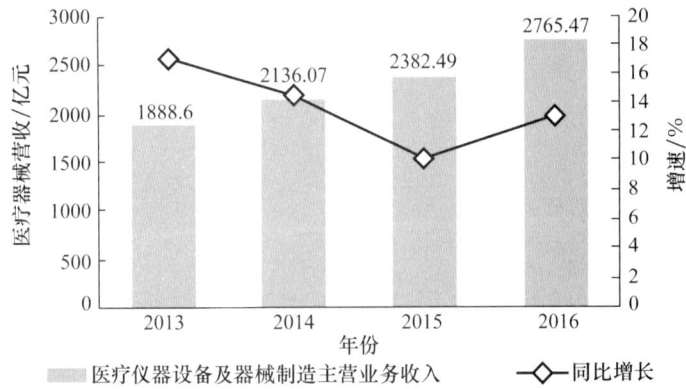

图 1　2013—2016 年医疗器械营收增速情况

（数据来源：公开资料、智研咨询整理）

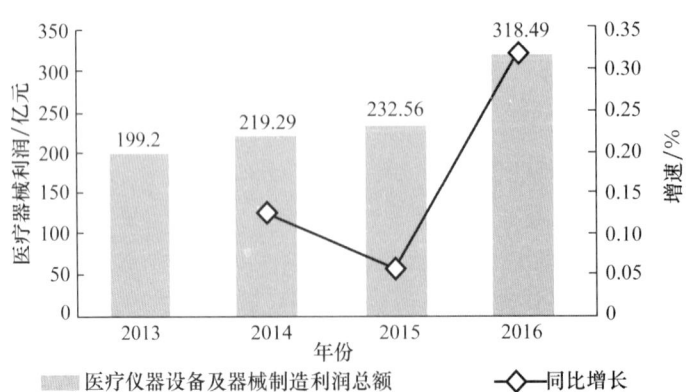

图 2　2013—2016 年医疗器械利润增速情况

（数据来源：公开资料、智研咨询整理）

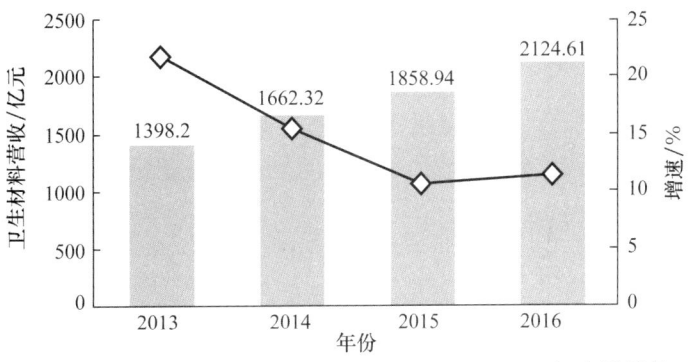

图3　2013—2016年卫生材料营收增速情况

（数据来源：公开资料、智研咨询整理）

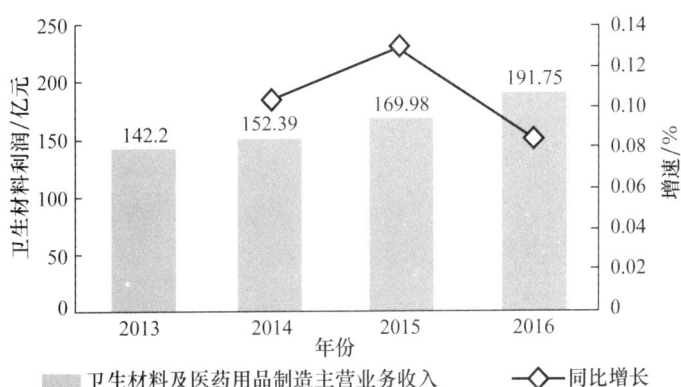

图4　2013—2016年卫生材料利润增速情况

（数据来源：公开资料、智研咨询整理）

政策鼓励国产替代和行业规范化发展（表1）。器械国产化及进口替代是国家政策重点鼓励的方向。器械领域的创新产品同样享受优先审评待遇，且医疗器械临床也由许可制改为备案制，加快了临床审批进程。目前，对符合条件的申请审理须60个工作日内给予意见，否则视为同意；认可除需进行临床试验审批的第三类医疗器械外的境外临床试验数据。同时，CFDA（国家食品药品监督管理总局）对医疗器械企业质量监管趋严，从研发到使用全过程监管，传统领域不合规范的企业将面临被淘汰的局面，未来行业集中度有望提升。

表1　2017年以来医疗器械领域各项政策

年　月	部门	政策	内容
2017.2	工业和信息化部、民政部、国家卫生计生委	《智慧健康养老产业发展行动计划（2017—2020年）》	制订智慧健康养老设备产品标准，优先制订适用于个人、家庭和社区的血压、血糖、血氧、心律和心电五大类生理健康指标智能检测设备及数据服务标准
2017.5	国务院	《国务院关于修改〈医疗器械监督管理条例〉的决定》	医疗器械临床试验机构资格认证由许可制改为备案制

续表

年月	部门	政策	内容
2017.5	CFDA	《关于鼓励药品医疗器械创新加快新药医疗器械上市审评审批的相关政策》（征求意见稿）	加快临床急需药品医疗器械审评审批。支持罕见病治疗药物和医疗器械研发，完善药品医疗器械审评制度
2017.5	CFDA	《关于鼓励药品医疗器械创新实施药品医疗器械全生命周期管理的相关政策》（征求意见稿）	规范药械全生产生命周期管理；落实上市许可持有人法律责任，完善药品医疗器械不良反应事件报告制度，开展完善药械再评价制度，落实从研发到使用全过程的检查责任等
2017.5	CFDA	《关于鼓励药品医疗器械创新保护创新者权益的相关政策》（征求意见稿）	保护创新者权益；参与药品医疗器械注册申请审评审批的人具有保密义务
2017.5	CFDA	《关于鼓励药品医疗器械创新改革临床试验管理的相关政策》（征求意见稿）	优化临床试验审查程序；开展需审批的医疗器械临床试验前，须经申请人与审评机构沟通后正式申请和受理。审评机构自受理之日起 60 个工作日后，没有给出否定或质疑的审查意见即视为同意。申请人可按照递交的方案开展临床试验；接受境外临床试验数据；申请人在境外获准上市的医疗器械，除需进行临床试验审批的第三类医疗器械外，在境外获准上市时提交的临床试验数据，也可作为临床试验资料用于申报医疗器械注册
2017.6	科技部	《"十三五"医疗器械科技创新专项规划》	发展前沿关键技术，引领医疗器械创新

二、家用医疗器械关注行业电商春风和平台型龙头企业

家用医疗器械注重品牌和销售能力，但是由于单体品种市场空间小，平台型企业稀缺，家用医疗器械市场与医用市场既有联系——品牌力有所协同，也有巨大的区别——家用医疗器械市场更类似于消费电子产品，消费升级、老龄化、品牌力等都是其未来的成长推动力。由于单个产品体量不足以维持终端渠道所需要的大量销售人员，行业内经销商代理销售模式非常普遍，具有终端成建制销售能力的平台型企业非常稀缺。

电商新渠道成为家用医疗器械增长动力，电商马太效应催生龙头。2016 年家用医疗器械市场首次突破千亿元大关，达到 1010 亿，其中传统零售市场约为 645 亿元（约占64%），电子商务市场约为 365 亿元（约占 36%）。目前家用医疗器械市场集中度极低，传统零售市场增长已经停滞，2016 年倒退 0.2%，但电商处于高速增长期，同比增长31.3%，家用医疗器械在天猫医药馆的销售从 2015 年的 23 亿元增至 2016 年的 30.7 亿元，增幅高达 33.5%，可以说家用医疗器械市场增长完全依赖于电商渠道。电商具有马太

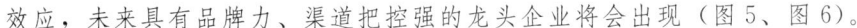

效应，未来具有品牌力、渠道把控强的龙头企业将会出现（图5、图6）。

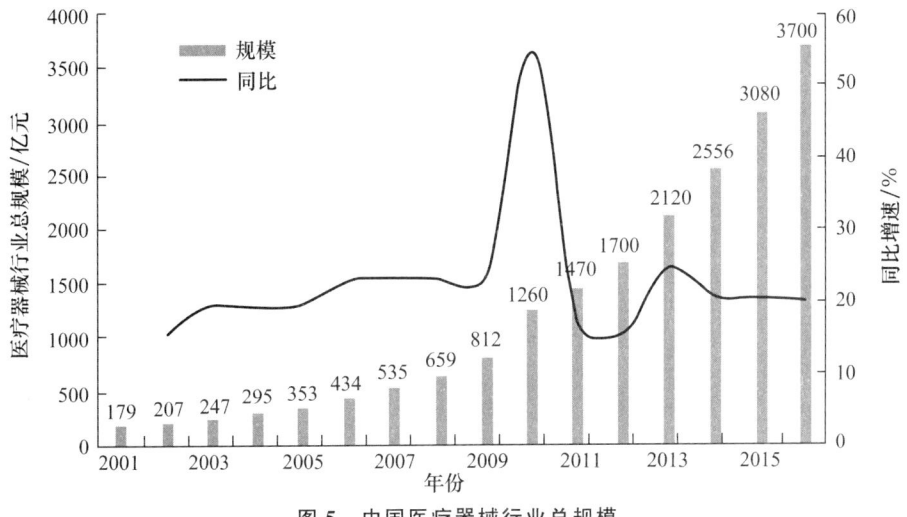

图 5　中国医疗器械行业总规模

（数据来源：公开资料整理）

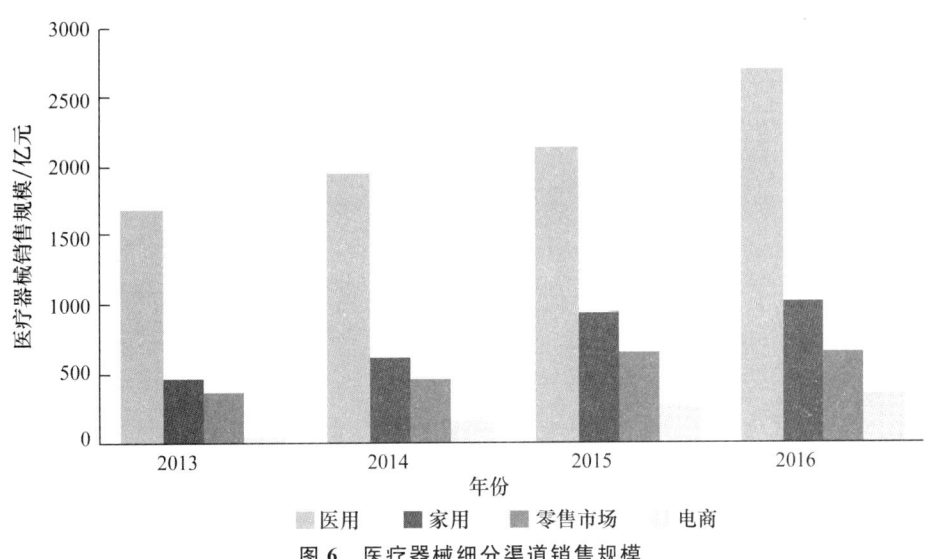

图 6　医疗器械细分渠道销售规模

（数据来源：公开资料、智研咨询整理）

三、IVD 行业快速变局中，化学发光成为制胜关键

我国 IVD 市场保持 15％以上的高速增长。据有关数据显示，IVD 依旧是全球医械市场中占比最大的细分行业。但由于美国、日本以及欧洲等市场发展较为成熟，全球 IVD 市场规模增长较为稳定，预计 2017—2022 年复合增长率仅 5％左右。而新兴市场则呈现出另一番景象，2016 年我国 IVD 市场总规模超 500 亿元。受市场规模基数低、医疗服务需求增长、检测技术更新换代等因素推动，我国 IVD 市场仍将保持超越医药行业平均水平的增速，预计未来三年复合增长率约为 15％（图 7）。

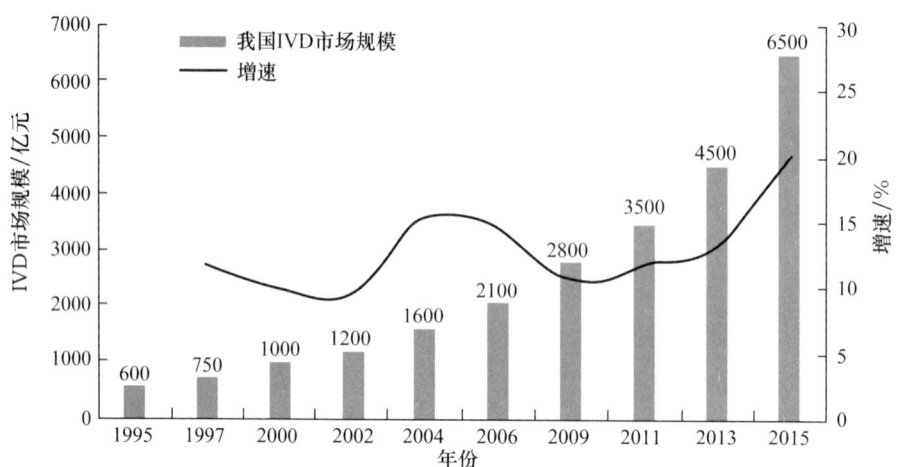

图 7　我国 IVD 市场规模及增速估计

（数据来源：公开资料整理）

我国 IVD 行业正处于快速变局中，封闭化已成趋势。在经历了多年野蛮生长之后，我国 IVD 行业仍处于较为分散的局面，行业内部也正处于飞速变局中，现有企业纷纷通过收购、研发新产品、产业链延伸等方式来进一步扩大市场。无论是渠道端还是技术端，通过封闭化形成自己的"护城河"已成行业发展趋势。

资料来源：中国产业信息网 http://www.chyxx.com/industry/201802/610855.html

应用文写作综合测试题（一）

一、单项选择题（每小题 1 分，共 15 分）

1. 时间较长、范围较广、写得较概括的计划被称为（　　）。
   A. 方案　　　　　B. 规划　　　　　C. 安排　　　　　D. 设想

2. 一般情况下，下级机关上行文件的收文机关即主送机关（　　）。
   A. 可以有几个　　　　　　　　B. 只有一个
   C. 可以有一个或几个　　　　　D. 可以有两个

3. 市财政局发出的关于坚决制止用公款旅游、请吃的公文应该是（　　）。
   A. 通知　　　　　B. 通报　　　　　C. 指令　　　　　D. 通告

4. 公文中主送机关和抄送机关都应写（　　）。
   A. 机关全称　　　　　　　　　B. 机关简称
   C. 机关的全称或简称　　　　　D. 机关全称或规范化简称

5. 下列不属于公文作用的是（　　）。
   A. 法规依据　　　B. 领导指导　　　C. 联系交流　　　D. 娱乐熏陶

6. 下列公文标题有误的是（　　）。
   A. 发文机关、事由、文种　　　B. 发文事由、文种
   C. 发文机关、事由　　　　　　D. 文种

7. 行文关系属于下行文的一组是（　　）。
   A. 报告、请示　　　　　　　　B. 意见、通知
   C. 议案、函　　　　　　　　　D. 通报、批复

8. 某机关答复另一平行机关的询问时用（　　）。
   A. 批复　　　　　B. 函　　　　　C. 通知　　　　　D. 通报

9. 应用文体的成型时期是（　　）。
   A. 商周时期　　　　　　　　　B. 魏晋南北朝时期
   C. 秦汉时期　　　　　　　　　D. 唐宋时期

10. 下列属于报请性公文的一组是（　　）。
    A. 报告、请示、议案　　　　　B. 批复、决定、通报
    C. 纪要、通知、意见　　　　　D. 复函、公告、通告

11. 表彰先进、批评错误、传达重要情况，应使用（　　）。
    A. 通告　　　　　B. 函　　　　　C. 通知　　　　　D. 通报

12. 公文的份号是指（　　）。
    A. 同一公文的印刷份数顺序号　　B. 发文字号
    C. 同一公文的印刷份数　　　　　D. 公文检索代码

13. 预测企业产品市场需求量及变化的报告是（　　）。
    A. 市场预测报告　　　　　　　　B. 销售预测报告

C. 技术发展预测报告　　　　　　　D. 成本预测报告

14. 下列不属于规章制度种类的一项是（　　　）。

    A. 办法　　　　B. 条例　　　　C. 计划　　　　D. 规则

15. 发文机关标识上边缘至版心上边缘为（　　　）mm。

    A. 25　　　　B. 55　　　　C. 35　　　　D. 80

二、多项选择题（每小题 3 分，共 15 分）

1. 应用文写作的特点有（　　　）。

    A. 实用性　　　B. 工具性　　　C. 针对性　　　D. 真实性

2. 合同的基本内容有（　　　）。

    A. 标的　　　　　　　　　　　B. 数量和质量

    C. 价款和酬金　　　　　　　　D. 履行的期限、地点和方式

    E. 违约责任

3. 应用文的主旨应做到（　　　）。

    A. 深刻　　　　B. 正确　　　　C. 鲜明　　　　D. 集中

4. 下列可以用来奖惩有关人员的文种是（　　　）。

    A. 命令（令）　B. 通报　　　　C. 决定　　　　D. 意见

5. 下列文种中，属于党政机关公文的文种是（　　　）。

    A. 公告　　　　B. 条例　　　　C. 规定　　　　D. 命令（令）

三、判断题（正确的打√，错误的打×。每小题 1.5 分，共 15 分）

1. 湖北省质量技术监督局关于同意筹建"湖北省知名品牌创建示范区"给宜都市人民政府的批复的发文字号为鄂质监质函〔2012〕594 号。　　　　　　　（　　　）

2. 起诉状的核心部分应写明事实与理由。　　　　　　　　　　　　　（　　　）

3. 纪要与会议记录都是法定的公文文种，都具有同等效力。　　　　　（　　　）

4. 根据有关规定，各级党政机关、社会团体和企事业单位都可以制发通告和公告。　　　　　　　　　　　　　　　　　　　　　　　　　　　　　　（　　　）

5. 凡是向上级机关制发请示，都可以直接寄发其分管领导帮助解决。　（　　　）

6. 县民政局向县政局制发了《关于请求拨付开展普法教育经费的报告》。（　　　）

7. 凡党报党刊上发布的公文，即使加盖公章，也没有法定效用。　　　（　　　）

8. 重庆市可以直接向成都市制发领导指导性公文。　　　　　　　　　（　　　）

9. 公文在阐述观点时，为使观点鲜明，可作说明性的叙述和议论，也可作适当的描写和抒情。　　　　　　　　　　　　　　　　　　　　　　　　　　　（　　　）

10. 意见既可以用于向上级或平级提出工作建议，也可以用于向下级提出工作原则、工作规定、工作方法和改进措施。　　　　　　　　　　　　　　　（　　　）

四、根据材料拟写标题（每小题 4 分，共 12 分）

1. 为纪念五四运动八十五周年，市团委发出通知，决定在青年中深入进行爱国主义教育活动。

标题：

2. 学院财务处将 2013 年度财务与分析用公文呈报给学院。

标题：

3. 各省、自治区、直辖市党委和人民政府，中央和国家机关各部委，解放军各总部，各大单位，各人民团体：

《党政机关公文处理工作条例》已经党中央、国务院同意，现印发给你们，请遵照执行。

中共中央办公厅　国务院办公厅

2012 年 4 月 16 日

标题：

五、简答题（每小题 5 分，共 15 分）

1. 计划和总结在写作目的和写作内容上有哪些不同之处？

2. 请示的写作要注意什么问题？

3. 纪要与会议记录有何区别？

六、公文修改题（28 分）

下面是某中学在校内发布的一份公文，其格式和内容都有问题，请你根据内容重新写一份规范的通报。

公　告

关于高三（3）班学生许××的处分决定

9 月 14 日中午，许××和几名校外青年在一块儿喝酒，另一部分校外青年用自行车将许××放在地上的衣服压了过去，引起争斗。与许××一起喝酒的这部分青年趁机跑了，留下许××一人追赶，追到教学楼的北头却不见人影，恰好碰到刚从操场踢球过来的初二学生杨××、车××、叶××三位同学，许××问："他们跑到哪儿去了？"杨说："没看见。"许××朝杨同学的头部就是一铁棒，将其头部打破一个约三公分的裂口。但许××没管，继续追赶那部分青年去了。

下午上课时，许××和王××到初三各班找人继续闹事，不听老师劝阻，扰乱正常教学秩序。事情发生后，教导处和班主任多次找许××谈话，帮助其提高认识，并要求他写检查，但许××以不会写检查为由，拒绝检讨。根据以上事实，经 9 月 27 日校行政会讨论，对该生应从严处分。处理决定如下：

1. 给许××留校察看一年的处分，并责令其在一周内上交检查，否则将加重处理。

2. 责令许××负担全部医疗费和营养费 100 元。

3. 协同者王××在全校点名批评。

××四中（印章）　　校长××（印章）

2012 年 10 月 27 日

要求：

1. 严格按照公文制作，有版头部分、主体部分以及版记部分。

2. 正文字数在 300 字以上（可根据需要自行补足文中所需其他内容）。

应用文写作综合测试题 (二)

一、单项选择题（每小题 2 分，共 24 分）

1. 批转下级机关的公文或转发上级机关和不相隶属机关的公文时应用（　　）。
   A. 批复　　　　　B. 函　　　　　C. 通知　　　　　D. 决定

2. 简报的印发日期写在（　　）。
   A. 报头简报名称的右上端　　　　　B. 报头简报名称的左下侧
   C. 报头简报名称的右下侧　　　　　D. 报尾的右下方

3. 对某项工作从目的要求、方法到相应措施作出周密安排的是（　　）。
   A. 方案　　　　　B. 规划　　　　　C. 安排　　　　　D. 设想

4. 北京大学 2014 年首次发文的字号应写成（　　）。
   A. 北京大学〔14〕01 号　　　　　B. 北大［2014］一号
   C. 北大〔2014〕1 号　　　　　D. 北大［2014］第 1 号

5. 函和其他公文相比，较多表现出（　　）。
   A. 商洽性　　　　　B. 指示性
   C. 指令性　　　　　D. 告知性

6. 在一定范围内公布应当遵守或周知的事项时用（　　）。
   A. 公告　　　　　B. 通告
   C. 通知　　　　　D. 通报

7. 初步考虑、还不成熟的计划叫（　　）。
   A. 方案　　　　　B. 规划　　　　　C. 安排　　　　　D. 设想

8. 下列不属于公文特点的是（　　）。
   A. 政治性和权威性　　　　　B. 体式的规范性
   C. 实用性和时效性　　　　　D. 语言的生动性

9. 向上级反映情况、陈述意见、说明理由的报告是（　　）。
   A. 工作报告　　　　　B. 情况报告
   C. 答复报告　　　　　D. 例行报告

10. 下列四组公文中，全部属于公文的是（　　）。
    A. 纪要、议案、简报　　　　　B. 通知、意见、报告
    C. 会议记录、决定、函　　　　　D. 条例、公告、请示

11. 下列不属于公文组成必备项目的是（　　）。
    A. 标题　　　　　B. 发文字号
    C. 抄送机关　　　　　D. 发文机关

12. 下列不属于公文作用的是（　　）。
    A. 法规依据　　　　　B. 领导指导
    C. 联系交流　　　　　D. 娱乐熏陶

二、多项选择题（每小题 3 分，共 15 分）

1. 应用文写作的特点有（　　）。
   - A. 实用性
   - B. 工具性
   - C. 针对性
   - D. 真实性

2. 订立合同的原则有（　　）。
   - A. 平等公平
   - B. 自愿协商
   - C. 诚实信用
   - D. 以人为本

3. 简报的特点有（　　）。
   - A. 简明
   - B. 真实
   - C. 新颖
   - D. 保密

4. 应用文写作选材的原则有（　　）。
   - A. 围绕主旨选材的原则
   - B. 真实性原则
   - C. 典型性原则
   - D. 新颖性原则

5. 应用文写作的语言要求做到（　　）。
   - A. 简洁
   - B. 生动
   - C. 平实
   - D. 得体

三、判断题（正确的打√，错误的打×。每小题 1 分，共 10 分）

1. ××文化局关于加强社会主义精神文明整顿文化市场命令（令）。（　　）
2. 体育部关于请求添置体育器材的请示。（　　）
3. 红星化工厂关于机构调整的请示报告。（　　）
4. 请示的主送单位可以有多个，以引起各有关领导机关的重视，加快办理请示事项。（　　）
5. 起诉状一般都要用书面形式提出，只能由当事人起草。（　　）
6. 应用文写作的思维以群体思维为主，但也不排斥个体思维。（　　）
7. 巧用模糊语也是语言准确的一种体现。（　　）
8. 通知、报告都要求在事后行文。（　　）
9. 意见的行文方向非常灵活，既可上行，也可平行，还可下行。（　　）
10. 请示在写作时必须一文一事。（　　）

四、公文修改题（10 分）

修改下面的公文，包括标题、内容、结束语等，并注意使用规范的公文常用语。

关于请求允许本公司购买卡车的报告

总公司党委会：

目前，我公司只有卡车十五辆，我们出口任务十分繁重，不能完成上级所布置的任务。几年来，在党的对外开放政策的正确指引下，经过全公司的齐心协力，我们的出口任

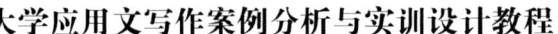

务完成得很好，基本落实了计划。但发展外贸，扩大出口，没有卡车就不能保证出口任务的完成。为此，请求增加五辆卡车，这样还可以安排几名本公司的待业青年工作，顺便请求下达五名就业指标。

　　此致
敬礼！

××省进出口公司

五、简答题（每小题 5 分，共 15 分）

　　1. 请示与报告的区别何在？
　　2. 简述主旨与材料的关系。
　　3. 公告与通告的区别是什么？

六、写作题（26 分）

　　请根据下述材料，按照公文格式的要求，以北京市教育委员会的名义拟写一份转发性的通知。

　　要求：严格按照公文制作，有文头部分、行文部分以及文尾部分。

　　2012 年 8 月 22 日，北京市教育委员会向各高等学校、各区县教委发一通知（教监〔2012〕3 号，转发《教育部关于做好 2012 年普通高等学校招生执法监察工作的通知》）。通知要求各单位进一步加大招生执法监察的力度，强化对招生工作重点环节、重点岗位、重点时段的监督检查，严肃招生纪律，保证招生录取工作健康有序进行。通知还要求各校于 10 月 20 日前将本校招生监察工作书面总结报市教委监察处。

应用文写作综合测试题 （三）

一、不定项选择题 （每小题 3 分，共 30 分）

1. 选出书写正确的通知标题（　　　）。

   A. ××市人民政府批转商业局《关于进一步做好粮油供应工作的报告》的通知

   B. ××市人民政府关于批转商业局《关于进一步做好粮油供应工作的报告》的通知

   C. ××市人民政府批转商业局关于进一步做好粮油供应工作的报告

   D. ××市人民政府批转商业局关于进一步做好粮油供应工作报告的通知

2. 下列文种中，不属于行政公文的是（　　　）。

   A. 提案　　　　　B. 会议记录　　　　　C. 纪要　　　　　D. 公告

3. 公文主要兼用的三种表达方式是（　　　）。

   A. 叙述　　　　　B. 说明　　　　　C. 议论

   D. 描写　　　　　E. 抒情

4. 公文版记包括（　　　）。

   A. 附件　　　　　B. 附注　　　　　C. 份号

   D. 抄送机关　　　　　E. 印发机关

5. 发文字号的位置应在（　　　）。

   A. 抄送机关与印发机关之间，居中

   B. 主体、标题与主送机关之间，居中

   C. 眉首，红色反线以上，发文机关标识以下，居中

   D. 眉首，红色反线以上，居右

6. ××市审计局对第一季度审计工作进行了总结，拟以书面形式向市人民政府正式汇报反映有关情况，应选用的文种是（　　　）。

   A. 总结　　　　　B. 报告　　　　　C. 通知　　　　　D. 通报

7. 报告结尾常见的习惯用语是（　　　）。

   A. 特此报告　　　　　　　　　B. 以上报告，请批复

   C. 特此汇报，请指示　　　　　D. 以上意见当否，请批准

8. 新年伊始，各级机关、企事业单位和社会团体紧锣密鼓地撰写（　　　）安排部署本年度的工作任务。

   A. 总结　　　　　B. 批复　　　　　C. 计划　　　　　D. 通知

9. 下列标题正确的是（　　　）。

   A. 关于发生重大火灾事故的报告

   B. 东山区政府加强外事工作的报告

   C. 关于扩建油库的请示报告

   D. ××市第一中学关于申请修建教学大楼的报告

10. 某市为了加快环市北路立交桥建设进度，决定对这一路段通过的车辆进行疏导分流，其应用（　　）行文。

A. 公告　　　　B. 通告　　　　C. 通知　　　　D. 决定

二、判断题（正确的打√，错误的打×。每小题1分，共10分）

1. 为了增加感染力，公文也可以进行描写和抒情。　　　　　　　　　（　　）
2. 因时间紧迫，可在同一份请示中向上级机关请求拨款建办公楼和买汽车。（　　）
3. 公文标题中除法规、规章名称加书名号外，一般不使用标点符号。　（　　）
4. 纪要就是对会议全程的如实纪录。　　　　　　　　　　　　　　　（　　）
5. 发文机关标识就是公文的标题。　　　　　　　　　　　　　　　　（　　）
6. 批复是主动行文。　　　　　　　　　　　　　　　　　　　　　　（　　）
7. 某厂用报告行文向市工业局汇报该厂锅炉爆炸的事故及处理情况。　（　　）
8. 为防止"禽流感"蔓延、堵塞传染源、清洁市容，2013年5月，广州市政府行文通告告知禁止在公共场所随地吐痰和丢弃废弃物事项。　　　　　　　　（　　）
9. 意见可用于上行文、平行文、下行文。　　　　　　　　　　　　　（　　）
10. 上级政府部门与下级政府部门可以联合行文。　　　　　　　　　（　　）

三、简答题（每小题5分，共15分）

1. 简述总结的概念及其特点。
2. 简述会议记录与纪要的联系及区别。
3. 简述行政公文中请示的行文规则。

四、改错题（用符号在原文中修改，共15分）

（一）修改下列文件标题（每小题2分，共6分）
1. ××厂××问题的请示报告。
2. ×公司关于开展春季运动会的决定的通知。
3. ××公司关于完全彻底地开展增收节支活动的通报。

（二）修改短文。（9分）

××县税务局重建税务所办公楼的请示报告

××县人民政府、城建局、国土局、物资局：

我局所属的××区、××区、××三个税务所因受灾被洪水淹没。现决定重建三个区税务所办公楼三幢，建筑面积为500平方米，用作办公室和职工宿舍，共需资金50万元。另需扩征土地3亩、钢材×吨、水泥×吨。

特此报告。

二〇一二年十月九日

五、写作题（30分）

2013年4月20日凌晨6时许，安徽省界首市邴集乡董寨村村民徐汝亮驾驶机动三轮车带家人赶早集，因躲避对面飞驶而来的汽车，不幸连人带车翻入公路边十几米宽、四米多深、污染严重的光芦河中，一家四口生命垂危。正在当地探亲的郑州市公安消防支队中原区大队一中队班长徐军听到呼救声后，纵身跳入散发着恶臭的河水中，不顾个人安危，奋力救人，连续往返四次将他们一一救出。之后，他不留姓名悄然离去。

事件发生后，市广播电视台记者周伟第一时间奔赴现场采访，率先在《界首时讯》《江淮晨报》展开徐军救人事迹报道，并协助被救村民徐汝亮一家锲而不舍、辗转千里寻找救人英雄徐军。徐军事迹报道后，在社会上引起强烈反响。公安部授予徐军"模范消防战士"荣誉称号，河南省人民政府授予徐军"爱民为民模范"荣誉称号，共青团河南省委授予徐军"河南青年五四奖章"，郑州市人民政府授予徐军"郑州市人民政府市长奖"，共青团郑州市委授予徐军"雷锋式青年"荣誉称号，中共河南省委、公安部消防局、河南省公安厅、河南省公安消防总队、中共郑州市委等先后作出向徐军同志学习的决定。9月14日，公安部、河南省人民政府联合召开了徐军同志"模范消防战士"荣誉称号命名表彰大会。

要求：

1. 请以界首市人民政府的名义写一份表扬徐军的通报。字数在300字左右。

2. 格式正确，具备版头、主体和版记部分。

应用文写作综合测试题（四）

一、单项选择题（每小题 1 分，共 12 分）

1. 迎春花市期间，广州市西湖路等路段禁止一切车辆通行，市公安局应用（　　）行文。
   A. 通知
   B. 通告
   C. 通报
   D. 公告

2. 请示结尾常见的习惯用语是（　　）。
   A. 特此报告或专此报告
   B. 以上请示，请批复
   C. 请批复
   D. 以上意见当否，请批准

3. 《对广州未来经济发展方向的设想》属于（　　）。
   A. 计划
   B. 总结
   C. 调查报告
   D. 经济活动分析报告

4. 桂州市人民政府办公室 2002 年第 5 号文的发文字号应为（　　）。
   A. 桂州市〔2002〕5 号
   B. 桂府办〔2002〕5 号
   C. 桂府字〔2002〕第 5 号
   D. 桂市办〔2002〕第 5 号

5. 下列公文种类中，通常要标注签发人的是（　　）。
   A. 上行文
   B. 平行文
   C. 下行文

6. 为及时简要地汇报工作情况，反映情况和交流信息，各级行政机关、企事业单位、社会团体经常定期或不定期编发（　　）。
   A. 通报
   B. 通知
   C. 意见
   D. 简报

7. 向上级机关汇报工作、反映情况，答复上级机关询问时，应使用（　　）。
   A. 意见
   B. 报告
   C. 总结
   D. 请示

8. 纪要属于（　　）。
   A. 行政公文
   B. 事务文书
   C. 司法文书
   D. 传播文稿

9. 当主送机关是同级机关或不相隶属机关，一般使用的公文文种是（　　）。
   A. 请示
   B. 通告
   C. 通报
   D. 函

10. 报告中不得夹带（　　）事项。
    A. 转发
    B. 通知
    C. 汇报
    D. 请示

11. 计划具有（　　）。
    A. 预想性、指导性、实践性
    B. 权威性、鉴戒性、指挥性

C. 回顾性、鉴戒性、实践性

  D. 指挥性、针对性、权威性

12. 向国内外宣布重要事项或法定事项时，应使用（ ）。

  A. 公告   B. 通告

  C. 通报   D. 决定

二、判断题（正确的在括号内打√，错误的打×。每小题 1.5 分，共 15 分）

1. 联合行文的发文字号应该并排写在一起。   （ ）

2. 经过批准在报刊发表的国家行政机关公文，应视为正式公文依照执行。 （ ）

3. 某市教育局向市财政局申请普九教育经费，用请示行文。   （ ）

4. 规划、纲要、要点都属于计划的范畴。   （ ）

5. 某市公安局与工商局联合行文禁止非法传销活动，应使用通报。 （ ）

6. 通知是法定公文中使用频率最高的文种。   （ ）

7. 经济合同的语言要十分准确严密，不能有模棱两可或含糊不清的表达出现。

                             （ ）

8. 通告即公告，就是在公众场所告知一些重要的事情。   （ ）

9. 纪要是对会议全程情况，包括发言情况、讨论问题，以及决议的事项等作全程的如实记录。   （ ）

10. 自 2012 年 7 月 1 日起施行的《党政机关公文处理工作条例》是我国目前关于党政公文处理工作的一份最具权威性的文件。   （ ）

三、根据材料拟写标题（共 3 小题，每小题 4 分，共 12 分）

1. 合川区人民政府为整顿城市违法乱建现象，制发一公布性文件，对此现象进行专项整治。

标题：

2. 安徽省人民政府收到《安徽省教委关于加强教师队伍建设问题的报告》以后，经研究认为该文件针对的问题十分重要，文中的建议切实可行，决定对该文加注批语后下发施行，为此，需要制发一份文件。

标题：

3. 如果厦门大学准备为人文学院李东同学获得"全国优秀大学生"荣誉称号一事行文，可以选用哪些文种？事由应主要突出哪些方面？

标题：

四、简答题（第 1 小题 5 分，第 2、3 小题各 7 分）

1. 党政机关公文格式中，主体部分由哪些要素组成？

2. 简述请示与报告的区别。

3. 简述总结与计划的区别。

五、改错题（用符号在原文中修改，共 12 分）

关于增拨办税大厅基建经费的请示报告

××省人民政府、××省长：

　　2010 年 11 月，我局派出调查组到广西柳州市国税系统学习考察其办税大厅的建设情况。调查组认为办税大厅功能较齐全，适应税收征管模式的改革，方便纳税人员缴纳税款。为此，我局于 2013 年决定修建办税大厅，并得到省人民政府的支持，在×府〔2013〕×号文件"关于拨款修建办税大厅的批复"中，拨给我局 150 万元，此项资金已专款专用。但由于建筑材料涨价，原预算资金缺口较大，恳请省人民政府拨给不足部分。否则将影响办税大厅的竣工及我省税收任务的完成。

　　特此请示报告。

××市地税局

二〇一三年九月八日

六、写作题（30 分）

　　四川省农业厅正在建造一幢干部宿舍楼，然而，由于建筑材料提价等原因，原预算资金缺口很大，请代此单位给财政厅写一份公文，陈述理由，请求给以支持，增拨建造干部宿舍楼的资金。

　　要求：

1. 选择正确的文种行文。
2. 格式规范，文从字顺。
3. 具备版头、主体和版记。
4. 不得少于 200 字。

应用文写作综合测试题（五）

一、单项选择题（每小题 1 分，共 12 分）

1. 从目的要求、方式方法到具体进度都有规定的计划称为（　　）。
   A. 方案　　　　　　B. 规划　　　　　　C. 安排　　　　　　D. 设想

2. 撰写交流信息的通知，要求做到（　　）。
   A. 说明制发的意义
   B. 侧重叙事，在叙事基础上阐明道理
   C. 不必予以评论，也无须阐发意义和目的
   D. 必须有明确的政策依据

3. 《关于查禁赌博的通告》显然应具备（　　）。
   A. 较强的时效性
   B. 教育性，以引起人们警觉和注意
   C. 知照性，用于公布需要人们周知的事项
   D. 被动性

4. 以下有关公文的说法错误的是（　　）。
   A. 公文的基本组成部分有标题、正文、作者、日期、印章或签署、主题词
   B. 通用公文，又称行政公文，指各类机关普遍使用的文件，如请示、报告、函等
   C. 通知的作者广泛，不受机关性质与级别层次的限制
   D. 函为不相隶属机关间相互往来的正式公文，对受文者的行为没有强制性影响

5. 公文处理程序具有很强的确定性与不可逆性，以下各阶段的先后排序应为（　　）。
   A. 会商→核稿→注发→发出　　　　　B. 核稿→用印→缮印→发出
   C. 核稿→会商→用印→缮印　　　　　D. 拟稿→注发→签发→发出

6. 以下所列不属于核稿要求注意事项的是（　　）。
   A. 格式规范、文体正确、结构完整
   B. 行文方向是否正确，有无多头主送、滥抄滥报、违制越级等行为和现象
   C. 实践中拟稿与核稿是不可逆的过程
   D. 公文是否经一定会议讨论通过，是否需上报且获批准

7. 公文与文学作品不同，它要求文件的内容必须（　　）。
   A. 提出问题　　　　　　　　　B. 实事求是
   C. 介绍经过　　　　　　　　　D. 沟通信息

8. 公文应在（　　）装订。
   A. 左侧　　　　　　　　　　　B. 右侧
   C. 上面白边区　　　　　　　　D. 下面白边区

9. 公文中兼用的基本表达方式是（　　）。
   A. 议论、描写、说明　　　　　B. 议论、抒情、说明

C. 议论、叙述、说明   D. 叙述、抒情、说明

10. 公文的标题一般由哪些要素组成（ ）。

  A. 版头、发文字号   B. 抄送机关、版头、主题词

  C. 份号、密级标志、主题词   D. 发文机关名称、内容、文种

11. 公文版头的作用是（ ）

  A. 醒目、严肃   B. 公文作者法定的权威性

  C. 公文要求的必要标记   D. 标明公文制发机关

12. 制发公文的目的和要求，一般是由（ ）确定的。

  A. 撰写者本人或团体   B. 机关党政负责人

  C. 行文对象及行文内容   D. 作者的上级机关

二、多项选择题（每小题 3 分，共 15 分）

1. 应用文写作具有（ ）。

  A. 实用性   B. 工具性   C. 针对性   D. 真实性

2. 合同的基本内容有（ ）。

  A. 标的   B. 数量和质量

  C. 价款和酬金   D. 履行的期限、地点和方式

  E. 违约责任

3. 应用文的主旨应做到（ ）。

  A. 深刻   B. 正确   C. 鲜明   D. 集中

4. 下列可以用于表彰的文种有（ ）。

  A. 命令（令） B. 通报   C. 决定   D. 意见

5. 下列文种中，属于公文文种的是（ ）。

  A. 公告   B. 规章   C. 通报   D. 计划

三、判断题（每小题 1.5 分，共 15 分）

1. 受双重领导的单位，请示要同时主送两个上级机关。   （ ）

2. 标的是合同的中心内容。   （ ）

3. 国家体育局关于表彰"全国十佳运动员"的决议。   （ ）

4. 公文一般遵循一事一文的原则。   （ ）

5. 起诉状一般都要用书面形式提出，也可由当事人或委托律师或代理人起草。

                       （ ）

6. 根据递送对象不同，公文有上行、平行和下行之分。如请示、报告、纪要属上行文。   （ ）

7. 几个机关联合行文时，只标注主办机关的发文字号。   （ ）

8. 为提高工作效率，减少公文抄送环节，可以越级请示。   （ ）

9. 公文在阐述观点时，为使观点鲜明，主要是作说明性的叙述和议论，也可作适当描写和抒情。   （ ）

10. 简报具有新闻性，时效性很强，必须及时撰写，迅速传递。　　　　（　　）

四、根据材料拟写标题（每小题 4 分，共 12 分）

1. 西宁市劳动局为了加强对城镇待业人员的管理，进一步做好劳动就业工作，经市人民政府同意，决定对全市城镇待业人员统一进行登记，为此，需行文告知全市各级劳动管理部门及有关单位。

标题：

2. 石家庄市人民政府就开展国有资产核定工作向所属下级机关行文，陈述该项工作的必要性，交代具体的工作任务及时间安排，并针对有关的步骤方法、政策界限、注意事项、报告方式与期限等提出具体要求。

标题：

3. 佳木斯市人民政府为了巩固城市绿化的工作成果，制发一公布性文件，将保护城市绿地应遵守的有关事项告知该市各界。

标题：

五、简答题（每小题 6 分，共 18 分）

1. 计划和总结在写作目的和写作内容上有哪些不同之处？
2. 请示的写作要注意什么问题？
3. 纪要与会议记录有何区别？

六、写作题（28 分）

2014 年 11 月 5 日，合川区政府将举行第四届钓鱼城旅游文化节文艺晚会，具体时间是 19：30—23：00，地点为人民广场。为确保活动安全，届时南津路和东津路将实行交通管制。

要求：

1. 自选文种，拟写一份公文。
2. 严格按照公文制作，有版头部分、主体部分以及版记部分。
3. 正文字数在 200 字以上（可根据需要自行补足文中所需其他内容）。

2017 年"纳德杯"重庆市大学生公文写作技能竞赛预赛试卷

本试卷满分为 100 分

总分		题号	一	二	三	四	五
核分人		题分	10	10	10	30	40
复查人		得分					

得分	评卷人	复查人

一、单项选择题（本大题共 10 小题，每小题 1 分，共 10 分）

在每小题列出的四个备选项中，只有一个是最符合题目要求的，请将其代码填写在题后的括号内。错选、多选或未选均不得分。

1. 版记中的印发机关是指（　　）。
   A. 受理公文的机关　　　　　　　B. 送印公文的机关
   C. 公文印刷情况的说明　　　　　D. 制发机关与收文机关

2. 下面不是公文特定格式的是（　　）。
   A. 信函格式　　　　　　　　　　B. 命令（令）格式
   C. 纪要格式　　　　　　　　　　D. 意见格式

3. ××省教育厅将《××省教育厅关于加强大学生心理危机识别和干预工作的紧急通知》以通知的形式发给相关下级单位，这一通知属于（　　）。
   A. 普发类通知　　　　　　　　　B. 转发类通知
   C. 印发类通知　　　　　　　　　D. 批转类通知

4. 下列公文标题表述准确的是（　　）。
   A. ××医院关于要求改变拨款方式的报告
   B. ××省财政厅关于同意××大学新建教学楼的批示
   C. ××大学关于举行春季运动会决定的通知
   D. ××市人民政府关于开展财务大检查的通知

5. 可用于人事任免的公文有（　　）。
   A. 通知　　　　　　　　　　　　B. 意见
   C. 决定　　　　　　　　　　　　D. 批复

6. 函灵活简便，可广泛应用于联系各个领域，以下事项适用于函的是（　　）。
   A. ××市人民政府向××省人民政府发文请求拨给××发电厂建设经费
   B. ××区人民政府就浦东新区的道路规划问题向××市交通厅询问
   C. ××市公安局就打击车匪路霸问题向省公安厅提出建议

D. 最高人民法院就事业单位人事争议仲裁时效如何计算回复四川省高级人民法院

7. 党政公文中的意见，可以作为（　　）来使用。

  A. 上行文   B. 下行文

  C. 平行文   D. 多向行文

8. 答复上级机关的询问，应当使用的公文文种是（　　）。

  A. 通报   B. 报告

  C. 意见   D. 函

9. 下列哪些事项不属于纪要的正文部分？（　　）

  A. 会议的名称与文种

  B. 会议的基本情况

  C. 会议的希望、要求或发出号召

  D. 会议讨论与决定的问题

10. 对社会现象进行深入调查研究之后，将其结果写成一份公文，应该用（　　）。

  A. 计划   B. 总结

  C. 调查报告   D. 简报

得分	评卷人	复查人

二、判断题（本大题共 10 小题，每小题 1 分，共 10 分）

将答案填在每小题的括号里。

11. 需要在首页标注签发人的公文文种包括请示和报告。（　　）

12. 以数字标明段落不是公文结构的突出特点。（　　）

13. 联合行文时，版头应列明联合行文的各机关名称，主办单位可放在各联合行文单位最后。（　　）

14. 涉密公文中绝密、机密公文应当标注份号，秘密公文无须标注份号。（　　）

15. 在文件式格式中，不管是上行文还是下行文，发文字号都应在发文机关标识下空 2 行，居中排布。（　　）

16. 决定和通报行文时，根据不同情形，可以不写主送机关，也可以写 2 个以上主送机关。（　　）

17. 为减少发文，在向上级机关呈送的报告中，可附带请示问题。（　　）

18. 决定和通报都可以发布处罚信息，因此，用于处罚时，决定和通报是通用的。（　　）

19. "动态""简讯""信息""内部参考""情况交流"都属于简报。（　　）

20. 总结的主体，一般包括以下内容：基本情况、主要成绩收获、基本经验、存在问题和教训、今后的打算。（　　）

得分	评卷人	复查人

三、简答题（本大题共 2 小题，每小题 5 分，共 10 分）

21. 决定与决议有什么不同？

22. 请指出"信函格式"与"文件格式"的区别。

得分	评卷人	复查人

四、病文修改题（本大题共 1 小题，共 30 分）

23. 指出下面文稿中的错误，以条款形式列出，并对全文予以修改。

××厂关于请求总公司增拨工厂厂房基建费的请示

××总公司、××总经理：

2014 年 2 月，我们到×市同行企业参观学习，发现他们不仅机器先进，而且厂房建设也很讲究。回来之后，我们增添了一批新型设备，同时也向总公司申请盖一个现代化厂房。总公司批准了我们，拨给我们 550 万元，此项经费专款专用，已取得明显效果。人家赞许我们："一座大楼平地起，工厂腾飞在眼前。"

但由于建筑材料涨价，预算资金缺口较大，恳请总公司拨给不足部分，否则将影响厂房的竣工以及我厂生产任务的完成。

特此请示报告。

××厂

二○一五年一月二日

得分	评卷人	复查人

五、公文写作题（本大题共 1 小题，共 40 分）

24. ××省××学院基础部收到《××省写作学会关于举办第五届××省大学生写作竞赛的邀请函》，拟与教务处共同举办××省××学院第五届大学生公文写作比赛。为商讨组织初赛和参加决赛涉及的相关事宜，以及教务处与基础部的分工、比赛的经费等问题，请以基础部的名义给教务处写一篇公文。要求只写主体部分。

【材料】

××省写作学会关于举办第五届××省大学生写作竞赛的邀请函

各本科、高职高专院校：

为提高大学生公文写作技能，激发大学生的写作热情，增强职业竞争力，活跃高校公文写作教学，××省写作学会定于 2016 年 5 月举办第五届××省大学生写作竞赛，特邀贵校参与，现将相关事宜告知如下：

一、参赛对象

××省高等院校在校本科学生和高职高专学生。

二、竞赛组织方式

1. 竞赛设本科组和专科组。

2. 竞赛分初赛和决赛两个阶段。初赛由各院校自行组织，自主命题。初赛结束后，由各院校推荐 50 名学生，参加由××省写作学会统一组织的决赛。

3. 决赛由竞赛组委会组织专家命题、评卷、评比。

三、决赛方式、内容及参考书目

1. 决赛方式：

决赛以闭卷笔试方式进行，选手须在 150 分钟内完成五类竞赛题：

①单项选择题；

②判断题；

③简答题；

④修改题（按要求修改一篇病文）；

⑤写作题（根据情景或材料撰写一篇公文）。

2. 决赛的内容：

常用的党政机关公文文种：决议、决定、通告、意见、通知、通报、报告、请示、函、纪要。

3. 决赛参考资料：

①中共中央办公厅、国务院办公厅《党政机关公文处理工作条例》。

②中华人民共和国国家标准《党政机关公文格式》（GB/T 9704—2012）。

四、评比与奖励

1. 由竞赛组委会组织专家对决赛的答卷进行匿名评卷。

2. 本科组、专科组各设一等奖、二等奖、优秀奖若干名，由××省写作学会颁发获奖证书。

3. 本科组、专科组各设优秀组织奖若干名。

五、决赛地点时间

1. 决赛地点：××技术师范学院、××学院

2. 决赛时间：2016年5月21日14：30至17：00（150分钟）

六、决赛报名

1. 4月30日前各校初赛完毕，推选出参加决赛的选手名单。

2. 决赛报名日期：5月1日至5月8日。逾期不接受报名。

3. 决赛报名方式：以校为单位，集体报名，不接受个人报名。各校指定联络人1名，统一为决赛选手填写《第五届××省大学生写作竞赛报名表》电子版，于报名日期内统一发至××省写作学会秘书处电子邮箱：×××××××，并同时发送短信至××××告知邓老师查收。逾期不接受报名。

七、缴交决赛参赛费

1. 参加决赛的选手需交参赛费30元/人。缴费后退赛恕不退款。由于财务制度所限，学会无权开具"参赛费"发票，若单位可报销"团体会员费"发票，学会可提供。

2. 缴交参赛费方式：以院校为单位集体办理，不接受个人交费。

3. 各院校收齐参赛费后，可于5月15日10：00—16：00时派人到××技术师范学院第一教学楼11楼文学院办公室缴交，也可于5月10日前将参赛费转账至中国建设银行××省分行××××支行，存折账号为：×××××××。汇款后请即刻发短信给学会秘书长邓××，手机号为×××××××。

八、办领决赛准考证

1. 各院校提交电子版报名表时，请将各参赛选手证件照片的电子文件（上应分别注明院校、姓名）打包发至××省写作学会秘书处×××××××，以制作决赛准考证用。……

2. 各院校也可于5月10日前收齐参赛者小1寸证件照片1张（照片背面应注明院校、姓名），用快件邮递至×××××××。

3. 各院校于5月15日10：00—16：00派人到××技术师范学院第一教学楼11楼文学院办公室，凭手机短信、网银交易凭据或现场缴交参赛费后统一领取决赛准考证。

4. 路途遥远的院校经××省写作学会秘书处同意后可于5月21日13：00—14：00派人到××技术师范学院第一教学楼11楼文学院办公室凭转账凭据领取决赛准考证。

5. 恕不接受个人办领决赛准考证。

附件：

1. ××技术师范学院地址及交通指引

2. 第五届××省大学生写作竞赛报名表

××省写作学会（公章）

2016年3月10日

2018年"纳德杯"重庆市大学生公文写作技能竞赛预赛试卷

本试卷满分为 100 分

总分		题号	一	二	三	四	五
核分人		题分	20	10	15	20	35
复查人		得分					

得分	评卷人	复查人

一、单项选择题（本大题共 20 小题，每小题 1 分，共 20 分）

在每小题列出的四个备选项中只有一个是最符合题目要求的，请将其代码填写在题后的括号内。错选、多选或未选均不得分。

1.《党政机关公文处理工作条例》关于公文效力的表述是（　　）。

    A. 公文具有特定效力　　　　　B. 公文具有法定效力

    C. 公文具有法律效力　　　　　D. 公文具有特殊效力

2. 符合向上级机关行文规则的是（　　）。

    A. 可酌情抄送下级机关

    B. 受双重领导的机关应当主送两个上级机关

    C. 必须同时抄送相关同级机关

    D. 原则上主送一个上级机关

3. 审核公文时，发现内容需作进一步研究和修改，恰当的做法是（　　）。

    A. 审核者可根据情况直接进行修改

    B. 向领导汇报后由审核者进行修改

    C. 交由起草单位修改

    D. 提出建议请主管领导审阅修改

4. 公文发文办理主要程序排列正确的是（　　）。

    A. 复核→印制→核发→登记

    B. 登记→印制→复核→核发

    C. 印制→复核→登记→核发

    D. 复核→登记→印制→核发

5. 属于公文格式要素"附注"内容的是（　　）。

    A. 公文正文的说明、补充或者参考资料

    B. 公文印发传达范围等需要说明的事项

    C. 公文的送印机关和送印日期

D. 公文中专用词语和疑难词语的注释或说明

6. 应当标注份号的公文是（　　　）。

    A. 上行公文　　　　　　　　　　B. 涉密公文

    C. 紧急公文　　　　　　　　　　D. 指令性公文

7. 下列选项中，通常都不标注主送机关的是（　　　）。

    A. 决议、通告　　　　　　　　　B. 公报、决定

    C. 公告、通知　　　　　　　　　D. 意见、报告

8. 关于公文的字体字号与标注要求，说法正确的是（　　　）。

    A. 正文一般用 3 号仿宋体字，签发人姓名也用 3 号仿宋体字

    B. 密级和保密期限一般用 3 号楷体字标注

    C. 标题一般用 2 号小标宋体字，发文机关标志推荐用小标宋体字

    D. 结构层次的第一层和第二层都用黑体字标注

9. 市政府行文撤销某县政府不适当的决定事项，应选用（　　　）。

    A. 通知　　　　B. 决定　　　　C. 批复　　　　D. 通告

10. 纳德腾泽公司行文表彰先进单位和先进个人，应选用（　　　）。

    A. 通知　　　　　　　　　　　　B. 批复

    C. 通告　　　　　　　　　　　　D. 通报

11. 某乡政府转发县政府关于做好秋收工作的通知，应选用（　　　）。

    A. 决定　　　　　　　　　　　　B. 决议

    C. 通知　　　　　　　　　　　　D. 意见

12. 市轨道公司向社会公布乘坐轻轨应当遵守的事项，应选用（　　　）。

    A. 通知　　　　　　　　　　　　B. 决定

    C. 意见　　　　　　　　　　　　D. 通告

13. 重庆海关向中外企业宣布进出口税率等重要事项，应选用（　　　）。

    A. 公告　　　　　　　　　　　　B. 通告

    C. 决定　　　　　　　　　　　　D. 通报

14. 市公安局对治安问题提出处理办法，请市政府批转，应选用（　　　）。

    A. 请示　　　　　　　　　　　　B. 意见

    C. 通报　　　　　　　　　　　　D. 报告

15. 东帆职业学院书面回复市教委询问的事项，应选用（　　　）。

    A. 报告　　　　　　　　　　　　B. 通报

    C. 意见　　　　　　　　　　　　D. 函

16. 市供电局行文同意宏达农资公司增加供电量的请求，应选用（　　　）。

    A. 批复　　　　　　　　　　　　B. 通知

    C. 函　　　　　　　　　　　　　D. 意见

17. 下列机关单位中，能用"议案"文种行文的是（　　　）。

    A. 中共江宁市委员会　　　　　　B. 平凉镇人民政府

    C. 华能电力（集团）公司　　　　D. 教育部

18. 明光小学请求市公安局整治学校周边治安环境，应选用（   ）。

    A. 请示   B. 报告

    C. 意见   D. 函

19. 纳德腾泽公司对公司发展战略作出决策并部署实施，应选用（   ）。

    A. 决定   B. 决议

    C. 通知   D. 意见

20. 关于"纪要"这一文种，说法错误的是（   ）。

    A. 纪要是会议的产物，没有会议就没有纪要

    B. 纪要标题（标志）之下、正文之上无主送机关

    C. 纪要应当对会议情况和议定事项作全面、详尽的记载

    D. "纪要格式"是公文特定格式之一

得分	评卷人	复查人

二、多项选择题（本大题共 5 小题，每小题 2 分，共 10 分）

在每小题列出的五个备选项中，至少有两个是符合题目要求的，请将其代码填写在题后的括号内。错选、多选、少选或未选均不得分。

21. 用电报发出的公文，其紧急程度分为（   ）。

    A. 特提   B. 特急   C. 紧急

    D. 加急   E. 平急

22. 下列公文格式要素中，属于必备要素的是（   ）。

    A. 密级与保密期限   B. 发文机关标志

    C. 发文字号   D. 标题

    E. 成文日期

23. 下列各项中，说法正确的是（   ）。

    A. 公文函可以上行   B. 批复是被动行文

    C. 公示属于党政公文   D. 公文首页必须显示正文

    E. 意见可以上行、平行、下行

24. 报告的适用范围是（   ）。

    A. 汇报工作   B. 呈报方案请上级审批

    C. 反映情况   D. 回复上级机关的询问

    E. 对重要问题提出见解和处理办法

25. 符合公文印章使用和成文日期编排规则的是（   ）。

    A. 不得出现空白印章

    B. 印章应下压发文机关署名和成文日期

    C. 公文都应加盖印章

    D. 成文日期中，月、日不编虚位

    E. 盖章的公文，其成文日期一般右空四字编排

得分	评卷人	复查人

三、案例分析题（本大题共 1 小题，共 15 分）

26. 下面是东阳县供水公司面向社会发出的一份公文，其中存在多种病误，请按公文写作要求指出其存在的问题（用序号逐一列出）。

公　告

各自来水用户、市民们：

我们公司从 1986 年成立起一直到今天，始终坚持"为人民服务"这个宗旨，实打实地做好辖区内的供水工作，得到了上级的表扬、群众的称赞。

但是，由于时间长了，一些供水管道和设备经常出点儿大大小小的毛病，必须赶紧检修。因此做了个决定，从明天早晨 6 点开始，到下午 20 点止，春南片区和栗子片区停水一天。大家要提前做好蓄水准备，否则后果自负！

特此通告，多谢合作！

供水公司（印）

二〇一七年八月二十二日

得分	评卷人	复查人

四、病文修改题（本大题共 5 小题，每小题 4 分，共 20 分）

请遵循公文写作规范予以修改，按题号写出修改结果，不抄原题。

27. 公文标题：南华乡请求增拨救灾资金的报告

28. 公文标题：秦山县教育局要求加强对师资队伍的建设的通报

29. 正文：他们那个公司意图搞一次新产品展销行动。（提炼、改错）

30. 正文：惊悉您们公司就要落户我区，我们深感高兴和期待。（同上）

31. 过渡语：今儿把各种情况在后面作出报告。（改为规范语）

得分	评卷人	复查人

五、公文写作题（本大题共 1 小题，共 35 分）

32. 请根据下述材料，合理增删，提炼文字，分别代江南科学技术大学与纳德腾泽投资有限公司拟写一份公文函。（要求：①恰当选择函的种类，并在文本中有明显体现；②只写出标题至成文日期部分；③采用完全式标题，即三元素标题；④成文日期自定，但不能用"×年×月×日"代替。）

【材料】

1. 江南科学技术大学经过认真研究，决定向纳德腾泽投资有限公司发送一份公文函，主要是提出自己的设想，同他们商量：两家联手进行新能源技术和计算机软件开发，同时在许多方面进行合作。

总的说来，是希望与纳德公司开展校企合作。如果对方同意，就选一个日期签订协议，以此明确大家的权利和义务。

　　2. 学校表示，每年可以为公司培训一定数量的员工，同时希望公司能成为学校学生的实习基地。学校认为，以上举措都是响应上级发出的"整合优势资源，产学研结合，创业创新"号召的具体行动，有望开创一个互补共赢的新局面。

　　3. 学校的意思是：研发经费的投入总额建议暂定为 500 万元，由两家各出一半。公司每年接纳 80 名学生到公司实习实训两个月。学校每年为公司搞两期技术与外语培训，每期 15 天，人数一共 100 人次，实习费与培训费两家都不出，而是相互抵消。

　　4. 学校同时还提出，研发的成果专利两家都有权享受，若是转让给别人或者投产后有了收益，要五五分成，学校也要得到一半——当然这是指减去成本后的纯收益。

　　5. 学校希望公司回函对上面所说的这些问题给予答复。

　　6. 纳德腾泽投资有限公司收到了该大学的来函，发文字号是"江科大函〔2017〕18 号"，收文时间是今年 8 月 2 日，登记号是"2017 年 56 号"。

　　7. 公司开了经理办公会专门研究了这件事，大家都觉得这是一个资源互补、协作共赢的好法子，建立上述合作关系是可行的，签个协议书是必须的。

　　8. 但是公司认为，研发所需的各种设备都是由公司提供的，因此成果专利的纯收益应该四六分成，公司要拿多的一头。其他的就完全同意学校意见，没啥可补充的了。如果学校方面同意，可以在 15 天内把协议书签下来。

　　9. 公司决定，就依上面这些精神给江南科学技术大学作具体答复。

重庆市首届大学生公文写作技能竞赛决赛（个人）试卷

本试卷满分为 100 分

总分		题号	一	二	三	四	五
核分人		题分	20	10	15	20	35
复查人		得分					

得分	评卷人	复查人

一、单项选择题（本大题共 20 小题，每小题 1 分，共 20 分）

在每小题列出的四个备选项中只有一个是最符合题目要求的，请将其代码填写在题后的括号内。错选、多选或未选均不得分。

1. 向下级机关行文的规则之一是（　　）。
   A. 重要行文应当同时抄送发文机关的直接上级机关
   B. 一定要抄送该下级机关的另一个上级机关
   C. 不得在报告等非请示性公文中夹带请示事项
   D. 都不需要同时抄送发文机关的任何上级机关

2. 公文特定格式不同于一般格式，公文的特定格式除了命令（令）格式之外，还有（　　）。
   A. 批复式格式　　　　　　　　B. 信函式格式
   C. 请示式格式　　　　　　　　D. 公报式格式

3. 以下机关部门单位并非都可以联合行文，符合联合行文规则的是（　　）。
   A. 上级党政机关与下一级党政部门
   B. 南岸区人民政府与江北区人民政府
   C. 重庆市文联与沙坪坝区文联
   D. 中共重庆市委与九龙坡区人民政府

4. 公文被撤销的，视为（　　）。
   A. 自撤销之日起失效　　　　　B. 自始无效
   C. 废止文件　　　　　　　　　D. 过期作废

5. 根据公文中数字用法的要求，下列用法正确的是（　　）。
   A. 飞流直下 3000 尺　　　　　B. 45、6 岁
   C. 5 省 1 市　　　　　　　　　D. 星期五

6. 主送机关是指（　　）。
   A. 联合行文的牵头机关　　　　B. 主要发文机关

C. 公文的主要受理机关　　　　　D. 所有受文机关

7. 公文中结构层次序数依次应为（　　　）。

   A. 第一层"（一）"，第二层"一、"，第三层"1."，第四层"⑴"

   B. 第一层"一、"，第二层"（一）"，第三层"1."，第四层"⑴"

   C. 第一层"一."，第二层"（一）"，第三层"1、"，第四层"⑴"

   D. 第一层"一、"，第二层"（一）"，第三层"1."，第四层"①"

8. 成文日期的确定应当（　　　）。

   A. 以草稿完成的日期为准

   B. 以公文印制的日期为准

   C. 以定稿完成的日期为准

   D. 以领导人签发或会议通过的日期为准

9. 联合行文的成文日期是（　　　）。

   A. 以牵头机关负责人签发的日期为准

   B. 以最后签发机关负责人签发的日期为准

   C. 以该公文定稿完成的日期为准

   D. 以该公文印制的日期为准

10. 上行意见是用于（　　　）。

   A. 对进行某项工作、展开某项活动提出指导性意见

   B. 向上级机关提出可供参考或予以批转的见解和处理办法

   C. 就某些问题向不相隶属机关提出意见，供对方参考

   D. 向上级机关汇报工作并提出请求

11. 报告的特点之一是（　　　）。

   A. 汇报性　　　　　　　　　B. 事前性

   C. 请求性　　　　　　　　　D. 公布性

12. 下列请示标题中，错误的一项是（　　　）。

   A. 华西大学关于建立国学中心给市教委的请示

   B. 关于请求增拨抗旱救灾专项资金的请示

   C. 关于成立校卫队的请示

   D. 芜铜县交通局关于修建沿河公路的请示

13. 若发文针对单位、个人的影响较大的错误进行批评以示警戒，文种应当使用（　　　）。

   A. 通知　　　　　　　　　　B. 通告

   C. 公告　　　　　　　　　　D. 通报

14. 某市第一中学向某市交通管理局请求批准在校门口建立路障，应使用的公文是（　　　）。

   A. 意见　　　　　　　　　　B. 报告

   C. 函　　　　　　　　　　　D. 请示

15. 某级党政机关的部门就其职权范围之内的事项需要向上级主管部门请示和报告时，（　　　）。

A. 须经某级党政机关同意方可行文

B. 可直接报送上级主管部门

C. 应当请某级党政机关以公函形式给予转发

D. 应当使用请批函

16. 《中共中央祝徐特立七十寿辰的信》是一份（　　　）。

    A. 感谢信　　　　　　　　　　B. 慰问信

    C. 贺信　　　　　　　　　　　D. 声明

17. 应当标注签发人姓名的公文是（　　　）。

    A. 通报　　　　　　　　　　　B. 请示

    C. 决定　　　　　　　　　　　D. 通告

18. 通告的结尾通常用（　　　）。

A. "此致敬礼"等语句结束全文

B. "特此通告"或"此告"等语句结束全文

C. "特此通知"结束全文

D. "请予相互转告"或"请予回复"等语句结束全文

19. 应当加盖公章的公文是（　　　）。

A. 有特定发文机关标志的普发性公文

B. 以电报形式发送的公文

C. 有发文机关署名的公文

D. 所有的公文

20. 重庆市某区交通局如果要向重庆市交通局请示、报告重大事项，（　　　）。

A. 应当经某区政府同意或者授权

B. 可径直呈送请示或报告

C. 是一种违规行为

D. 应当使用公函这一文种

得分	评卷人	复查人

二、多项选择题（本大题共 5 小题，每小题 2 分，共 10 分）

在每小题列出的四个备选项中，至少有两个是符合题目要求的，请将其代码填写在题后的括号内。错选、多选、少选或未选均不得分。

21. 公文处理工作应当坚持的原则是（　　　）。

    A. 实事求是　　　　　　　　　B. 履行职能

    C. 准确规范　　　　　　　　　D. 精简有效

    E. 安全保密

22. 请示通常要使用结束语，下列结束语正确的是（　　　）。

    A. 如无不妥，请批准　　　　　B. 当否，请批复

    C. 以上请示，请予指示　　　　D. 当否，请批准

    E. 妥否，请予批准

23. 慰问信可以使用（　　）。

　　A. 感谢用语　　　　　　　　B. 适度的抒情手法

　　C. 祝愿用语　　　　　　　　D. 关心、鼓励的话

　　E. 通报表彰的用语

24. 下列选项中，属于版头部分的格式要素的是（　　）。

　　A. 正文　　　　　　　　　　B. 标题

　　C. 份号　　　　　　　　　　D. 发文机关标志

　　E. 发文字号

25. 通报的适用范围是（　　）。

　　A. 公布重大事项　　　　　　B. 表彰先进

　　C. 批评错误　　　　　　　　D. 传达重要精神

　　E. 告知重要情况

得分	评卷人	复查人

三、案例分析题（本大题共 1 小题，共 15 分）

26. 下面这份公文是某校保卫处向学校报送的一份公文的主体部分，存在多种病误，请参赛者按照公文主体部分写作的规范要求指出其存在的问题。

关于急需配发执勤车辆的请批函

校党委办公室：

　　原配发给我们处的一辆吉普和两辆摩托，用来执勤公务，现在而今眼目下已使用达 10 年之久，车况差得无以复加，随时都会报废。因此，急需党委配发三辆越野车，以确保执勤公务之用。

　　特此致函

　　万请答应，否则若有贻误，责任难担。

校保卫处（印章）
二〇一六年五月三日

得分	评卷人	复查人

四、病文修改题（本大题共 1 小题，共 20 分）

27. 下面这篇公文存在若干病误，请遵循公文写作的行文规则、格式标准、内容要求、用语要求等方面的规范予以修改。

关于几个问题的答复

马桑溪火车站：

　　对你站最近的一次请示，即文号为"马站〔2009〕38 号"，标题为《关于开展各项工

作紧急大检查的请示》，经研究决定，作如下答复：

一、批准你站成立紧急大检查领导小组，由王辉同志任组长，李广田同志、伍秋月同志任副组长。

二、在紧急大检查活动中，对违反××××规定的人员打算采取的五项制裁措施，最好不执行，因为这个举措违反上级有关文件的精神。

三、同意你站在大检查活动中开展学习遵章守纪标兵王法顺同志的活动的请求。该同志事迹感人，应大力宣扬。

特此答复如上，请遵照执行。

（本文无附件。）

某某铁路分局（印章）
二零一六年二月八日

得分	评卷人	复查人

五、公文写作题（本大题共 1 小题，共 35 分）

28. 请根据下述材料代该镇政府拟写一份公文。（要求：①准确选用公文文种；②只写出公文主体部分，即标题至成文日期部分；③标题用完全式。成文日期自定，但不能用"×年×月×日"代替；④发文事项具体充实而简明适用。）

【材料】

老百姓都反映，枣阳镇环境卫生糟糕得不得了。行人随地吐痰、乱扔果皮以及乱丢垃圾现象不是一般的严重。人行道上乱摆摊，有的居民随地乱倒脏水。还有的把狗儿牵到街边拉屎。部分烧烤也把路边搞得乌烟瘴气，墙上和电线杆上还有大量"牛皮癣"张贴，简直没有一个良好的环境。镇人民政府经过研究，决定向全镇发一个加强管理的公文。

重庆市第二届大学生公文写作技能竞赛
决赛（个人）试卷

本试卷满分为 100 分

总分		题号	一	二	三	四	五
核分人		题分	20	10	15	20	35
复查人		得分					

得分	评卷人	复查人

一、单项选择题（本大题共 20 小题，每小题 1 分，共 20 分）

在每小题列出的四个备选项中，只有一个是最符合题目要求的，请将其代码填写在题后的括号内。错选、多选或未选均不得分。

1. 关于意见，不正确的表述是（ ）。
   A. 行文具有多向性
   B. 一般代表领导机关的领导意图
   C. 主要用于党的机关
   D. 分指导性、建设性、征询性三类

2. 以下属于报告特点的是（ ）。
   A. 陈述性
   B. 事前性
   C. 商洽性
   D. 答复性

3. 重庆纳德腾泽投资有限公司向重庆市教委请求批准相关事项，应选用（ ）。
   A. 请示
   B. 报告
   C. 函
   D. 申请

4. 关于纪要，正确的表述是（ ）。
   A. 凡纪要，都应使用"专用格式"
   B. 定期召开的决策性会议纪要，使用"专用格式"
   C. 纪要需要加盖印章
   D. 纪要都应有列席人

5. 下列公文中，应该标注签发人姓名的是（ ）。
   A. 渝北区人民政府给重庆市人民政府的请示
   B. 中共重庆市委发到各区县委员会的通知
   C. 重庆市教委发给各市属高校的通报
   D. 重庆大学发给西南大学的函

6. 根据标点符号用法的要求，下列用法正确的是（　　　　）。

    A. 队伍建设

    B. "真""善""美"一体

    C. 《党政机关公文格式》《应用文写作》等

    D. 认识到位

7. 应当标注份号的公文是（　　　　）。

    A. 上行公文　　　　　　　　　　B. 紧急公文

    C. 涉密公文　　　　　　　　　　D. 指令性公文

8. 市轨道公司向社会公布乘坐轻轨应当遵守的事项，应选用（　　　　）。

    A. 通知　　　　　　　　　　　　B. 决定

    C. 意见　　　　　　　　　　　　D. 通告

9. 下列与文种对应的发文字号，正确的是（　　　　）。

    A. 中共××县委通知　　　　　　×委〔2017〕022 号

    B. ××市市长办公会议纪要　　　×府会〔2017〕第 7 号

    C. ××县人民政府批复　　　　　×府函〔2017 年〕11 号

    D. ××公司函　　　　　　　　　×司函〔2017〕11 号

10. 党政公文发文机关标志的字体、字号要求是（　　　　）。

    A. 小标宋体、二号

    B. 黑体加粗、等于上级发文机关标志的字号

    C. 黑体加粗、二号

    D. 小标宋体、小于上级发文机关标志的字号

11. 公文的成文日期是指会议通过日期或者（　　　　）。

    A. 公文印制时间

    B. 秘书部门拟制公文时间

    C. 公文议题讨论的时间

    D. 发文机关负责人签发日期

12. 对重要会议或活动进程确认、成果评价的讲话稿是（　　　　）。

    A. 开幕词　　　　　　　　　　　B. 主题报告

    C. 闭幕词　　　　　　　　　　　D. 欢迎词

13. 公文标题中不可或缺的内容是（　　　　）。

    A. 关于　　　　　　　　　　　　B. 发文事由

    C. 发文机关　　　　　　　　　　D. 文种

14. 决议与决定的区别是（　　　　）。

    A. 决议具有权威性，决定没有权威性

    B. 决议的遣词造句具有严肃性，决定用词可稍随意

    C. 决议的制发机关是领导机关和权力机关，决定的制发机关不是领导机关和权力机关

    D. 决议必须经过会议讨论，决定不一定经过会议讨论

15. 抄送机关为同级机关时，一般按以下次序排列（　　）。

　　A. 党委、人大、政府、政协、军队、法院

　　B. 人大、政协、党委、政府、军队、法院

　　C. 党委、政府、人大、政协、法院、军队

　　C. 政府、党委、人大、政协、法院、军队

16. 关于述职报告的写作，不正确的表述是（　　）。

　　A. 概述任职情况

　　B. 不可评价自己

　　C. 既要谈成绩，又要谈问题

　　D. 语气要谦虚诚恳

17. 以下计划标题，不规范的是（　　）。

　　A.××大学 2017 年年度计划

　　B.××大学 2017 年工作计划方案

　　C.××大学 2017 年新生军训计划

　　D.××大学 2016 年党员学习计划

18. 某公司股权结构发生重大变化需告知公众，应使用的文种是（　　）。

　　A. 通知　　　　　　　　　　　B. 公告

　　C. 通告　　　　　　　　　　　D. 通报

19. 受双重领导的机关上报公文应（　　）。

　　A. 写明两个主送机关

　　B. 只写一个主送机关

　　C. 分头主送

　　D. 根据情况需要而定

20.《××大学 2017 学年度工作总结》属于（　　）。

　　A. 专题总结

　　B. 陈述性总结

　　C. 部门总结

　　D. 论述性总结

得分	评卷人	复查人

二、判断题（本大题共 5 小题，每小题 2 分，共 10 分）

　　请在下列每题后的括号内，你认为正确的填√，你认为不正确的填×。错填、不填，均不得分。

21. 按照行文关系划分，申请属于上行文。　　　　　　　　　　　　　　（　　）

22. 意见可以上行、平行、下行。　　　　　　　　　　　　　　　　　　（　　）

23. 总结主要解决"做什么""怎么做"的问题。　　　　　　　　　　　（　　）

24. 法定公文的成文日期、年份可以根据实际情况简省。　　　　　　　　（　　）

25. 联合行文应该是联合发文机关彼此职权范围内的工作。　　　　　　　（　　）

得分	评卷人	复查人

三、案例分析题（本大题共 1 小题，共 15 分）

26. 下面这份公文存在病误，请按照公文写作的规范要求指出其存在的问题。

××集团公司关于张××职称评定问题的报告

信访办公室：

　　市办 9 月 26 日查询我单位张××职称评定问题的通知后，我们立即进行了调查。现将有关情况报告如下：

　　我公司二分厂工程师张××，1982 年曾在××工程学院接受过四年函授教育，因故未取得毕业文凭。为此，在今年评定职称时，根据上级有关文件精神，我单位职称评审委员会决定暂缓向上级职称评审委员会推荐他为高级工程师，待取得学历证明后补办。张××不能理解，认为是刁难，才向贵办递送信访材料。

　　接到市政府信访办公室通知后，我公司专人前去××工程学院查核，得到××工程学院的支持。××工程学院出示了张××的学历证明。现在，我公司职称评审委员会已为他补办了高级工程师的推荐手续，也向他说明了情况。他表示同意。特此报告。

××集团公司（及印章）
2017 年 10 月 16 日

得分	评卷人	复查人

四、病文修改题（本大题共 1 小题，共 20 分）

27. 下面这篇公文存在若干病误，请遵循公文写作的相关要求予以修改，并将修改后的公文写在答卷上。

通知

　　为了做好 2014 年度校内基金遴选工作，使校内基金项目发挥更大的科研启动作用，打造高水平的科研队伍，培育更多的国家级项目，学校科研处将组织对 2014 年校内基金项目申报工作举行前期项目选题论证会。

　　参加选题论证的老师请准备申报书 3 份（采用 2013 年国家自科基金模板），PPT 汇报材料 1 份，汇报时间 5～8 分钟，专家论证时间 5 分钟。

　　会议时间为 2013 年 9 月 18 日 14：30。

　　会议地点是 L203 会议室。

　　校内外专家、科研处相关人员、各二级学院的院长、科研副院长、申报 2014 年度校内基金的教师需要参会。

二零一三年九月十三日

得分	评卷人	复查人

五、公文写作题（本大题共 1 小题，共 35 分）

28. 请根据下述材料代重庆市文明委编写一期简报。（要求：①格式完整、规范；②将新闻报道改写为简报；③正文字数控制在 1000 字以内；④简报期数为 20；⑤印发日期定为"2017 年 1 月 10 日"；⑥印发份数为 100 份。）

【材料】

垫江县探索"五个着力"弘扬孝善文化

重庆文明网　2016 年 11 月 25 日

"百善孝为先。""孝"既是社会主义核心价值观的基本内容，也是中华民族的优良传统。随着城镇化进程的加速和老龄化的到来，留守老人、留守儿童逐渐增多，"谁来孝""怎么孝""如何传承孝"的问题已成为新时期培育弘扬社会主义核心价值观必须面对和解决的现实课题。垫江位于渝东北，常年在外务工人口近 30 万，农村留守老人、儿童近 20 万。近年来，垫江县积极探索"五个着力"，培育孝善文化，取得了一定成效。

一、着力抓早抓小，打造"孝善"课堂

播种思想、收获行为；播种行为、收获习惯。实践证明，"孝"文化的传承弘扬从小抓起事半功倍。一是抓好日常教育。组织全县 90 余所中小学，利用班队活动、升旗仪式、课间操等时点，以经典孝心故事、师生典型孝心事迹、反面事例等为主要内容开展师生敬老孝老思想教育，引导师生大胆提出批判意见，争向典型学习，树立和强化敬老孝老意识。二是强化活动开展。组建兴趣小组、活动策划组、师生 PK 联盟等校园团体，开展绘画创作与展览、主题征文与演讲、主题辩论与评选等活动 230 余场次，用生动活泼、丰富形象的方式培育德孝和文明之风。三是注重实践渗透。依托附近敬老院、孤寡户、留守老人户等开辟校外实践阵地，定期组织学生参加陪护、照料、整理、打扫等孝心活动，在实践中感受真情、记录成长，争做孝心少年。

二、着力家风建设，打造"孝善"家庭

家庭是敬老孝老的前沿阵地、传承弘扬"孝"文化的第一平台。一是注入价值观新内涵。结合宗亲文化和家风建设，融入爱国、爱家、友善理念，倡导孝亲、孝邻、孝他人，以大爱大善精神升华和传播孝德文化。二是提炼家庭孝字经。组织贤能人士，立足家庭孝德故事和理念，开展编写孝训、晒家风活动，整理出"孝和家事兴""孝报亲恩，三生践行""百善孝为先，吾身必躬行"等孝训 60 余条，丰富家风孝德内涵。三是评选最美孝德星。立足基层，以媒体发现、群众推荐、官方发布、社会评议的方式，树立孝心典型 300 余人，评选出"最美孝心媳妇（女婿）""最美孝心儿女""最美孝心家庭"等 100 个。

三、着力志愿引领，打造"孝善"风尚

志愿者精神与爱老敬老的传统美德不谋而合，垫江县坚持志愿者带动，全社会参与，开展"孝心像花儿一样绽放"的志愿服务 600 余场，孝心活动遍地开花。一是媒体宣传造声势。坚持以"互联网+"的宣传思维，新老媒体发力的宣传智慧和"点、线、面"三维宣传效应，依托垫江网、报、台以及微信、微博和户外广告阵地，组织专题播报和刊载敬老孝老志愿服务公益广告，使"孝"成为社会主流字眼。二是先锋带动扩影响。组织先锋孝心服务队，发挥党员志愿者、优秀志愿者、骨干志愿者的带头作用，开展"一个志愿者，一名孝心大使""跟着榜样学敬老"等志愿服务81场。三是社会参与聚能量。联合垫江慈善会、基金会、公益组织，号召学校、医院、企业等各行业、各阶层志愿者300余名，开展进敬老院、进社区、进农村等敬老孝老志愿服务活动560余场。邀请重庆师范大学、西南大学志愿者驻地开展孝心募捐和现场孝心志愿活动，凝聚起全社会爱老敬老的强大能量。

四、着力可学可见，打造"孝善"典型

通过开展"身边孝星微访谈"活动，宣传孝德故事，学习孝德榜样，传播孝德文化。一是故事挖掘精细化。以村（社）为单位，组织民间挖掘队和官方采写小组，针对访谈对象进行"跟踪蹲点"，深挖孝心人物真实的故事背景、感人的尽孝细节、朴素的内心世界和闪耀的精神之光，树立张英等150名孝善典型。二是活动开展灵活化。坚持"规模机动、场地流动、内容生动"的原则，创造性采用展演+访谈、主题+渲染的形式，鼓励承办主体在微访谈中融入本土孝德文艺文化精品作品，增强感染力和教育效果。三是受众邀请普遍化。邀请孝德典型、贤达人物做客微访谈，参与人群涵盖部门职员、企业工人、村（社）群众等各阶层各行业，广泛传播和学习孝德人物的感人故事及敬老爱老美德，弘扬孝善文化。

五、着力司法参与，打造"孝善"铁规

"孝"既是道德要求，又是法律刚性约束。一是观摩审判实例。结合垫江县法院开展"阳光司法进万家"活动，组织村、社群众现场观摩对恶劣赡养案件的巡回审判，通过真实事例引发群众思考，唤起孝敬老人的认同感和责任感。二是调解赡养矛盾。组建法律调解服务队，针对一般案件，对当事人进行调解，以劝诫、法律惩戒等方式，教育和引导其心怀感恩，自觉履行赡养义务。三是宣传法律法规。借助媒体和志愿者的力量，积极宣传关于赡养的法律法规，印发孝心人物故事手册2000本、宣传小知识5000册，培育群众"不孝为耻，尽孝为荣"的高尚美德。

参 考 文 献

[1] 中共中央办公厅. 党政机关公文处理工作条例（中办发〔2012〕14 号）. 2012.

[2] 中华人民共和国国家质量监督检验检疫总局，等. 党政机关公文格式：GB/T 9704—2012〔S〕. 2012.

[3] 徐涛，唐建强，母忠华. 应用文写作〔M〕. 武汉：中国地质大学出版社，2013.

[4] 许贻斌，黄立中. 应用文写作〔M〕. 沈阳：辽宁教育出版社，2011.

[5] 林心治，刘俐. 应用写作教程〔M〕. 重庆：重庆大学出版社，2007.

[6] 孙秀秋，吴锡山. 应用写作教程〔M〕. 北京：中国人民大学出版社，2006.

[7] 张勋宗. 公文写作与实务〔M〕. 北京：高等教育出版社，2013.